Claudia Seifert

TIEF IN DEUTSCHLAND

Von erfüllten und geplatzten Träumen

Mit 110 Farbfotos von Renate Niebler
und 69 s/w-Fotos

Deutscher Taschenbuch Verlag

Von Claudia Seifert bei dtv erschienen:
Wenn Du lächelst, bist du schöner!
Kindheit in den 50er und 60er Jahren
(dtv 24411)
Aus Kinder werden Leute, aus Mädchen werden Bräute.
Die 50er und 60er Jahre
(dtv 24525)
Das Leben war bescheiden schön.
Ein Rückblick von Frauen, die zwischen den Kriegen geboren wurden
(dtv 24683)

Originalausgabe
April 2009
Deutscher Taschenbuch Verlag GmbH & Co. KG,
München
www.dtv.de
© 2009 Deutscher Taschenbuch Verlag GmbH & Co. KG,
München
Dieses Werk wurde vermittelt durch die Literarische Agentur
Thomas Schlück GmbH, 30827 Garbsen.
Das Werk ist urheberrechtlich geschützt.
Sämtliche, auch auszugsweise Verwertungen bleiben vorbehalten.
Umschlagkonzept: Balk & Brumshagen
Umschlagbilder: Renate Niebler (Landschaft bei Altenstein
an der Burgenstraße in Franken)
Layout und Satz: Stefan Krickl, Bozen
Repro und Druckdatenerstellung: Longo, Bozen
Gesetzt aus der Avenir 8,75 / 13,2p und der Frutiger condensed
Druck und Bindung: Printer Trento
Gedruckt auf säurefreiem, chlorfrei gebleichtem Papier
Printed in Italy · ISBN 978-3-423-24730-6

INHALT

VOR REISEBEGINN

Was ist Deutschland? Das Land, in das wir durch Zufall hineingeboren wurden? Das war in manchen Kreisen vor der Wende der größte gemeinsame Nenner, auf den man sich einigen konnte. Heute sagen manche wieder: Ich liebe Deutschland. Da ist mir der frühere Bundespräsident Gustav Heinemann näher, der sagte, ich liebe nicht den Staat, ich liebe meine Frau. Aber was ist Deutschland? Das Land, das seit 60 Jahren im Frieden lebt und in dem 50 Jahre lang vom Krieg gesprochen wurde? Das Land, das besiegt wurde und von den Alliierten die Demokratie verordnet bekam? Das sich immer wieder an Auschwitz erinnern muss? Dessen Grundgesetz nicht Verfassung heißen durfte, weil es ein zweites Deutschland gab, mit einer eigenen Verfassung? Ist Deutschland das Land der Glatzen, der alten und neuen Nazis, das sich vor allem gegen die Gefahr von links wappnet? Oder das Land, das demokratisch zu gehen gelernt hat in den Verschanzungen des Kalten Krieges?

Ein schwieriges Land. Viele haben ein zwiespältiges Verhältnis zu ihm. Ist es das Land, in dem man meine Sprache spricht? Die Sprache, die geniale Sprachspiele zulässt? »Als ob das Glück, um zu glücken, bedürfte der Folie des Unglücks. Braucht nicht das Unglück vielmehr das Glück, das Missglücken das Glücken?«, fragte Robert Gernhardt mit dem Blick auf das urdeutsche Phänomen, ein Glas eher halb leer zu sehen als halb voll. Doch Sprachspiele, die ein Brandenburger macht, die versteht ein Bayer oft schon nicht mehr, und das hat nicht nur mit den unterschiedlichen Dialekten zu tun. Ist es das Land der Dichter und Denker, auf deren Spuren es sich herrlich wandern lässt? Gäbe es da nicht diese Pensionen und Herbergen mit zu kurzen oder zu schmalen Betten, mit Duschen, in die man sich leicht oben und unten einspreizen kann, weil die Decke so niedrig ist. »Wir leiden ja schon für Deutschland«, meinte Renate Niebler, die Fotografin dieses Buches, auf einer unserer Reisen in einer dieser Unterkünfte. Ist es das Land, in dem man unwillkürlich sagt: »Ist das schön hier, da müsste man noch mal hinfahren!«? Und dann findet der nächste Urlaub doch wieder in Italien, in Frankreich, oder gleich auf den Malediven statt. Kein Wunder, ist es doch auch das Land der Gaststätten, nach dem Prinzip, Essen muss nicht unbedingt schön aussehen und auch nicht schmecken, satt machen muss es. »Dieses Essen war eine Mutprobe!«, entfuhr es Renate da einmal. Deutschland ist abwechslungsreich und trotz dichter Besiedelung erstaunlich ländlich. Das Land des deutschen Waldes, der mehrheitlich aus Fichten besteht, weil nach intensiver

Abholzung für Heizmaterial und Viehfutter diese langweiligen Nadelbäume einst die einzigen waren, die das Wild nicht gleich wieder auffraß. Ein Land, das in vielen Dörfern, mit all den ausgebauten Straßen, manchmal so aussieht, als würden es seine Bewohner nicht mögen. Da wird die Erde zugedeckt, als ob man sie nur mit Unmengen an Beton, Asphalt, Fliesen und Platten im Zaum halten könnte. Unter Deutschland muss die Erde besonders brandig sein. Darüber ist es oft putzig möbliert. Da stehen auf delikat gepflasterten Plätzen Papierkörbe und Betonkübel, Wegweiser, Verbotsschilder und Anschlagtafeln, Bänke, Brunnen und Blumenbottiche.

Ist es das Land der Bausparkassenträumer und Reihenhausbesitzer? Der deutschen Michels und Erika Mustermanns? Der Unfreundlichen, Missmutigen, ob in Frankfurt, Wuppertal-Elberfeld oder Halle? Das Land, in dem man sich feindselig beäugt, in dem verglichen mit anderen Ländern die meisten Nachbarschaftskonflikte vor Gericht ausgefochten werden und immer öfter blutig enden? Freilich, es ist auch das Land der genießenden Nackten in München, der jungen Tänzer auf den Musikfestivals, der jubelnden Deutschlandfahnen schwingenden Fußballfans während der Meisterschaften, das Land der Opernhäuser und Stadttheater, der Galerie- und Clubszenen. Deutschland ist auch die föderale Republik, gebildet aus 16 Bundesländern mit Landeshauptstädten, eigenen Parlamenten, mehr oder weniger charismatischen Ministerpräsidenten und eigenen Länderverfassungen. Manche davon sind demokratischer als das Grundgesetz. In Bayern kann die Verfassung nur durch eine direkte Volksabstimmung geändert werden. Das gilt für das Grundgesetz nicht. Das darf nur der Bundestag ändern. Und es wird und wurde geändert – je nach Mehrheiten, vermeintlichen oder echten Bedürfnissen, und auch dem Zeitgeist folgend. Ein schwieriges Land. Das war es vor der Wende schon und ist es seit der Wiedervereinigung geblieben. Die wollten nicht alle – aus den unterschiedlichsten Gründen. Seither sucht der Export-Weltmeister, die größte Volkswirtschaft Europas noch nach ihrer neuen Rolle. Nach der Finanzkrise sieht alles etwas anders aus, aber auch schon vorher wurde in Deutschland gerne gemeckert. Die Politiker tun das Ihre dazu.

Wir fuhren über ein Jahr lang kreuz und quer durch Deutschland, besuchten Männer und Frauen in Leipzig, Frankfurt und Hamburg und in den kleinsten Weilern in den abgelegensten Ecken Nordrhein-Westfalens und Brandenburgs. Den Anlass gab jeweils ein Ereignis aus der großen Politik. Wir wollten wissen, wie es sich auf die Menschen ausgewirkt hat. Wir saßen mit einem Ehepaar in seinem Haus, aus dem es vor vierzig Jahren bei der großen Flut von Soldaten der Bundeswehr gerettet worden war, und trafen eine Frau, die nur durch Zufall nicht dem rechtsradikalen Mob in die Hände gefallen war. Wir besuchten eine Sanitätssoldatin, die sich auf ihren nächsten Einsatz in Afghanistan vorbereitete, und einen Banker, dem Gewinn nicht das Wichtigste ist. Wir sprachen mit einem Mann, der nicht in der DDR hatte bleiben wollen und dem eine sensationell banale Flucht gelang, wir fanden einen der ersten Soldaten der nach dem Krieg neuen Bundeswehr und eine ehemalige Mathematiklehrerin, die Respekt bekam vor ihrer Tochter, als die ins Gefängnis ging. Politisch sind und dachten die meisten der Menschen, mit denen wir sprachen. In einem stimmten viele überein: Das Grundgesetz würden sie am liebsten unter das Artenschutzprogramm stellen, doch die Politik in Berlin bleibt ihnen fern. Wir fragten unsere Gesprächspartner danach, was Demokratie für sie bedeutet. Über die grundsätzliche Zustimmung zu dieser besten aller Staatsformen waren sich alle einig, doch dann kam viel Kritik: zu wenig Möglichkeiten der Mitbestimmung, das Gefühl, abgehängt zu sein, zu wenig gestalten zu können, keine Freiräume zu haben, aus denen sich die große Politik raushält. Es war eine spannende Reise durch 60 Jahre Bundesrepublik.

VON DACHLATTEN UND ANDEREN PRÄGENDEN EREIGNISSEN
Startbahngegner in Wiesbaden

Kennen Sie einen Anarchisten? Nein, nicht den ollen Bakunin. Einen lebendigen. Lieber nicht? Denn ein Anarchist ist einer aus der Schmuddelfraktion, gewaltbereit und staatsfern? Aber der Mann, der uns in Wiesbaden gegenübersitzt, ist Steuerzahler, gehört einer der gesellschaftlich anerkannten Berufsgruppen an und so manche Mutter würde ihn als Schwiegersohn ziemlich gut finden. Und doch sagt dieser Michael Wilk von sich selbst, er sei Anarchist.

Wir beginnen unsere Reise in Wiesbaden. Hier sieht es in manchen Vierteln so aus, als ob man sich die Stadt nicht leisten könnte. Klassizistische und Gründerzeithäuser in gutem Zustand, warme Farben, exotische Topfpflanzen auf Balkonen, alte Bäume in den Straßen. Die gutbürgerliche Atmosphäre will so gar nicht zu der Vorstellung vom vermummten Anarchisten mit dem Ziel der Staatszersetzung passen. Doch die meisten Leute auf der Straße sind für das vermutete Schickimicki-Viertel zu jung, zu alternativ, zu normal. Kinder mit Schulranzen traben den Fußweg entlang, quasseln türkisch, deutsch, russisch durcheinander. Frauen mit Kinderwagen, Flaneure, die die warmen spätsommerlichen Sonnenstrahlen genießen, an der Ecke ein Gemüsehändler. Gegenüber das Café Klatsch. Seit etwa 25 Jahren schreibt es auf sein Logo rund um den Anarchostern »Betrieb in Selbstverwaltung«. Drinnen riecht es unter der historischen Stuckdecke nach Milchkaffee und Mittagessen. Geschäftsleute aus der Umgebung und die übliche Kinderwagenbrigade, die lärmend den Raum ausfüllt. In einem der Nachbarhäuser ist Michael Wilk aufgewachsen. Heute wohnt er vier Straßen weiter, wo er sich mit anderen zusammen eines der mehrstöckigen Gründerzeithäuser gekauft hat, eine Wohn- und Lebensgemeinschaft, weiterentwickelt aus früheren Hausbesetzerzeiten, dank Einkommen und Bankkredit. Wilk ist Allgemeinmediziner, Psychotherapeut und einer der Leitenden Notärzte der Stadt.

Die hessische Landeshauptstadt war damals, als die Proteste gegen den Ausbau der Startbahn West liefen, mittendrin. Michael Wilk war einer der Demonstranten. Von Wiesbaden aus regierte Holger Börner als Ministerpräsident und SPD-Mitglied das Land. In Erinnerung blieb er als »Dachlatten-Börner«, weil er mal äußerte, er würde am liebsten mit den Startbahngegnern so verfahren wie früher als Betonfacharbeiter gegen Störer auf der Baustelle. Heute brummen die Flieger über das Stadtgebiet. Die

Auseinandersetzungen um die Startbahn West waren neben Kernkraft, Frieden und Nachrüstung eines der beherrschenden Themen in den 80er Jahren. Es ging um die Erweiterung des Frankfurter Flughafens, um die Abholzung eines großen Waldgebietes, um Fluglärm und Emissionen. Es ging aber auch um die Ignoranz des Staates, der sich taub stellte für die Belange seiner Bürger, um politische Statusvisionen, und natürlich ging es ums Geld. Wie immer wurde argumentiert mit den Arbeitsplätzen und dem wirtschaftlichen Wachstum einer Region. Tausende Bürger sahen das anders, pilgerten jeden Sonntag in die Wälder und zum Bauzaun, bauten ein Hüttendorf, bauten Bau- und Absperrungszäune »rück«, gründeten eine Wald-Uni, lieferten sich Scharmützel mit der Polizei und klagten vor Gericht. Viele Menschen aus dem Rhein-Main-Gebiet, speziell aus den umliegenden Gemeinden Mörfelden, Walldorf oder Kelsterbach, machten in den Jahren des Protestes überraschende Erfahrungen von Solidarität, Toleranz und Selbstvertrauen. Am Ende aber wurde die Startbahn gebaut.

Im November 1987, zwei Jahre nach dem Höhepunkt der Auseinandersetzungen, erschoss ein Mann zwei Polizisten. Es geschah während einer Demonstration, bei der an die Proteste gegen die Startbahn West erinnert werden sollte, an die Räumung des Hüttendorfes, von dem nur die Kirche hatte stehen bleiben dürfen, und an die andauernden Belästigungen und gesundheitlichen Belastungen durch die Erweiterungen des Flughafens. Der Tod der beiden Polizisten markierte das Ende des Widerstands. Was zurückblieb, waren Ohnmacht und Wut, Entsetzen und Trauer.

Michael Wilk ist noch immer beeindruckt von der gesellschaftlichen Dimension des Protests. 150.000 Flughafengegner waren in Wiesbaden bei der Übergabe der Papiere für das Volksbegehren dabei. »Willy Brandt musste eingeflogen werden, um den hessischen Ministerpräsidenten Holger Börner noch auf dem Posten zu halten, die Landesregierung stand kurz vor dem Rücktritt, und eine Region war sozusagen im Widerstand. Bei der Hüttendorfräumung läuteten die Kirchenglocken in der Region. Das kann man sich eigentlich als gesellschaftlichen Normalzustand gar nicht vorstellen. Dass es so eine Parteilichkeit gibt, die durch alle Schichten ging, das war sehr faszinierend.«

Aber die Startbahn West ist in der Erinnerung nicht nur positiv besetzt. Wegen der Gewalt am Ende. »Die grauenhafte Erschießung von zwei Polizisten durch einen Demonstranten war eine Einzelaktion, aber nichtsdestoweniger eine Katastrophe, menschlich wie politisch. Das ist natürlich vielen Leuten so

im Bewusstsein geblieben, das sind hochambivalente Gefühle.« Wilk beteuert, die Startbahngegner hätten nichts gegen Flughäfen generell – sie hätten aber sehr wohl etwas gegen einen ungebremsten und unkritischen Umgang mit dem Flugverkehr. Das Rhein-Main-Gebiet zähle schließlich zu den am dichtesten besiedelten Gebieten Deutschlands und der Flughafen wachse wie ein Krebsgeschwür in die Landschaft. Er beeinträchtige den Alltag mancher Menschen nach wie vor so stark, dass sie nicht anders könnten, als sich kritisch zu zeigen.

Wann fängt politisches Denken an? Michael Wilk und ein paar Freunde begannen mit 15 Jahren auf Anregung von zwei Lehrern Kinder in einem Obdachlosenprojekt zu betreuen. Sie wurden unterstützt von einem Gemeindepfarrer, hatten Kontakt zu linken Gruppen, zu Älteren, man las linke Literatur und ging auf Demonstrationen gegen den Vietnamkrieg. Wilk ist 1956 geboren, er hat wie die meisten seiner Generation die Hoffnungen der Eltern auf Normalität nach dem verlorenen Krieg, aber auch deren Traumata und Verdrängungen miterlebt. In seiner Familie spiegelten sich die innerdeutschen Fronten wider: Der Vater »Volksdeutscher, Siebenbürger, in Rumänien geboren«, war Ingenieur an der Münchner Universität, später als Zivilangestellter bei der Waffen-SS im Außenbereich des KZ Dachau, wo er ein Arbeitskommando von inhaftierten Ingenieuren und technischen Zeichnern fachlich beaufsichtigte. Die Gegenseite repräsentierte der tote Großvater, der Vater der Mutter, der »von den Nazis umgebracht worden ist, weil er Mitglied im Arbeiter- und Soldatenrat war und einer der meuternden Matrosen der Hochseeflotte am Ende des Ersten Weltkrieges«. Direkte Auseinandersetzungen in der Familie fanden nicht statt, wurden vermieden. Die Mutter, bei der die Gegensätze zusammenliefen, war lieb, aber angepasst, der Vater kein Unmensch. Doch die Vergangenheit war nach dem Krieg absolut tabu. Wenn der Sohn Fragen stellte, gab das Konflikte, die für ihn »eine starke Motivation waren, mich zeitlebens politisch so zu verhalten, dass das, was in der Nazizeit geschehen ist, nicht mehr vorkommt«. Als er mit 18 eingezogen werden sollte, verweigerte er. Damals, als der Kalte Krieg die Fronten kühl und die politische Lage heiß hielt, hieß der Wehrdienst noch »Kriegsdienst«. Heute, wo die Bundeswehr in Kriegseinsätzen steht, wird über die Abschaffung des »Wehrdienstes« diskutiert. Zu Wilks Zeiten war Wehrdienstverweigerung noch ein aufwändiger Akt mit mindestens einer Gewissensprüfung vor einem Ausschuss, der in der Regel von militärisch geprägten älteren Männern besetzt war. Wilk war erfolgreich und setzte sich gleich darauf nach Berlin ab, in die Fluchtburg aller, die weder Wehr- noch Wehrersatzdienst leisten wollten.

Viele Eltern befürchteten damals, dass ihre aufmüpfigen Kinder ins Extrem abrutschen könnten. Das war damals vor allem die RAF, die Rote Armee Fraktion. Einige der Mitglieder der zweiten oder dritten Generation der RAF stammten aus Wiesbaden. Wilk kannte sie zum Teil noch aus Schülerzeiten. Auch er hatte anfangs Verständnis für jene, die mehr tun wollten als nur protestieren. Aber er entwickelte früh eine kritische Distanz zu den Aktivitäten der RAF. Für ihn waren es die Bürgerinitiativen, die wichtig wurden. Sie arbeiten sich an Sachthemen ab und versuchen, den Entscheidungen von oben Alternativen und eine eigene Struktur entgegenzusetzen. Dafür könne er sein Herzblut vergießen. In den 70ern bei den Auseinandersetzungen um die Atomkraftwerke und später bei der Startbahn West. Er sei sich durchaus im Klaren, worin das Dilemma bei solchem Widerstand besteht. Sie hätten damals Sachbeschädigungen willentlich in Kauf genommen, nach dem Motto, was die Natur zerstöre, dürfe auch selbst zerstört werden. Für ihn waren und sind direkte Aktionen gegen inhumane Verhältnisse oder umweltzerstörerische Großprojekte direkte, angewandte Demokratie. Nur so rüttele man die Öffentlichkeit wach, erreiche die Medien und bewirke gesellschaftliche Veränderungen. Man dürfe »im einen oder anderen Fall durchaus Gesetze überschreiten. Aktionen des Ungehorsams, Besetzungen oder das Auftauchen von Menschenmassen am unerwünschten Ort sind sinnvolle Mittel der Auseinandersetzung.« Als Anarchist berufe er sich nicht auf Gesetze, aber er sei sich sicher, dass er sich mit seiner Haltung näher an den Zielen der Menschenrechte bewege, als es viele Politiker täten, die die Inhalte des Grundgesetzes durch ihr Handeln oft genug ad absurdum führten.

Für ihn gab es allerdings eine Linie, die nicht zu überschreiten war, und das war Gewalt gegen Menschen. Er wollte nicht ausschließen, dass es unter extremsten gesellschaftlichen Bedingungen oder auch in Notwehrsituationen notwendig sei, diese Grenze zu überschreiten, »jedoch hat die Hürde so hoch zu sein wie irgend möglich. Mein persönliches Ziel war es immer, keine Menschenleben zu riskieren oder Menschen zu verletzen, weil mir das zuwider ist. Es würde meinem Berufsbild auch erheblich widersprechen.« Und er wollte von den Bürgern in den Initiativen noch verstanden werden. Die Protestaktionen sollten ein positives Echo hervorrufen. Das habe sie damals grundlegend von der RAF unterschieden. Die war nicht mehr militant, im Sinne von widerständig, sondern militärisch, abgehoben und menschenverachtend. »Die RAF war im Übrigen nie anarchistisch.«

Die meisten Bürgerinitiativen verschwinden wieder von der politischen Landkarte, wenn ihr Ziel erreicht ist oder wenn sie nichts erreichen können. Die Frustrationsgrenze der Einzelnen liegt ziemlich hoch. Michael Wilk ist da zäh, er gehört seit Jahrzehnten diversen Gruppen und Initiativen an, zum Teil kennen sich die Beteiligten schon seit 30 Jahren. Eine eigene Familie oder Kinder hat er nicht, wollte er nicht, vor allem damals, als er jung war. Damals wusste er noch nicht, wohin das alles führen würde. Als er nicht abschätzen konnte, ob er nicht doch eines Tages im Knast landen würde. Um so wichtiger sind ihm sein enger Freundeskreis und die Beziehung zu seiner Freundin. Heute fressen sein Fulltime-Job und zusätzliche Einsätze im Notarztdienst Energien. Am Ende eines Tages reicht es manchmal nur noch bis zur Fernbedienung und einem drögen Fernsehabend. Dann sind Basisdemokratie und endlose Diskussionen nur schwer ertragbar. Dennoch, so sagt er, solange das Anliegen, aber auch das eigene Ego und der Humor nicht zu kurz kämen, sei es auszuhalten. Er arbeite gerne mit Leuten, mit denen man, wie die Anarchistin »Emma Goldman sagte, nicht nur Revolution machen, sondern mit denen man auch tanzen gehen kann.« Also leistet er sich den Luxus, gemeinsam mit Freunden über »Souveränität, frei fliegende Gedanken, Experimente, Selbstbewusstsein, Selbstverantwortung, Lernbereitschaft« zu diskutieren. Ist das Spintisiererei oder ist es das Salz, das die Suppe des Alltags erst erträglich macht? Ist es unverzichtbar als Gegengewicht zum alltäglichen Betrieb, der einen auffrisst? »Es gibt so ein paar Momente, wenn man das ein bisschen heroisch ausdrücken wollte, dann gibts durchaus ein Gefühl von Freiheit, wenn man sich zwischen zwei Barrikaden bewegt und die staatlichen Organe sind außerhalb, dann hat man da einen Freiraum geschaffen. Wo man dieses Stück Autonomie auch mal spüren kann. Wenn es gelingt, gesellschaftliche Räume zu schaffen, wo man merkt, dass Autonomie oder Eigenverantwortung spürbar

ist, dann ist das durchaus ein Lustgewinn.« Widerstand müsse sinnlich erfahrbar sein, dann sei er ansteckend.

Michael Wilk sieht sich und die vielen anderen »Störer« im Land, die eine Utopie im Kopf haben, als die Hefe, die der Teig braucht. Und er sieht sich bestätigt. »Wenn man guckt, dass wir früher demonstriert haben gegen Atomkraftwerke und für erneuerbare Energien und inzwischen ist die Bundesrepublik eines der Länder, wo das Atomprogramm zwar wieder neu diskutiert wird, aber wo weitgehend Pläne für Neubauten von Atomkraftwerken in Schubladen bleiben, dann ist das ein Ergebnis unserer Auseinandersetzung. Wenn man Zyniker wäre, würde man sagen, man braucht Anarchisten, damit das Denken der Menschen, das System überhaupt in Bewegung bleibt.«

Es ist meist leichter zu beantworten, wogegen man ist, als wofür. Wofür aber steht er, Michael Wilk, ein? »Wenn ich gesellschaftliche Ziele habe wie Autonomie, Souveränität und Eigenverantwortung«, sagt Wilk, dann richte sich sein Widerstand »gegen dumpfe Autorität, wohlverstanden nicht Autoritäten fachlicher Art, und gegen Duckmäusertum, gegen vorauseilenden Gehorsam, all das ist mir ziemlich verhasst«. Er lehne einen Staat ab, der alles bestimmt, und wolle immer prüfen, ob sich manches nicht eigenverantwortlich besser lösen ließe. »Ich will damit nicht sagen, dass man morgen hingeht und den Staat wegputscht und dass dadurch eine neue, bessere Gesellschaft entsteht. Wahrscheinlich wäre das dann wirklich keine Anarchie, sondern nur Chaos mit Mord und

Totschlag, das wäre nicht die Alternative.« Es ist ihm wichtig, zu unterstreichen, dass Anarchie die Freiheit von Herrschaft bedeute, »und eben nicht Chaos und Desaster«. Was er leben und erreichen möchte, sei Eigeninitiative »und Selbstverantwortung. Und dies in möglichst viel Bereichen, in sozialen Zusammenhängen, privat wie bei der Arbeit, auf allen Ebenen menschlichen Zusammenlebens«. Das fange bereits mit der Forderung an, um Probleme solle sich die oder der aus einer nahestehenden politischen Partei kümmern. »Die Alternative ist, zu fragen, wo kann man staatliche Strukturen ersetzen durch direkte Demokratie. Basisstrukturen, wo die Leute wirklich eigenverantwortlich lernen, ihr Leben in die Hand zu nehmen, und eben nicht darauf zu vertrauen, dass es irgendjemand für sie erledigt.«

Das Politische ist privat und das Private politisch, so lautete doch mal die Forderung. Doch in seinem beruflichen Umfeld, das muss Wilk einräumen, hat die Umsetzung nicht ganz geklappt. Denn das, was mit Freunden in seinem Haus gelungen ist, gemeinsam zu leben und nicht aneinander vorbei, ist in seiner Arztpraxis nicht geglückt. Da machen zwei Ärzte ganz traditionell die Ansagen für einen Assistenten und die Arzthelferinnen. Das aber scheitere weniger an der Bereitschaft der »Chefs«, betont er, sondern an der mangelnden Eigeninitiative der Angestellten. »Da sind wir wieder bei dem Problem, dass sich viele Menschen mit dem zufriedengeben, was sie an ihrem Platz in der Gesellschaft zugewiesen bekommen. Die Gesellschaft basiert häufig auf vorauseilendem Gehorsam oder auf der Fügsamkeit oder Zufriedenheit der Menschen. Unser System ist ja keineswegs durchgehend autoritär, es sorgt für die Menschen, stellt sie zufrieden, sichert sie ab.« Und das schläfere eben auch ein.

Als Wilk von seiner Praxis berichtet, habe ich das Bild von einer Gruppe Weißkittel vor Augen, die hinter dem Herrn Professor durch Krankenhausgänge wieseln. Auch Wilk musste durch die Mühlen der Krankenhausausbildung, wie passte er da hinein? Denn es gibt neben dem Militär wohl kaum einen hierarchischeren Apparat als ein Krankenhaus. »Ätzend«, bestätigt Wilk. Er habe schlicht Glück mit seinen Chefs und zudem gute Nerven gehabt. Aber bevor er überhaupt zum Medizinstudium kam, wartete die Hürde des damals neu eingeführten Numerus clausus. Das bedeutete warten. Er hatte sich nach Berlin abgemeldet, er war jung, wollte andere Sphären kennenlernen, und weil er überleben musste, verdiente er sich sein Geld als Hilfsarbeiter auf dem Bau und machte eine Lehre als Schmied. Ihn reizte, sagt er, von vornherein sowohl die Medizin als auch ein handwerklicher Beruf. Vermutlich erdet solche Erfahrung doch. Er jedenfalls will trotz aller theoretischen Ziele für eine bessere Gesellschaft nicht vergessen, dass es eine ganze Menge Basisbedürfnisse gibt, die befriedigt werden müssen, wie Bildung, Gesundheit, Ernährung, sauberes Trinkwasser. Aber er möchte die Frage offen halten, ob das nicht auch funktionieren würde in einem weniger hierarchisch durchstrukturierten System wie dem unseren. Wenn er doch mal am Abheben ist, bringt ihn die Erinnerung an einen Kollegen auf dem Bau wieder runter: »Michael, du hast tolle Ideen, hört sich klasse an, aber kannst du mir garantieren, dass meine Kinder morgens die Milch auf dem Tisch stehen haben?«

Nach abgeschlossener Lehre war dann auch die Wartezeit für das Studium überbrückt. Es folgten Jahre auf der Intensivstation. Dieses Reagierenmüssen in Krisensituationen, das Wissen, unbedingt gebraucht zu werden und nichts Falsches tun zu dürfen, das sucht er bis heute, wenn er Notdienste als Arzt fährt. »Das hat schon so einen kleinen Kick als Notarzt. Das Prickelnde daran ist, dass man in kürzester Zeit schwerwiegende Entscheidungen und Verantwortung übernehmen muss. Offensichtlich ist das für mich eine faszinierende Sache. Das reizt mich immer noch, so bizarr die Situationen teilweise sind. Es ist eine Herausforderung, und ich denke, ich mache das ganz gut.« Es ist anstrengend, manchmal, oft ist es auch »Pillepalle«, wie er sagt, aber häufig gehe es um Leben oder Tod. So wie damals, als er bei einer Demonstration plötzlich als Mediziner gefordert war: Auf einer Massenkundgebung gegen die NPD 1985 im Gallusviertel in Frankfurt wurde der Demonstrant Günther Sare von einem Wasserwerfer der Polizei überfahren. Wilk war zufällig vor Ort. Er war noch in der Ausbildung. Zusammen mit ausgebildeten Kollegen versuchte er, das Leben des Mannes mit dem eingedrückten Brustkorb zu retten, letztlich vergeblich. Die Situation war hoch emotional, hier starb ein Mensch unter den Händen weg, und aus dem Fenster des Wasserwerfers, der eben den Mann überrollt hatte, »lehnten sich die Fahrer, mit Colabüchsen in der Hand und sagten uns, ihr seid die Nächsten«.

Damals sei ihm nichts mehr eingefallen. Gegen die Polizisten war daraufhin Anklage erhoben worden, sie wurden jedoch nie verurteilt. »Derartig menschenverachtender Zynismus ist immer eine Katastrophe, weil er das Denken und Handeln der Menschen einengt.« So zynisch habe sich aber nicht nur die Polizei verhalten, sondern auch die RAF, die Polizisten nicht mehr als Menschen, sondern als Schweine bezeichnete. Man müsse gegen diese Entmenschlichung im Umgang miteinander frühzeitig etwas unternehmen. Vielleicht hat Wilk auch deshalb noch eine zusätzliche Psychotherapieausbildung gemacht. Seiner Meinung nach haben Erkrankungen oft einen psychogenen Hintergrund. Er beobachte viel Leid, das man rein ärztlich nur ansatzweise behandeln könne. Da könne er als Psychotherapeut mehr und schneller helfen, überhaupt sagt er und lacht, sehe er bei seiner Arbeit oft konkretere Erfolge als wenn er sich aufmache, die gesamte Gesellschaft zu verändern.

Michael Wilk hat einen Verbündeten im Geiste, der ziemlich in Vergessenheit geraten ist, weil sein politisches Pendant, Konrad Adenauer, der gewieftere, zielstrebigere und vielleicht auch durchtriebenere Politiker war, nämlich Carlo Schmid. Er war recht eigentlich der Vater des Grundgesetzes. Während er in den Ausschüssen um die richtige Verfassung rang, ging der Präsident des Parlamentarischen Rates, Konrad Adenauer, der an den Beratungen nicht teilnehmen durfte, auf Auslands- und Sympathiereisen zu den Alliierten. Und legte damit den Grundstein für sein Kanzleramt, als noch kein Mensch an einen Bundeskanzler

Adenauer dachte. Carlo Schmid (1896–1979), damals 52 Jahre alt, war erster Regierungschef des Landes Württemberg-Hohenzollern (das heutige Bundesland Baden-Württemberg entstand erst 1952) und SPD-Fraktionschef im Parlamentarischen Rat. Schmid, geboren im französischen Perpignan als Sohn einer französischen Aristokratin und eines schwäbischen Privatgelehrten, galt als geistreich und unterhaltsam, war Zigarrenraucher und blieb vielen Pennälern nicht zuletzt dadurch in Erinnerung, dass er in der Lage war, sich fließend auf Latein zu unterhalten.

Er hielt eine Verfassung für ein Stück Bürgerpädagogik, er wollte die Bürger dazu bewegen, sich »ihre Schlafmützen vom Kopf (zu) ziehen und selber tätig (zu) werden«. Ursprünglich hatte er sich überhaupt dagegen ausgesprochen, eine Verfassung zu schreiben, denn dazu müsse man auf die Barrikaden gehen und nicht erst die Genehmigung einer Militärregierung einholen – wie es die Parlamentarier damals tun mussten. Carlo Schmid mochte den deutschen Michel nicht, den Abnicker, den Mitläufer und Duckmäuser. Adenauer dagegen versuchte, diesen Michel zu kultivieren. Er hielt es für das Beste, wenn das Volk sich aus der Politik heraushielt. Und das sei am ehesten dadurch zu erreichen, so Adenauer, indem man jedem zu einem Häuschen mit Garten verhelfe. In den wirtschaftlich prosperierenden, aber noch braven 60ern – die Deutschen waren Häuslebauer und Autofahrer geworden – stellte Carlo Schmid resigniert fest, Adenauer habe wohl recht behalten. Dass sich die deutschen Michel in den 70ern die Mützen vom Kopf zogen, hat er gerade noch miterlebt.

MORJEN, LEUTE!
Die ersten Rekruten der Bundeswehr in Nörvenich

»Obwohl wir heute den 1. April haben – kein Aprilscherz, sondern tiefer Ernst. Zum ersten Mal seit zwölf Jahren werden wieder Rekruten gezogen, in die Kasernen eingeführt.« Mit diesen Worten eröffnete am 1. April 1957 ein Reporter des RIAS, des »Rundfunks im amerikanischen Sektor«, ein Interview mit Franz Josef Strauß. Der war erst vor ein paar Monaten der zweite Verteidigungsminister der Bundesrepublik geworden. Seine ersten 10.000 Rekruten rückten gerade in die Kasernen ein. Zwölf Jahre nach der bedingungslosen Kapitulation galt nun nach dem neuen Wehrgesetz für alle Männer zwischen 18 und 45 Jahren in der Bundesrepublik – mit Ausnahme der Westberliner – wieder die allgemeine Wehrpflicht.

Die Bundesrepublik hatte von Anfang an ein gespanntes Verhältnis zu ihrer Bundeswehr. Die Kapitulation am 8. Mai 1945 hatte die staatliche Souveränität und damit die Wehrhoheit Deutschlands beendet. Alle militärischen Dienststellen und Verbände waren aufgelöst worden. Den Deutschen war jede militärische Betätigung und Ausbildung verboten. Deutschland sollte entmilitarisiert werden, von Deutschland sollte nie wieder ein Krieg ausgehen. So sah es das Potsdamer Abkommen der Siegermächte vom August 1945 vor. Doch bald spaltete sich die Welt in Ost und West, der Kalte Krieg ließ die wackelige Eintracht der Sieger machtpolitischem Blockdenken weichen.

»Guten Morgen, Soldaten!« Die Stimme des Bundeskanzlers Konrad Adenauer wurde schier vom kalten Wind verweht. Und als hätten die Angesprochenen den Gruß nicht gehört, gab der frisch gekürte erste Verteidigungsminister Theo Blank ein fahriges Handzeichen, und sie brüllten zurück: »Guten Morgen, Herr Bundeskanzler!« Am 20. Januar 1956 waren bei eisigen Temperaturen rund 1500 westdeutsche Soldaten und Offiziere in der Kaserne in Andernach zum ersten feierlichen Gelöbnis angetreten. Die jungen, unter ihren Stahlhelmen fröstelnden Männer waren Freiwillige, die sich noch vor der allgemein

gültigen Wehrpflicht bereit erklärt hatten, die Ersten einer neuen westdeutschen Truppe zu sein. Der erkältungsgefährdete Kanzler unter dem schwarzen Homburg wurde von versteckten Höhensonnen angewärmt, das Holzpodium war mit Tannengrün feierlich verkleidet. »Gehen Sie mit der Gewissheit an Ihre Arbeit, dass Ihre Leistungen Anerkennung finden werden. Bewahren Sie sich ein frisches Herz und einen freien Sinn.«
Bei ihrer Gründung 1949 hatte die Bundesrepublik nicht die Wehrpflicht, wohl aber das Recht, den Kriegsdienst zu verweigern, in das Grundgesetz

aufgenommen. Der Grund war die Erfahrung des grauenvollen Krieges, der erst wenige Jahre zurücklag. Die Berlin-Blockade von 1948 war noch in guter Erinnerung, der erste manifeste Ausdruck des Kalten Krieges zwischen Ost und West. Und der Koreakrieg Anfang der 50er Jahre hatte gezeigt, wie berechtigt die Furcht vor einem neuen Krieg war. »Deutschland steht unmittelbar der sowjetrussischen Macht gegenüber. Im Falle einer russischen Aggression wären wir das Opfer, das erste Opfer.« Konrad Adenauer sprach vielen Deutschen aus der Seele auf dem ersten Parteitag der CDU im Herbst 1950, warnte vor der »fünften Kolonne« und nutzte die Angst vor »den Russen« für seine Wahlkämpfe. Auf der anderen Seite der deutsch-deutschen Grenze liefen die Gespräche über den Beitritt der DDR zum Warschauer Pakt, dem Militärbündnis der kommunistischen Staaten unter der Federführung der UdSSR. 1956 wurde schließlich – noch als Freiwilligenarmee – die NVA, die Nationale Volksarmee, begründet. Die Westmächte, vor allem die USA, drängten auf einen Beitrag der Bundesrepublik zur »Verteidigung der freien Welt«. Konrad Adenauer sprach von der »Notwendigkeit der Schaffung einer starken Verteidigungskraft« und erklärte die Bereitschaft Westdeutschlands, im Rahmen einer westeuropäischen Armee einen Verteidigungsbeitrag zu leisten. Noch immer lag die staatliche Entscheidungsgewalt bei den einstigen Siegermächten. Adenauers Hoffnung war, die Unabhängigkeit Westdeutschlands durch diese Einbindung der BRD in das westliche Staaten- und Verteidigungsbündnis zu erreichen.

Dagegen stand die Befürchtung vieler Deutscher, mit der Wiederbewaffnung die Teilung des Landes auf Dauer zu zementieren. Eine erbitterte Diskussion um die Wiederbewaffnung wurde geführt, und die Menschen gingen in Massen auf die Straße. Unter dem Motto »Ohne mich« wandten sich Politiker, Gewerkschafter, Wissenschaftler, Intellektuelle und Tausende, die im Krieg Angehörige verloren hatten, Mütter, Ehefrauen, junge Männer, Menschen quer durch alle Bevölkerungs- und Altersschichten, gegen die Gefahr, die von einer neuen Armee ausgehen würde.

Horst Jungkurth, Jahrgang 1933, hatte sich 1955 freiwillig zur Bundeswehr gemeldet. Im Januar 56 wurde er nach Nörvenich, an den westlichen Rand der Bundesrepublik, einberufen und dort wenig später vereidigt. Er kam zur Luftwaffe und machte dort Karriere. Heute ist er pensioniert und lebt in Bad Honnef. In unmittelbarer Nachbarschaft liegt Rhöndorf, wo Adenauer Rosen züchtete. Auf der anderen Seite des Rheins, in Bonn, saßen Jungkurths Dienstherren, die Abgeordneten des Bundestages. »Die Vorstellung,

wir bauen jetzt in Deutschland eine neue Armee auf mit 500.000 Mann, 20 Divisionen sollten es werden, das musste viele Menschen damals extrem vor den Kopf stoßen. Man stelle sich das vor: 500.000 deutsche Soldaten, zehn Jahre nach dem Ende eines Weltkrieges mit schrecklichen Verlusten und Zerstörungen auch im eigenen Land – sehr viele Menschen hatten vom Militär, platt gesagt, ›die Schnauze voll‹. Entsprechend waren ja auch die Reaktionen.« Horst Jungkurth konnte das aber nicht abhalten, sich zu bewerben. »Ich habe 1953 Abitur gemacht, habe dann angefangen zu studieren und wollte eigentlich in den Journalismus. Aber ich war mehr ein unruhiger Typ, konnte nicht lange sitzen.«

In Frankfurt an der Uni – viele Studenten standen damals politisch eher links – diskutierten sie im AStA über die Wiederbewaffnung. Die meisten waren dagegen. Aber es gab auch Stimmen dafür, sich persönlich einzubringen in die Entwicklung des neuen deutschen Staates. »Es ging dabei ja auch um die Wiedergewinnung der vollen Souveränität dieses Staates und – das war für uns völlig neu und irgendwie faszinierend – die Einbindung unseres Landes in eine westliche Staatengemeinschaft. Mit der Aufnahme der Bundesrepublik in die NATO im Mai 1955 überschlugen sich die Ereignisse, die Zeitungen waren voll von Schlagzeilen über Wiederbewaffnung

und neue Armee und irgendwann – soweit ich mich erinnere – gab es auch Anzeigen: ›Sie können sich als Freiwilliger melden.‹ Mich hat an dem allen auch das Neue gereizt, der Neuaufbau einer großen, international eingebundenen Organisation, beginnend vom Punkt null an, und ich entschloss mich einzusteigen. Die Reaktionen in meinem Umfeld waren nicht gerade ermutigend: Als ich meiner Professorin, bei der ich eigentlich promovieren wollte, meine Absicht eröffnete, sagte sie – nach meiner Erinnerung – entsetzt: ›Wo wollen Sie hin? Zum Militär? Sind Sie verrückt geworden? Das ist doch nichts als Barras, Weiber und Besäufnisse!‹«

»Soldaten!«, fuhr Bundeskanzler Adenauer damals in Andernach fort, »Sie stehen vor einer Aufgabe, die durch manche Schatten der Vergangenheit und Probleme der Gegenwart besonders schwierig ist. Die zeitliche Lücke von zehn Jahren bedeutet zugleich die einmalige Möglichkeit zu neuem Beginn, wie auch die Verpflichtung, in unermüdlicher Arbeit Versäumtes nachzuholen.« Er stand mit seinem Minister recht allein vor seinen Soldaten. Denn zur Vereidigung dieser ersten Rekruten in Andernach waren keine Parlamentarier erschienen, obwohl die Bundeswehr doch eine Armee sein sollte, die dem Parlament unterstellt war. Theo Blank, der Verteidigungsminister, hatte nämlich »vergessen«, sie einzuladen. Ein unglücklicher Start, der für das keineswegs einfache Verhältnis der deutschen Nachkriegsdemokratie zu ihrer Armee steht. Blanks Versäumnis hatte ein Nachspiel im Bundestag. »Theo Blank erschien vor dem Spitzengremium des deutschen Parlamentarismus mit dem aufreizend beleidigten Gesicht eines zum Rapport bestellten Zwölfenders«, schrieb der ›Spiegel‹ süffisant. Die Repräsentanten des Bundestags empfanden die Missachtung des Hohen Hauses durch den Verteidigungsminister nachfragenswert. Carlo Schmid sah eine »Verkennung selbst der Bonner Verfassungsrechtlichkeit«. Auf den unbedarften Einwand eines CDU-Abgeordneten, was denn etwa der Bundestagspräsident sagen solle, wenn er zur Begrüßung der Streitkräfte in Andernach vor den Rekruten stünde, antwortete Schmid: »Ganz einfach: Morjen, Leute!« Schließlich beschloss der Ältestenrat, dass kein Parlamentsmitglied an der Zeremonie in Andernach teilnehmen sollte.

Nicht nur die Einbindung in einen demokratischen Staat musste so mancher erst lernen, auch der Ton innerhalb der jungen Bundeswehr wollte erst gefunden werden. Die innere Struktur der Bundeswehr sollte sich grundlegend von der der Wehrmacht unterscheiden. Nach dem totalen Krieg sollte von deutschem Boden nicht nur nie wieder ein Krieg ausgehen, man wollte auch keinen »Staat im Staate« mehr, wie es die Reichswehr und später die Wehrmacht gewesen war, sondern wenn schon ein Heer, eine Luftwaffe, eine Marine, dann sollten diese Soldaten »Staatsbürger in Uniform« sein, demokratisch denkende, dem

Parlament verpflichtete Soldaten, denen es im Zweifelsfall erlaubt sein sollte, ungesetzliche Befehle zu verweigern. Als der Vater dieser Reformen, genannt »Innere Führung«, gilt Wolf Graf von Baudissin. Er bekam viel Gegenwind für seine Vorschläge von den Traditionalisten. Die Soldaten sollten, wenn es nach ihm gegangen wäre, beispielsweise die Arme bei der Entgegennahme von Befehlen zwanglos am Körper herabhängen lassen, die Hand locker geballt. Verteidigungsminister Blank ließ jedoch die alte Grundstellung wieder einführen: konzentriertes Stehen mit angewinkelten Ellbogen und an die Oberschenkel gepressten Handflächen, die Mittelfinger an der Hosennaht, die Daumen an der Innenseite der Zeigefinger. Zehn Jahre nach dem verlorenen Krieg war das Land in der Demokratie angekommen, aber noch nicht alle Bundesbürger und längst nicht alle Militärs. So mancher Deutsche war bemerkenswert offen gegenüber »alten Zöpfen«. Nach einer Umfrage des Allensbacher Instituts für Demoskopie sprach sich ein Drittel der Befragten für den alten Namen »Wehrmacht« aus. Lediglich ein Viertel bevorzugte den Namen »Bundeswehr«, für den auch Adenauer plädierte. Schließlich sollte eine »Armee der Demokratie« entstehen, die sich als bewusste Abkehr von der nationalsozialistisch belasteten Wehrmacht verstand.

Freilich bestand die Gefahr, dass die Bundeswehr zum Unterschlupf für ehemalige Wehrmachtsangehörige wurde. Es fehlte an allem, an Material, an Kasernen und an Personal. Angefangen bei den Offizieren bis zu den Ausbildern der neuen Rekruten. Um dem einen Riegel vorzuschieben, mussten ehemalige Wehrmachtsoffiziere, die zur Bundeswehr wollten, vor einen Prüfungsausschuss. Nicht jeder wurde übernommen. Aber alte Traditionen sitzen tief und wirken nach, vor allem, wenn es noch keine neuen gibt. Der Ungeist der braunen Jahre und die nicht immer freiwillige und offene Auseinandersetzung mit der vielfach belasteten Wehrmacht hat über Jahre und Jahrzehnte in der Bundeswehr Spuren hinterlassen und nachgewirkt. Zeichen dafür waren noch bis in die 90er Jahre Namen für Kasernen und Stützpunkte, die sehr späte Anerkennung der Männer vom 20. Juli 1944, die lang andauernde Diffamierung von Verweigerern und Deserteuren der Wehrmacht während des Krieges, oder noch jüngst die Auseinandersetzung um die Wehrmachtsausstellung. Ende der 50er Jahre boomte die Wirtschaft, die Arbeitslosenrate ging gegen null. Oftmals kamen diejenigen zur Bundeswehr, die auf dem freien Markt kein Unterkommen gefunden hatten. Nach Horst Jungkurths Erinnerung verlief seine Ausbildung in Nörvenich ohne Schikanen. Das war nicht überall so. Der Ton war häufig sehr rau, nicht selten wurden die Rekruten während ihrer Ausbildung geschliffen und gequält wie in alten Zeiten. »Bei der Einstellung sind wir Neueinsteiger nach unseren politischen Standpunkten nicht befragt worden. Bei uns neuen Freiwilligen setzte man wohl ein bereits in der Schule gewachsenes Demokratieverständnis voraus. Für den fliegerischen Dienst in der Luftwaffe, den ich anstrebte, waren natürlich vor allem gesundheitliche Kriterien von Bedeutung.«

Am 2. Januar 1956 begann in Nörvenich die Ausbildung für die neue Luftwaffe. »Wir waren eine gemischte Mannschaft, 105 Rekruten, die damals in Zivil mit ihren Koffern durch das Tor des Fliegerhorstes gingen. Es waren Abiturienten, Männer, die bereits aus einem Beruf kamen, und auch ein paar Studenten. Wir waren Anwärter für die Offiziers- und die Unteroffiziers-Laufbahn in der Luftwaffe. Und so waren auch die Bewusstseinslage und die beruflichen Erwartungen ganz unterschiedlich. Den meisten war aber klar, dass Deutschland mit der Einbindung in das westliche NATO-Bündnis und, als Folge, mit dem Neuaufbau einer Armee einen völlig neuen Weg beschritten hatte. Es war auch klar – und das war ein ganz entscheidendes Kriterium für den Aufbau der Bundeswehr –, sie war von vornherein nicht als nationale Streitmacht geplant, sondern als Armee eines demokratischen Staates in einem Bündnis, im Bündnis mit Europa und den USA. Auch die Idee einer Armee mit Wehrpflicht, einer Bürgerarmee, eher als Schutz – und nur wenn unvermeidbar, als Angriffs-Instrument – erschien uns richtig. Vor uns Luftwaffenangehörigen stand der Aufbau einer technologisch hochmodernen Teilstreitkraft und für die zukünftigen Piloten – und das war meine Zielsetzung –, insgesamt zwölf fliegender Geschwader mit dem Modernsten, was es so an Düsenflugzeugen gab. Wir in Nörvenich waren mit die Ersten am Anfang dieses Aufbaus und das war schon ein besonderer Reiz.«

Die Gemeinde Nörvenich liegt zwischen Bonn und Aachen. Ein Dorf wie jedes andere hier oben an den Ausläufern des Rheinischen Schiefer gebirges. Allenfalls Straßennamen wie Richthofenstraße oder Boelckestraße erinnern an die spezielle

Nachbarschaft. Denn an seinem nördlichen Rand liegt der Luftwaffenstützpunkt des Jagdbombergeschwaders 31 »Boelcke«. Eine Startbahn, Wiesen, Wald, dazwischen verstreut Gebäude. In einem, das so aussieht, als würden darin unsere Geldscheine gedruckt, ist ein neuer Flugsimulator untergebracht. Und zwischen Bäumen und Wiesen die Walfischrücken der Shelter, als Erdhügel getarnte Bunker, die »Garagen« der Flugzeuge. Noch sind es Tornados, die hochtechnologischen »Traktoren« der Luftwaffe, bald werden es auch Eurofighter sein, die teuren und daher umstrittenen Computer mit Flügeln.

1956 sah es dort noch anders aus. Die Gebäude und Anlagen der englischen Royal Air Force, die das Gelände Anfang der 50er Jahre als Flugplatz in Betrieb genommen hatten, reichen nicht aus. Es fehlte an vielem, die Ausbildung der neuen Rekruten in Nörvenich wurde überwiegend improvisiert, Unterbringung, Verpflegung und Unterricht erfolgten in provisorischen Baracken. Einige stehen heute noch am Rand des Stützpunkts. »Wir haben in Nörvenich eine kurze, aber ganz wilde Winterausbildung absolviert. Das Ausbildungspersonal bestand aus einem Major und drei Hauptleuten sowie Unteroffizieren, die aus der ehemaligen Fallschirmtruppe kamen. Das war so das Härteste, was man bekommen konnte. Sie sollten nun aus einem Haufen von meist unsportlichen Individualisten eine Kompanie Soldaten machen. Wir Neuen kamen ja alle aus dem lockeren Zivilleben, umso drastischer war die Umstellung. Es war eisig draußen, als wir im Schneewinter 1956, zwischen Januar und März, die Winterausbildung durchliefen.

Winteruniformen gab es nicht, wir trainierten in olivfarbenen Arbeitsanzügen. Es war schon sehr hart, die Ausbilder agierten teilweise improvisiert, ohne detaillierte schriftliche Ausbildungsanleitungen, in völliger Unkenntnis eines zukünftigen Konzeptes der Inneren Führung, aber in bewährter, auch verbal typischer Fallschirmjägermanier der alten Wehrmacht. Für manche von uns war es ein Kulturschock. Aber es war für uns auch irgendwie ein wenig exotisch und so nahm man es sportlich.«

Auch die neuen Uniformen sollten anders sein als die der Wehrmacht. Vorbild für die Jacken der Luftwaffe wurde das kurze Jäckchen des ehemaligen Oberbefehlshabers der Alliierten Streitkräfte in Europa und nunmehrigen amerikanischen Präsidenten Dwight D. Eisenhower, das sogenannte »Eisenhower jacket«. Die neue Ausgehuniform bestand aus grauer Hose, kurzer Jacke und Schiffchen. »Nun waren ›neue‹ deutsche Soldaten in Uniform in der ja ohnehin kritischen Öffentlichkeit noch weitgehend unbekannt. Unser erstes Erscheinen draußen war daher quasi ein Testfall und so wurden wir auf ›anständiges Auftreten‹ sorgfältig vorbereitet. Ich erinnere mich, dass wir an einem Samstag mit der Bahn nach Köln fuhren. Köln war die Großstadt vor der Tür und damals noch erheblich zerstört. Der Ring war weitgehend ein Trümmerhaufen, das sehe ich heute noch vor mir, und auch die Innenstadt mit schweren Schäden. Wir kamen mit dem Bummelzug in Köln an, stiegen am Hauptbahnhof aus und verteilten uns. Einige besuchten Bekannte, andere wollten sich die Stadt ansehen. Ich ging allein über den Bahnsteig zum Ausgang und kam dabei an einer älteren Dame vorbei. Sie stand etwas verloren da mit einem großen Koffer neben sich, sah mich an und ihre Augen leuchteten auf: ›Oh‹, sagte sie, ›das ist ja etwas Nettes, wir haben wieder einen Kofferträger am Bahnhof, und so eine schicke Uniform. Ich muss da rüber drei Bahnsteige weiter.‹ Ich habe ihr den Koffer zu ihrem Bahnsteig getragen und dort abgestellt, wo sie ihn haben wollte. Und sie zog ihr Portemonnaie und gab mir hocherfreut über diesen Fortschritt nach dem furchtbaren Krieg 50 Pfennige.« Einige seiner Kollegen haben Ähnliches erlebt, andere wurden direkt angefeindet.

In der Unterprima, 1952, also ein Jahr vor dem Abitur, wurde Horst Jungkurths Schule, wie andere auch, Ziel des Re-education-Programms, der Umerziehung zur Demokratie durch die amerikanische Besatzungsmacht. Ein amerikanischer Offizier sollte den Schülern demokratische Grundregeln nahebringen. Daraufhin wurde die Schülermitverwaltung eingeführt. Anstatt wie in der Vergangenheit der Lehrerschaft zu unterstehen, sollten Schüler in allgemeinen Schulfragen nun mitreden und Verantwortung tragen lernen. Es wurde eine Schülerzeitung aufgebaut, von und für Schüler gemacht, auch dieses war neu. »Es war meine erste Begegnung mit der Demokratie, ein Blick in eine andere Welt. 1933 geboren, hatte ich bis Kriegsende im Dritten Reich gelebt, mehr oder weniger ›von Feinden umgeben‹. Ich hatte kein anderes Land gesehen. Zum Kriegsende war ich 12 Jahre alt, Hitlerjunge, und habe geweint, als über den Volksempfänger die Nachricht kam, der Führer sei an der Front gestorben. Später, als die Wahrheiten ans Licht kamen und deutlich wurde, welch ungeheure Zerstörung und Leid das Regime und der Krieg gebracht hatten, hatte ich heftige Diskussionen mit meinen Eltern über die Ursachen und Verursacher dieser Katastrophe. Umso neugieriger machte nun der Blick mit den Augen dieses amerikanischen Offiziers in eine ganz neue Welt.« Jungkurth arbeitete mit bei der Schülerzeitung und wurde Klassensprecher. Eines Tages fragte ihn der Verbindungsoffizier, ob er für drei Tage mit nach England reisen wolle. »England, das war für einen Jugendlichen, der nie aus Deutschland herausgekommen war, wie ein Schock. Es war doch eigentlich der Feind – aber es war auch etwas faszinierend Neues. Als wir in London den Bahnhof verließen, sagte mein Amerikaner: ›Geh doch mal rüber zum Kiosk und kauf uns einen Stadtplan.‹ Mit meinem Schulenglisch versuchte ich, einen am Zeitungsstand zu erstehen. Der Verkäufer verstand mich so wenig wie ich ihn. Dann tauchte neben mir ein Engländer mittleren Alters auf, der genauso aussah wie auf früheren Spottbildern im Dritten Reich: dunkler Anzug, schwarze Schuhe, Melone. Er fragte sehr freundlich in sehr langsamem Englisch nach meinen Wünschen und machte es möglich, dass ich mit meinem Schülerenglisch einen Stadtplan erstand. Das war meine erste und auch unvergessliche Begegnung mit einem Engländer, in seinem Land. Und es war ein Erlebnis der besonderen Art, dass er nämlich nicht anders war als die Menschen zu Hause. Die folgenden zwei Tage in London waren für mich dann ein praktisches Lehrstück mit Blick auf die Unterschiede zwischen Diktatur und Demokratie.« Später spielte das internationale Element, die Partnerschaft zwischen den Ländern, für Jungkurth immer eine große Rolle. Wenn er, dann schon in hohem Rang, Besuche im Ausland machte, flog er die Flugzeuge der Kollegen. Man machte das gegenseitig so, eine Geste der Freundschaft. »Wenn der Kollege kam, flog er Tornado, wenn man nach Frankreich ging, flog man dort Mirage. Ich bin in Israel einmal mit den Israelis zusammen F-15 geflogen. Das war ein besonderes Erlebnis. Ein deutscher 3-Sterne-General in Uniform in Israel, in einem israelischen Flugzeug über dem Toten Meer mit einem anderen Israeli an der Fläche. Das war etwas ganz Besonderes.«

Nach dem militärischen Drill in Nörvenich kam die Ausbildung an den Flugzeugen dran. Jungkurth wurde versetzt nach Landsberg am Lech in Bayern. Für ihn war es das große Abenteuer, Fliegen! Zuerst in kleinen Propellermaschinen, mit Fluglehrer, und dann nach einer Reihe von Flügen das unvergessliche Erlebnis: der erste Alleinflug. Der bedeutete auch das Ticket für die Reise über den großen Teich – zur Ausbildung auf Düsenflugzeugen nach Amerika. Dort dauerte die Ausbildung weitere zwei Jahre, im Mai 1958 kam Jungkurth zurück. Den Verbündeten in der NATO gegenüber war die Bundesrepublik Verpflichtungen eingegangen, die nun erfüllt werden sollten. In kürzester Zeit wurde ein Geschwader nach dem anderen aus dem Boden gestampft. Jungkurths erster Einsatz war wieder in Nörvenich. »Der Aufbau der neuen Luftwaffe erfolgte damals in rasantem Tempo. Einsatzflugzeug war die F-84F Thunderstreak, ein amerikanisches Düsenflugzeug mit einem Triebwerk. Die Maschinen kamen aus den USA, wurden nach meiner Erinnerung in Bremen angelandet, zusammengebaut, testgeflogen und von uns, den neuen, aus den USA zurückgekehrten Piloten, von dort zu den Flugplätzen der aufzubauenden Geschwader geflogen. So sammelten wir erste fliegerische Erfahrungen, auch in den nicht seltenen Schlechtwetterlagen in Deutschland.« Die Laufbahn eines Fliegers führte im Idealfall über den Staffelkapitän, den Kommandeur einer Fliegenden Gruppe, zum Geschwaderkommodore. Von Fall zu Fall auch mit anderen Verwendungsabschnitten zwischendurch. Ein Geschwader zu führen, auf einem eigenen Flugplatz, mit etwa 2000 Soldaten und zivilen Mitarbeitern, ausgestattet mit modernen Flugzeugen und technischem Gerät, »das ist wohl der Traum eines jeden Fliegers der Luftwaffe. Für mich ging der Traum 1971 in Erfüllung.«

Nach und nach wurden Familien gegründet. Für die Ehefrauen und Kinder bedeutete jede neue Verwendung des Mannes zumeist einen Umzug in eine andere Gegend, in ein anderes Bundesland. Letztlich hat Jungkurths Familie während seiner 35-jährigen Dienstzeit elf- oder zwölfmal den Wohnort gewechselt. Horst Jungkurth gehörte der Führungsakademie der Bundeswehr an, kam 1975 in den Führungsstab der Luftwaffe und wurde mit 43 Jahren der jüngste General der Luftwaffe. Nach seiner Ernennung zum Generalleutnant stieg er 1983 zum NATO-Befehlshaber der Luftstreitkräfte für Mitteleuropa-Süd auf und war schließlich von 1987 bis zu seiner Pensionierung 1991 der achte Inspekteur der Luftwaffe. Er war also nicht nur Soldat, sondern als Angehöriger der militärischen Führung und Berater in die militärpolitischen Entscheidungen von Regierung und Parlament eingebunden.

Der Auftrag der Bundeswehr hat sich entschieden gewandelt. Wurde sie in Zeiten des Kalten Krieges vielfach dafür belächelt, dass sie im Sandkasten dafür übe, nie eingesetzt zu werden, tut sich die Mehrheit der Deutschen heute schwer damit, dass die Bundeswehr längst weit weg von Deutschland in vielen Ländern der Erde steht. Ob im Auftrag der UNO vor der Küste des Libanons, im Kongo, am Horn von Afrika oder an der Seite der NATO-Verbündeten beim Einsatz im Jugoslawienkrieg, dem ersten Kampfeinsatz der Bundeswehr, oder an der Seite der Amerikaner in Afghanistan.

Zu seiner Zeit als Inspekteur der Luftwaffe hat Horst Jungkurth die Veränderungen aus nächster Nähe miterlebt. »Als im zweiten Golfkrieg 1990/91 nach dem Überfall des Irak auf Kuwait die Türkei Basen für die von den USA geführte Koalition in der Südtürkei bereitstellte, sorgte man sich wegen der Möglichkeit eines Vergeltungsschlages des Iraks gegen die Türkei. Für diesen Fall kam an Deutschland aus der NATO die Bitte um militärische Unterstützung der Türkei. Als NATO-Mitglied hätte die Türkei im Falle eines Angriffs auf ihr Territorium Anspruch auf Hilfe durch die NATO-Partner gehabt. So verlegte die Luftwaffe nach eingehenden Beratungen und mit der Zustimmung des Bundestages eine fliegende Staffel in die Südosttürkei. Dem gingen damals große Diskussionen in den Parlamentsausschüssen voraus, an denen ich über Stunden teilnahm und Fragen beantwortete. Das Problem war: Ist das alles durch unser Grundgesetz gedeckt, das ja die Verteidigung des eigenen Landes vorsieht. Wir waren aber auch dem NATO-Bündnis mit der Verpflichtung zu gegenseitiger Hilfe beigetreten, und das gab den Ausschlag. Hätte es damals einen Angriff des Iraks auf die Türkei gegeben – der, wie wir wissen, nicht stattfand –, so wäre die Bundeswehr zum ersten Mal weit jenseits der deutschen Grenzen an Kampfeinsätzen gegen einen Gegner außerhalb des Bündnisgebietes beteiligt gewesen.«

1999 entschied der Bundestag, die Bundeswehr in Kooperation mit der NATO zu Kampfeinsätzen in das ehemalige Jugoslawien zu entsenden. Für viele in Deutschland war das ein Schock. Die Bundesrepublik war in der Realität der politischen Abkommen und vielfachen Bündnisverpflichtungen angekommen. Eigentümlicherweise schien erst mit diesem Einsatz ihre Nachkriegszeit zu enden. Die Bombenangriffe in Serbien lösten in Deutschland eine lang vermiedene Auseinandersetzung mit den alten Traumata und Verdrängungen aus. Darin liegt sicherlich ein gewichtiger Grund für die Skepsis und Zurückhaltung vieler Bundesbürger, wenn es um das Engagement der Bundeswehr in aller Welt geht.

Seit dem 11. September 2001 hat sich die Welt verändert. Die USA und mit ihr die restliche Welt haben den Horror schlechthin erlebt mit den Angriffen der von Terroristen missbrauchten Passagierflugzeuge auf zivile Gebäude. Es liegt nahe, auch dem Luftwaffengeneral Horst Jungkurth eine Frage zu stellen, die als Gedankenspiel vielfach durchexerziert wurde: Angenommen, ein ziviles Passagierflugzeug mit 198 unschuldigen Passagieren wird entführt, und sein Absturz auf ein Atomkraftwerk, das Regierungsviertel in Berlin oder die City von Frankfurt ist geplant. Darf man dieses Flugzeug abschießen? Eine solche Entscheidung legt nicht nur allen Beteiligten, der Bundesregierung, dem Bundestag, den verantwortlichen Ministern und Militärs, eine hohe moralische Verantwortung auf, sondern bedarf auch einer rechtlichen Grundlage. »Gefährdungen der Sicherheit, das hat die Entwicklung des Terrorismus erschreckend gezeigt, können heute in einer vernetzten Welt jederzeit, in weit entfernten Regionen und auch innerhalb des eigenen Landes, in unterschiedlichen Formen entstehen. Nur mit aktivem Engagement, auch der Übernahme von Verantwortung in gefährlichen Situationen, können Staaten und Bündnisse mit einem breiten Fächer von Maßnahmen – wenn nötig auch militärischen –, versuchen, derartige Gefährdungen bereits am Ort des Entstehens zu verhindern oder zumindest einzudämmen. Das ist auch der Sinn und die Notwendigkeit des Einsatzes der Bundeswehr am Hindukusch, in Afghanistan. Einem terroristischen Angriff mit einem entführten Verkehrsflugzeug oder Schiff auf Ziele im Inneren Deutschlands kann mit den verfassungsrechtlich vorgesehenen Kräften der Polizei nicht begegnet werden. Die Bundeswehr mit der einsatzbereiten Luftwaffe oder Marine, die als Einzige auch unter Zeitgesichtspunkten – Reaktionen müssten sehr schnell erfolgen – eingreifen könnte, darf aufgrund der Verfassungslage nicht eingesetzt werden. Dieses Dilemma muss angesichts der weltweiten terroristischen Gefahrenlage – nach meiner Meinung – dringend gelöst und die anhängenden rechtlichen Fragen geklärt werden.«

Gedankenspiele sind erlaubt: Wir werden nicht die Einzigen sein, die vermuten, dass für solche Fälle längst Pläne in irgendeiner Schublade liegen, Pläne, die nicht im großen Plenum verabschiedet wurden und nicht unbedingt verfassungskonform sind. Die vielleicht über das hinausgehen, was nach den Plänen der Bundesregierung im Notfall erlaubt sein soll, nämlich nur unbemannte oder ausschließlich mit Attentätern besetzte Flugzeuge abzuschießen. Doch Horst Jungkurth beharrt darauf, dass nicht nur die ethische Frage, ob Menschen bewusst geopfert werden dürfen, um andere Menschen, vielleicht eine ungemein größere Anzahl, vor dem Tod zu bewahren, zu bedenken sei. »Wichtig bleibt, dass solch ein Einsatz entsprechend unserer Verfassung legitimiert ist. Der Minister, der entscheidet, der Luftwaffenpilot in seinem Flugzeug oder der Kommandant eines Marineschiffes, die den Befehl zum Waffeneinsatz im Inneren erhalten, sie alle müssen wissen und sicher sein, dass dieser Befehl jeder rechtlichen Prüfung standhält und ausgeführt werden muss.« Bisher gilt das Urteil des Bundesverfassungsgerichts, wonach Leben gegen Leben nicht abgewogen werden darf. Die Bundeswehr darf keine Flugzeuge abschießen oder Schiffe versenken, auf denen sich unbeteiligte Zivilisten befinden.

VON DER IDIOTENFIBEL ZUM GRUNDGESETZ
Im Tiermuseum in Bonn

Die drei Militärgouverneure der westlichen Besatzungszonen forderten mit den »Frankfurter Dokumenten« vom 1. Juli 1948 die Ministerpräsidenten der Länder auf, eine Versammlung einzuberufen, die »eine demokratische Verfassung ausarbeiten soll, die für die beteiligten Länder eine Regierungsform des föderalistischen Typs schafft, die am besten geeignet ist, die gegenwärtig zerrissene deutsche Einheit schließlich wieder herzustellen«. Ziel war eine provisorische Verfassung für das zukünftige Westdeutschland. Zur Vorbereitung traf sich ein Verfassungskonvent auf der Insel Herrenchiemsee. In der Abgeschiedenheit der Insel erarbeiteten innerhalb von 13 Tagen, vom 10. bis zum 23. August 1948, in einer sagenhaft kurzen Zeit, Politiker und Juristen den Entwurf für das Grundgesetz. Der Versammlungsleiter Anton Pfeiffer, damals Leiter der bayerischen Staatskanzlei, fand im Gespräch mit Hermann Louis Brill, SPD-Vertreter und einziger aktiver Widerstandskämpfer im Verfassungskonvent, einen anderen Namen dafür: »Sagen wir es doch offen: Wir machen für den Parlamentarischen Rat eine Idiotenfibel.«

Der Parlamentarische Rat sollte den Entwurf in Bonn ausarbeiten. Es war nicht leicht, einen Saal zu finden für die feierliche Eröffnungssitzung am 1. September 1948. Die Hälfte Deutschlands lag in Trümmern, Bonn war schwer zerstört. Man wurde schließlich fündig im Museum Alexander Koenig, einem Naturkundemuseum mit einer ausreichend großen Halle und einer Glaskuppel, die kaum beschädigt war. Und sein Direktor Adolf von Jordans stand nicht im Verdacht, mit den Nazis paktiert zu haben. Sie hatten ihn sogar für unwürdig erklärt, Parteimitglied zu sein. »Gleich neben mir sind vielleicht vier bis fünf Damen und Herren damit beschäftigt, eine vier Meter fünfzig lange Giraffe hinter einem großen Holzverschlag verschwinden zu lassen. Wie ja überhaupt die Zoologen in diesen Tagen mit einem weinenden Auge ihre großen Schaukästen in die Ecke stellen müssen. Die erlauchte Versammlung wird hier, umrahmt von indischen Elefanten und allen möglichen Skeletten aus der ganzen Welt, ihre Versammlungen abhalten können.« So berichtete der Reporter Hans Jesse für den NWDR, den Vorgänger des WDR in Köln, 1948 von der Vorbereitung zur Konstituierenden Sitzung des Parlamentarischen Rates.

Mit dem Trauermarsch aus Wagners ›Siegfried‹ hatte sich nach dem Tod Hitlers im Berliner Bunker der Nazirundfunk quasi verabschiedet. Die meisten Funkhäuser hatten die Wehrmacht und

die SS noch zerstört oder schließlich die alliierten Bombardierungen. Die Besatzungsmächte sendeten ihr Programm direkt in das besetzte Deutschland, die Amerikaner über AFN, American Forces Network, und die Briten über BBC London. Im Osten, in der von den sowjetischen Truppen besetzten Zone, wurde gleich nach Kriegsende die »Generalintendanz des deutschen demokratischen Rundfunks« gegründet und übernahm die Programmgestaltung im sozialistischen Sinne. Aus Hamburg meldete sich am 4. Mai 1945 wieder der erste deutsche Radiosprecher mit: »Here is Radio Hamburg« – »Hier ist Radio Hamburg«. Nach und nach folgten die Sender in den anderen Ländern, notdürftig in Betrieb genommen, und sendeten bald wieder weichgespülte Operettenarien, »Immer nur lächeln, immer vergnügt«, die den Krieg anscheinend unbeschadet überstanden hatten. Doch in die Ohren der Jüngeren schrieb sich die Musik der Sieger ein, vermittelte sie doch ein neues Lebensgefühl. Im Osten waren es vor allem die Klänge im Stile des Chors der Roten Armee, im Westen Jazz, Swing und Big-Band-Musik, die den AFN bald zum Kultradio machten. Glenn Millers ›In the Mood‹, Louis Armstrongs ›Ain't Misbehavin'‹ oder Ella Fitzgerald mit ›A-Tisket, A-Tasket‹ haben ungezählten Heranwachsenden durch ihre Nachkriegsjugend geholfen. Hans Carl von Jordans, Sohn des damaligen Direktors des Museums Koenig, hatte ein Hobby, das ihn vom Rundfunk unabhängig machte, er war Funker. Im Laufe der Jahre baute er sich eine veritable Funkstation zusammen – die immer noch in einem Zimmer seines Hauses steht, nach wie vor gebrauchstüchtig. Er kommunizierte, als es noch verboten war, mit Gleichgesinnten im Ostblock und anderswo und hörte Neuigkeiten, die Deutschland manchmal erst viel später erreichten.

Als Bonn noch bundesdeutsche Hauptstadt war, war es nicht leicht, dort jemanden zu treffen, der nicht mindestens Beamter in Bundesbehörden oder im Diplomatischen Dienst war. Der Bonner Hans Carl von Jordans ging nach einem Jurastudium zum Pressedienst des Auswärtigen Amtes und damit in die Welt. Heute lebt er wieder in Bonn, und das gerne, und versucht seine Papiere und Fotografien zu ordnen, um ein buntes Leben aufgeräumt zu hinterlassen. Da kommt einiges zusammen, aus Berlin und Bogotá, von Mallorca und aus Bonn, als die Familie in dem Museum gegenüber der Villa Hammerschmidt wohnte. Hans Carl war 1929 zur Welt gekommen, als sein Vater schon bei dem damaligen Direktor Alexander Koenig arbeitete. Er hat seine Kindheit in diesem Museum verbracht, konnte sich frei bewegen im Haus, kannte jeden Winkel und freundete sich mit einem der Heizer an. Ihn begleitete er auf seinen Gängen durchs

Museum. »Die Heizungsanlage könnte ich heute noch mit geschlossenen Augen finden, da wurde noch mit Koks geheizt, eine Riesenanlage. Ich habe dem Heizer an der Feldschmiede geholfen, er war auch Schlosser. Da war so ein Blasebalg, der zu treten war.« Hans Carl durfte Eisen rot glühen lassen und sich als rechte Hand des Heizers fühlen.

Das Naturkundemuseum mit seiner Sammlung großer und kleiner ausgestopfter Tiere rund um eine Savannenlandschaft ist auf Zucker gebaut. Alexander Koenig war als Kind eines russischen Zuckerfabrikanten 1867 mit seinen Eltern aus St. Petersburg nach Bonn gekommen. Sein Vater hatte dort am Rhein die heutige Villa Hammerschmidt erworben. Alexander, der Sohn, studierte Zoologie und baute sich nach einer Reihe von Forschungsreisen in Bonn »sein« Naturkundemuseum auf. Im Ersten Weltkrieg wurde es zweckentfremdet als Kaserne, anschließend war es noch lange privates Institut, bevor es 1934 endgültig Museum werden durfte. Der Biologe und Ornithologe Adolf von Jordans wurde engster Mitarbeiter und stellvertretender Direktor. Er musste allerdings sechseinhalb Jahre warten, bis es Koenig gelang, ihn zu seinem Nachfolger zu machen. Der NSDAP-Kreisleiter aus der Nachbarschaft hatte ein Auge auf die zum Museum gehörende Villa geworfen. Da die Villa unmittelbar an das Museum angrenzte, wäre in dem Fall das Museum so gut wie verloren gewesen. Der Kreisleiter zog den Kürzeren, bekämpfte aber Jordans von nun an. »Der wohnte in unserer Straße, wir mussten den grüßen, dazu wurden wir von den Eltern angehalten«, erinnert sich Hans Carl von Jordans. Der neue Direktor bezog mit seiner Familie, Ehefrau und fünf Kindern, die Villa, und Jordans erinnert sich, »dass ich im Matrosenanzug die Marmortreppe runtergerutscht bin auf meiner Kehrseite, bei einem Besuch von Göring. Wohlgemerkt, Göring, der ja ein wilder Jäger war, dick und feist, besuchte das Museum. Ich habe zum Ärger meiner Mutter meinen weißen Anzug ruiniert.«

Die Nationalsozialisten waren ständig präsent. Ein Onkel wurde verhaftet, saß im Zuchthaus in Siegburg und wurde erst von den Amerikanern wieder befreit. Auch der Vater wurde zur Gestapo bestellt, glücklicherweise aber nicht verhaftet. Die Kinder hörten mit den Eltern ausländische Sender ab, »wir haben BBC gehört, wir durften aber nichts sagen. In der Schule war uns von den Eltern das Maul verboten.« Vermutlich verdankte es Vater Jordans seinem fortgeschrittenen Alter und mächtiger Fürsprache, dass er nicht in irgendeinem Strafbataillon jämmerlich zugrunde gehen musste.

»Als Bonn und unser Haus bei den Bombenangriffen in Brand gerieten, war ich mit meinem Vater in der

Stadt im Bunker am Bahnhof. Mutter war im Museum im Keller. Wir kamen zurück, da stand das Haus außen in Flammen, der Speicher war schon nicht mehr zu betreten. Wir hatten viele unserer Bilder im Museum im Keller. Beim Löschen halfen holländische Zwangsarbeiter mit, und die riefen immer ›mi Dröck, mi Dröck‹, mehr Druck – der Druck versagte, es gab kein Wasser mehr. Die Koenigsvilla war ausgebrannt, aber noch bewohnbar. Unsere Schränke standen im Garten.« Die Familie zog um, mit dem Bollerwagen, wie sich Hans Carl von Jordans erinnert. Und endlich war der Krieg zu Ende, die Amerikaner kamen, doch »im Museum war noch deutsches Militär stationiert. Der Standortkommandant war in Uniform und hat mich gebeten, du könntest doch mal in die Lehrerakademie fahren – das war, wenn ich mich recht erinnere, die Standortkommandantur –, da habe ich Zivilzeug, das könntest du mir mal holen. Ich bin da hingefahren mit dem Rad. In der Zeit sind die Amis zu uns ins Haus gekommen und der ist bei uns im Haus verhaftet worden. In der Nachbarschaft vom Museum waren mir die ersten Panzer begegnet. Für unser Privathaus, in das wir dann eingezogen waren, kriegten wir ein Schild »Off Limits«, so war dem Militär das Betreten untersagt. Mein Vater war eben kein Nazi und deswegen haben ihn die Amis recht hofiert. Sie wollten ihn zum Oberbürgermeister machen, was er aber nicht wollte.«

Zur ersten feierlichen Sitzung des Parlamentarischen Rates kamen die Ministerpräsidenten der Länder, geladene Gäste und die Vertreter der Westalliierten im Museum Koenig zusammen. Die drei Militärgouverneure selbst blieben der Eröffnungsfeier bewusst fern, um die Verhandlungen in Moskau zur Aufhebung der Blockade von Berlin nicht zu gefährden. Hans Carl von Jordans, damals 19 Jahre alt, saß neben seinem Vater im Saal. »Die suchten ein Gebäude, der Lichthof war zerbombt, der wurde notdürftig repariert«, erinnert er sich. »Mein Vater hatte, als er Direktor geworden war, das Arbeitszimmer von Koenig übernommen, seine Bibliothek. Und Adenauer wollte dieses Zimmer als Arbeitszimmer haben. Da hat mein Vater natürlich gesagt, können Sie haben. Er ist dann eben in das Nachbarzimmer umgezogen.«

Nach der feierlichen Eröffnungssitzung war der Parlamentarische Rat mit Sekretärinnen und einem Tross von Mit- und Zuarbeitern in die Räume der Pädagogischen Akademie, nahe dem Rhein gezogen, wo Hans Carl wenige Jahre zuvor die Uniform des Standortkommandanten abgeholt hatte. In verschiedenen Unter- und Ober- und Hauptausschüssen wurde das Grundgesetz auf der Basis des Herrenchiemseer Entwurfs erarbeitet. Bedenken oder Anregungen aus der Bevölkerung konnten direkt an den Parlamentarischen Rat gerichtet werden. Bis Mitte Dezember 1948 waren ganze 615 Eingaben eingegangen. Stärker als alle Grundrechte beschäftigte die Fantasie der Bürger anscheinend die Speisekarte der Parlamentarier. »Und wer die Wahrheit sagt, dass es nämlich nichts als einen guten Wein und ein paar Brötchen gegeben habe«, schrieb ein Kommentator, »wird als Kollaborateur der Demokratie angesehen.« Die meisten Zuschriften, nämlich 166, beschäftigten sich mit den Bundesfarben und der Bundesflagge: Schwarz, Rot, Gold, wie sie zu Revolutionszeiten 1848 über dem Hambacher Schloss geweht hatte oder Schwarz, Weiß, Rot wie zu Kaisers Zeiten? Neun Schreiben und 27 Telegramme forderten schließlich die Beibehaltung des Reichsjagdgesetzes.

Bereits am Chiemsee war das Staatsverständnis für ein zukünftiges Deutschland West grundlegend gewandelt worden: Der Staat sollte für die Menschen da sein, nicht die Menschen für den Staat. Die Grundrechte sollten Rechte für den Alltag sein, kein hohler Appell. Sie sollten einklagbar sein, und das Bundesverfassungsgericht wurde als ihr Wächter bestimmt. Carlo Schmid, Don Carlos, wie ihn sein Parteigenosse Hermann Louis Brill spöttisch nannte, formulierte damals eine Vision: »Eine solche Verfassung ist dann die Grundnorm des Staates. (...) Nichts steht über ihr, niemand kann sie außer Kraft setzen, niemand kann sie ignorieren. Eine Verfassung ist nichts anderes als die in Rechtsform gebrachte Selbstverwirklichung der Freiheit eines Volkes. Darin liegt ihr Pathos, und dafür sind die Völker auf die Barrikaden gegangen.« In Bonn entstand, so sagen Verfassungsrechtler und so empfinden noch heute viele Bundesbürger, eine der besten Verfassungen der Welt.

Am 23. Mai 1949 wurde das Grundgesetz, das nicht Verfassung heißen sollte, bis die Einheit Deutschlands wieder hergestellt war, nach der Genehmigung durch die Militärgouverneure, in der Aula der Pädagogischen Akademie feierlich verkündet. Die Verabschiedung des Grundgesetzes war der wesentliche Schritt auf dem Weg zur Geburt der Bundesrepublik. Auf dem Bonner Petersberg hatten die Alliierten Hohen Kommissare die drei Militärgouverneure ersetzt. Am 21. September 1949 machte der frisch gewählte Bundeskanzler Konrad Adenauer in Begleitung einiger Bundesminister dort seinen Antrittsbesuch. Der Termin geriet diplomatisch schwierig: Adenauer schmollte, weil John McCloy, Hoher Kommissar der Amerikaner, ihn nicht unverzüglich empfangen konnte oder wollte. Adenauer weigerte sich zunächst – nach den Erinnerungen von McCloy – einzutreten. Die Delegation der Bundesregierung verharrte draußen im Regen. Schließlich ging McCloy auf Adenauer zu mit den Worten: »Ich kann mir vorstellen, was Sie denken, Herr Bundeskanzler – ich wollte sagen, Sie denken jetzt sicher an Canossa.« Eine andere Anekdote stärkte das Selbstbewusstsein der Verlierer: Demnach standen die drei Hohen Kommissare auf einem edlen Teppich, um Adenauer das Besatzungsstatut auszuhändigen, und Adenauer sollte ihn erst betreten, wenn er dazu aufgefordert würde, wie er in seinen Erinnerungen schrieb. Doch als der französische Hochkommissar André François-Poncet Adenauer begrüßte, trat er flugs ein paar Schritte vor und stand bereits mit auf dem Teppich.

Am 5. Mai 1955 löste sich in der Amerikanischen Botschaft in Bonn die Alliierte Hohe Kommission endgültig auf. Das Besatzungsstatut wurde aufgehoben. Damit erlangte die Bundesrepublik Deutschland ihre Souveränität größtenteils zurück und wurde Mitglied der NATO.

EIN GESCHÄFT, DAS NICHTS ALS GELD VERDIENT, IST KEIN GUTES GESCHÄFT
Eine Bank in Bochum

Kürzlich hat in unserer Straße ein neues Café aufgemacht. Man bekommt Kaffee, Kuchen und Herzhaftes, wie überall. Nur die Bezahlung ist anders: »Hat's geschmeckt? Überleg dir, was es dir wert war.« Was in die Kasse kommt, liegt im Ermessen der Kunden – und es rechnet sich. Seit einigen Monaten existiert der Laden und er schreibt schwarze Zahlen. Die meisten würden mehr in den Topf legen als notwendig, einige auch weniger. Doch den Kommentar »Das ist mir zu viel Verantwortung, da komme ich nicht wieder« haben sie auch schon gehört im Café »Liebling«. Eine Autofirma führte neulich angesichts des Verkaufsrückgangs ein, die Kunden nach ihrer Preisvorstellung zu fragen. Der Autohändler macht seinerseits einen Vorschlag, beide einigen sich irgendwo in der Mitte. Man verabschiedet sich vom Listenpreis und handelt wie auf dem Basar. Kann eine Bank ihre Kunden fragen, wie viel Zinsen sie für einen Kredit zahlen wollen? Vermutlich schon.

Doch welcher Banker würde das tun? Als wir nach Bochum zur »Gemeinschaftsbank für Leihen und Schenken« unterwegs waren, brachen gerade die Finanzmärkte zusammen, das Repräsentantenhaus in den USA bewilligte nach Widerständen 700 Milliarden Dollar, um die amerikanischen Banken zu stabilisieren. Ein paar Tage später beschloss die Bundesregierung, das deutsche Bankensystem mit einer Bürgschaft von über 500 Milliarden Euro zu stützen. Es hat sich ein merkwürdiges Phänomen eingestellt während dieser Finanzkrise: Die Banken misstrauten sich gegenseitig, so stark, dass eine der anderen keinen Kredit mehr geben mochte. Doch die Kunden focht das so gut wie gar nicht an, sie waren weiter voller Vertrauen in die Banken. Wie viel verstehen sie davon, was ihre Bank mit ihrem Geld tut? Die Grundgesetzväter und -mütter haben einst den Deutschen den Satz ins Stammbuch geschrieben: »Eigentum verpflichtet. Sein Gebrauch soll zugleich dem Wohle der Allgemeinheit dienen.« Die nachfolgenden Generationen haben sich erfolgreich darum herumgedrückt zu definieren, wozu Eigentum denn verpflichtet. So steht der Satz auf dem Papier und stört nicht weiter.

Bochum im Ruhrgebiet. Mit 9,2 Prozent Arbeitslosigkeit liegt die Stadt gerade mal zwei Prozentpunkte über dem Durchschnitt in Deutschland. In direkter Nachbarschaft zu dem berühmten Schauspielhaus, wo wieder einmal der begnadete Otto Sander spielt, von dem der Satz stammt, »Theater lebt vom Moment. Immer live. Es wird gnadenlos abgerechnet«, steht das Finanzamt, und gegenüber ein renoviertes, rotes Bürogebäude aus den 30er Jahren, Arbeitsplatz

für 170 Angestellte. Wo sich einst der Haupteingang des Gebäudes befand, ist heute eine große Fahrradgarage. Hinter dem Gebäude ein kleiner Park, Holzbänke, Stege und Terrassen aus Holz, ein Teich. Im Treppenhaus hängen Gemälde, die man kaufen kann. Auf jeder Etage von einem anderen Künstler. Ein Treppenhaus mit sanftem Wasserfall. Oben, im obersten Stockwerk, wo er entspringt, sitzen kleine Gummitiere, Seehunde und ein blöd blickendes Schaf auf einem Felsen.

Das rote Haus in Bochum ist der Firmensitz der GLS Bank. Wir wollen mit einem oder einer der Verantwortlichen sprechen. Eine Bank, die sich einst den Namen »Gemeinschaftsbank für Leihen und Schenken« gegeben hat, müsste doch eine andere Philosophie vertreten als Ackermann & Co. Der Pressesprecher sagt, sie seien eine ganz normale Bank. Doch vor der Fassade hängt ein großes Plakat, auf dem Sätze stehen wie »Geld mag die Schale für vieles sein, aber nicht der Kern«. Das soll Henrik Ibsen gesagt haben, der Dichter. Oder ein Satz, der Henry Ford, dem Autobauer, zugeschrieben wird: »Ein Geschäft, das nichts als Geld verdient, ist kein gutes Geschäft.«

»Ein Autoverkäufer erklärte mir, wie notwendig und sinnvoll eine Klimaanlage sei und dass sie den Aufpreis allemal wert sei, während ein zusätzlicher Rußfilter sich derzeit noch nicht rechnen würde. Ob sich nun die Klimaanlage oder der Rußfilter für mich rechnet, hat zunächst wenig mit Ökonomie zu tun. Die Frage ist, gehört das Klima im Auto zu meinen persönlichen Zielen und Bedürfnissen und insbesondere, gehört das Klima außerhalb meines Autos zu meinen Zielen und Bedürfnissen? Ist dies der Fall, stellt sich die Frage, ob ich mich dafür verantwortlich fühle, und dann erst, wie ich das für mich möglichst preisgünstig umsetzen kann.« Der Mann, der dies sagt, ist Thomas Jorberg, Jahrgang 1957, verheiratet, zwei Kinder und er ist der Vorstandssprecher der GLS Bank. Gespräche mit Bankern über Geld sind in der Regel enervierend langweilig, aber nicht mit ihm. Er sagt irritierende Sachen, zum Beispiel: »Man kann ja machen, was man will, Geld arbeitet einfach nicht. Die Menschen arbeiten und der Finanzmarkt hat nur eine einzige Existenzberechtigung: der Realwirtschaft Finanzierungsmittel zur Verfügung zu stellen.« Doch dieses Verhältnis habe sich umgedreht. »Das System hat gezeigt, dass es wirtschaftlich nicht leistungsfähig ist. Dass es das sozial und ökologisch nicht ist, ist längst bewiesen. Jetzt wird deutlich, dass ein rein renditeorientierter Umgang mit Geld letztendlich auch wirtschaftlich, monetär nicht nachhaltig ist.« Jorberg macht das an einem Beispiel deutlich: Im Ruhrgebiet hätten früher viele Unternehmen Wohnungen für ihre Mitarbeiter gebaut. Dafür brauchten sie Geld. Das hätten sie geliehen und zurückgezahlt. Daraufhin besaßen sie die Wohnungen. Damals diente das Geld der Finanzierung der Wohnungen. Heute sei das anders, heute dränge Geld in die Anlage. Die weitgehend schuldenfreien Wohnungen würden verkauft und die Käufer hätten nun fast 100 Prozent dieses Kaufpreises an Schulden. »Damit dient das Wohnen heute der Befriedigung des Finanzmarktes. Folglich haben wir es mit einer Abkoppelung von der Realwirtschaft mit verhängnisvollen Auswirkungen für diese zu tun.«

Thomas Jorberg sieht nicht nur die Unternehmer und Banker in der Pflicht, die unvorstellbar große Summen virtuell über den Globus hin- und hergeschoben haben, bis der Finanzmarkt zusammenbrach. »Die Gier ist nicht nur auf Kasinomentalität und Heuschrecken reduzierbar. Diese Leute reizen die Möglichkeiten, die ihnen das System bisher bietet, natürlich besonders aus, aber den Auftrag dazu haben sie von den Millionen von Anlegern, denen egal ist, was mit ihrem Geld passiert, Hauptsache, es bringt ordentliche Zinsen.« Wenn Thomas Hinz und Herbert Kunz lieber zu einer Bank wechseln, die ihnen 5 Prozent Zinsen statt 4 Prozent verspricht, eventuell noch mit einem Tankgutschein über 25 Euro wedelt, folgen sie ebenfalls kurzsichtiger Gier. Ob die neue Bank sich langfristig als zuverlässig und vertrauenswürdig erweisen wird,

wissen sie nicht. Und was sie mit ihrem Geld macht, auch nicht.

Was also muss der Einzelne mitbringen als Kunde oder Anleger? Eine ethische Grundhaltung? Jorbergs Antwort ist einfach: »Nur einen bewussten Umgang mit Geld. Man muss sich überlegen, welche Folgen das eigene Handeln hat. Das hat etwas mit Verantwortung zu tun. Man muss sich für sein eigenes Handeln und die Konsequenzen verantwortlich fühlen. Das ist eine Voraussetzung. Wer das nicht mitbringt, lässt sich einfach nur kaufen.« Wer auf Schnäppchen, auf Lockangebote hereinfalle, fälle keine echte Entscheidung, er funktioniere nur innerhalb des Systems. Doch selbst die absurdesten Lockangebote wirken offenbar. Wenn die Postbank damit wirbt, für Spareinlagen mehr Zinsen zu zahlen, als der Kunde seinerseits für einen Kredit bezahlen müsse, dann klinge das sehr verlockend. Doch wer solle für die Differenz aufkommen? »Es ist eigentlich unfassbar, dass man eine solche Anzeige veröffentlichen kann, ohne dass ein Aufschrei durch die Republik geht, und dass das eine Bank macht, die zum Teil im Staatsbesitz ist. Die Auflösung ist: Kundenkauf, um mit den Kunden Provisionsgeschäfte zu machen.«

Doch die Kunden taumeln im Schnäppchenfieber. »Es gibt kaum eine größere Ideologie, als mit Geld Geld zu machen. Der Glaube daran ist so mächtig, dass die Blindheit so groß sein kann«, sagt Thomas Jorberg. Otto Normalbürger behauptet, er habe von Geldgeschäften keine Ahnung, er verstehe das nicht. Eine Schutzbehauptung, sagt Jorberg. Denn ein sogenanntes Herrschaftswissen, das es nur wenigen erlaube, komplexe Zusammenhänge wie den Finanzmarkt mit seinen Angeboten, den »Produkten« der Banken, zu durchschauen, gebe es doch gar nicht. »Wir haben heute kein Herrschaftswissen mehr. Wir haben nur Blindheit. Dazu gehört auch die Mär von der Komplexität. Wenn man diskutiert, ist meistens einer dabei, der die Komplexität noch besser durchschaut und argumentieren kann, warum das Produkt doch sinnvoll ist. Und dann schaltet derjenige, der das nicht versteht, schnell ab und resigniert. Oft ist es aber relativ einfach. Das hat man bei den Immobilien gesehen. Ein Kaufpreis, der über dem liegt, was aus der Miete refinanziert werden kann, führt entweder zu Verlusten beim Investor, zu Mietsteigerungen oder zum Verkauf. Mit dem einzigen Unterschied, dass die abstrakten Geldgeschäfte sich in höheren Einheiten besser rechnen als in kleinen. Vor diesem Hintergrund sage ich, die große Komplexität ist ein Mythos.«

Die GLS Bank hatte sich in den 70er Jahren aus der Idee zu einer Waldorfschule entwickelt. Eltern wollten für ihre Kinder eine Schule, entwickelten Eigeninitiative, suchten Haus und Grundstück und formten ein Finanzierungsmodell. Aus dem Finanzierungsbedarf heraus wurde 1974 die GLS Bank gegründet. 2003 übernahm die GLS Bank die Ökobank und erst vor Kurzem die katholische IntegraBank. Von ihrem ursprünglich anthroposophischen Hintergrund aus hat sich die Bank mittlerweile weiterentwickelt, doch Prinzipien sind geblieben, wie etwa, »dass Geld dem Menschen dient und nicht umgekehrt. Das ist aus der Anthroposophie heraus entwickelt worden. Ebenso unser Grundprinzip, dass der Anleger die Möglichkeit hat, eine richtige Entscheidung zu fällen. Wir haben außerdem einen ganzheitlichen Ansatz, bei dem die Freiheit des Menschen unabhängig von Systemen im Zentrum steht. Daher sprechen wir mit unseren Kunden darüber, was der jeweilige mit seinem Geld machen möchte.« Das ist das eine.

Das andere, was Finanzakteure wie private Anleger erst dazu befähigen könne, Verantwortung zu übernehmen für ihre Geldgeschäfte, sei die Transparenz der Geldanlagen. »Wenn der Anleger wirkliche Entscheidungen fällen soll, muss er Entscheidungsgrundlagen haben. Solange man ihm aber nur den Zins liefert, ist das nicht möglich. Das wiederum könnte man den Banken vorwerfen. Wir arbeiten dagegen transparent, denn wir informieren unsere Anleger genau, was wir mit ihrem Geld machen.« Die GLS Bank spezialisierte sich auf soziale und ökologische Bereiche, sie vergibt Kredite an freie Schulen, heilpädagogische Einrichtungen, Theater- und Alteneinrichtungen, an genossenschaftliche Wohnprojekte, Naturkostbetriebe, sie finanziert ökologische Landwirtschaft und regenerative Energien. »Garantiert kein Geld fließt dagegen in die Rüstung oder die Gentechnik. Wir haben durchaus auch mal Kunden, die lesen, dass wir einen Kredit an eine Moschee in Duisburg vergeben haben. Manche kündigten daraufhin ihr Konto und sagten, bei einer Bank, die Darlehen an die Moschee in Duisburg gegeben hat, möchte ich mein Geld nicht anlegen. Da sage ich, schade, aber im Prinzip wunderbar. Das beweist, dass der Kunde bei uns wirklich eine Urteilsgrundlage hat, was mit seinem Geld geschieht, und sich dadurch aus seiner Verantwortung heraus frei entscheiden kann.« Das war von vornherein so. Weswegen für Jorberg von Anfang an feststand, dass er entweder bei der GLS Bank als Banker anfangen würde, oder etwas ganz anderes machen werde. Er hatte noch den Gründer der Bank kennengelernt und dessen Philosophie hatte ihn überzeugt.

Zwei Fragen beschäftigen ihn seit Langem, sagt Jorberg. Die eine sei die Frage nach den Grundbedürfnissen des Menschen, was braucht man wirklich, und die andere die nach der Teilhabe des Einzelnen an Entscheidungsprozessen. Dies tangiert wiederum die Frage nach der Eigenverantwortung, ob nun als Bürger oder als Konsument. »Das liegt mir sehr am Herzen. Bürger müssen in einer Demokratie an Entscheidungen partizipieren können, die mit gesundem Menschenverstand zu beurteilen sind. Das ist für mich das Wesen der Demokratie.« Er vermisse eine grundlegende Diskussion darüber, wohin unsere Demokratie, unser Staat sich entwickeln will. Insbesondere in Deutschland hätten wir eine Scheu davor, über Werte zu diskutieren, stellt er fest. »Damit kommen wir zum Grundgesetz. Was ist die Würde des Menschen? Wann ist auf politischer Ebene zum letzten Mal darüber gesprochen und diskutiert worden? Diese Diskussion, nach welchen Werten wollen wir eigentlich leben, ist essenziell für eine Demokratie und wird heute nicht mehr geführt. Daher ist es überhaupt erst möglich, dass Wirtschaft zum Selbstzweck wird. Ich habe den Eindruck, heute ist das Willkür. Wenn die Werte tragfähig wären, würde das einfach nicht passieren.« Er verweist auf die Erd-Charta, einer Vision für einen Vertrag der Völker über gemeinsame Werte und globale Ethik, initiiert von den Vereinten Nationen. Sie umfasst vier Grundprinzipien. »Erstens die Frage danach, was Leben ist, sowohl des Menschen, als auch der Natur. Zweitens die Frage nach der Ökologie im engeren Sinne, drittens nach Armut und Wirtschaft. Der Wirtschaft wird eine eindeutige Funktion zugewiesen, nämlich die Erfüllung von Bedürfnissen, die nicht befriedigt sind. Nicht mehr und nicht weniger. Und viertens die Frage nach Demokratie und Gewaltlosigkeit. Insofern spielt auch bei uns im Gespräch mit unseren Kunden und Mitgliedern die Frage der Werte eine ganz große Rolle. Es ist kein Ziel wirtschaftlicher Tätigkeit, Gewinn zu erwirtschaften.«

Das ist für einen Banker eine seltsame Haltung. Jorberg begründet sie: »Die pure Ökonomie kann einen zu dieser Erkenntnis führen. Gewinn ist kein Ziel unternehmerischer Tätigkeit, ebenso wenig, Arbeitsplätze zu schaffen. Beides ist nur ein Ergebnis. Ich kann kein Unternehmen gründen mit dem einzigen Ziel, Arbeitsplätze zu schaffen und Gewinn zu machen. Ich werde mich ganz rasch zu der Erkenntnis durchringen müssen, dass ich etwas produzieren muss, was irgendjemand gebrauchen kann.« Das sei der Haken in der Autoindustrie. Dort seien

Bedürfnisse künstlich geweckt worden, die keiner wirklich habe. »Hätte Daimler-Benz die Milliarden nicht in das Fiasko mit Chrysler gesteckt, sondern in die Entwicklung eines Autos, das den Bedürfnissen der Menschen von morgen entspricht, dann wäre es heute ein Unternehmen, das viel größer wäre und ganz andere Entwicklungschancen hätte, als es der Fall ist.« Noch jeder Autofahrer habe es bisher geschafft, den Scheibenwischer selbst anzumachen, wenn es regnet. Das Gleiche gilt für Einparkhilfen, Abstandsmesser zum nächsten Wagen, Sensoren, die kundtun, wenn man der Leitplanke zu nahe kommt, und allerlei weiteres Spielzeug, das uns vorgaukelt, der Raumfahrt wieder ein beträchtliches Stück näher gekommen zu sein. »Aller möglicher Blödsinn an den wirklichen Bedürfnissen vorbei. Das ist kein zusätzlicher Nutzen. Die Unternehmen, die am schnellsten die Bedürfnisse von morgen erkennen und befriedigen, werden wachsen. Die Umweltschonung gehört da an allererste Stelle. Die Unternehmen, die darauf reagieren, werden wachsen, und die nicht darauf reagieren, werden hoffentlich eingehen. Insofern sage ich, einen Widerspruch zwischen Ökonomie und Ökologie oder Ökonomie und Sozialem kann nur jemand konstruieren, der nie gründlich Ökonomie studiert hat.«

Wenn der Einzelne sein Faible für technische Spielereien eventuell zurückstellen muss hinter einen größeren Gesamtnutzen, sind wieder Eigenverantwortung und bewusste Entscheidung gefragt. Das sei, sagt Jorberg, der Schlüssel zu einer Weiterentwicklung. »Denn wir sind an der Grenze der Individualisierung, das ist deutlich. Wie wir überhaupt an vielen Grenzen sind. Der Betriebswirtschaftler kennt den Begriff des Grenznutzens. Dabei wird der Nutzen mit jedem Mehr geringer. Und wir sind an dem Punkt, an dem eine weitere Individualisierung dem Einzelnen nur noch schadet. Es gibt das Bedürfnis nach neuen Gemeinschaften, nach Gemeinsinn, nach wechselnden Gemeinschaften.« Ob das denjenigen zufriedenstellt, der beim Autofahren, um bei dem Beispiel zu bleiben, den puren Fahrspaß sucht? Wenn die Autobahnen sich weiterhin so füllen, wie die Experten es voraussagen, ist für den Fahrspaß ohnehin bald kein Platz mehr übrig.

Auch in Bezug auf Geld stehen wir an einer Grenze. Weltwirtschaftlich gibt es zu viel Geld, aber es ist in den falschen Händen. Es wird dringend gebraucht, doch in anderen Zusammenhängen, in anderer Verteilung. »Auf Geld bezogen, verhält es sich folgendermaßen: Der Grenznutzen von Geld nimmt ab. Wenn ich genug habe, mache ich mit dem Rest in der Regel nur noch Blödsinn. Die Aufgabe unseres Wirtschaftssystems ist unter anderem, Armut und Knappheit zu beseitigen. Dafür ist es im Prinzip gar nicht schlecht. Womit es aber überhaupt nicht zurechtkommt, ist der Überfluss, in dem wir heute leben. Unser System ist auf Überfluss nicht eingerichtet.« Unsere Gesellschaft denkt und funktioniert noch immer so, wie die Nachkriegsgesellschaft, die wir einmal waren, und die war auf Knappheit ausgerichtet. Um Knappheit zu beseitigen, war Wachstum notwendig. Die Argumente von Politik und Wirtschaft, die Denkweise in den USA und in Europa sind jedoch noch immer so, als seien wir auf ein weiteres Wachstum des Wohlstandes unbedingt angewiesen. »Dabei sind wir längst über eine Nutzenstiftung hinaus. Das sind die spannenden Fragen, die wir als Menschen lösen müssen, ob als Bürger oder als Konsument oder als Wähler.« Den Politikern traut er da weniger Initiative zu. »Die Politik rennt notwendigerweise immer hinterher. Sie kann in der Regel immer erst handeln, wenn die Probleme und notwendigen Lösungen offensichtlich sind und damit in der Gesellschaft akzeptiert werden.«

So mancher Bürger, mancher Bankkunde sucht eigene Wege, gegen die Gier, in sozialer oder ökologischer Verantwortung. So wie unsere Caféhausbesitzer mit der unkonventionellen Zahlungspraxis, die Menschen näher zueinander bringt und zum Nachdenken über den Wert von Arbeit und Waren anregt. Die GLS Bank bietet ihren Kunden nicht nur branchenübliche Zinsen, sondern auch die Möglichkeit, ein zinsvermindertes oder zinsloses Konto zu führen. Was nach leicht verdientem Geld für die Bank aussieht, ist der Versuch, Geld anders einzusetzen. Wenn der Anleger auf Zinsen verzichtet, wird genau dieser Geldbetrag in Form von deutlich günstigeren Krediten an gemeinnützige Projekte und Unternehmen weitergegeben. Damit folgt die Bank ihrem Grundsatz, Geld sinnstiftend zu verwenden.

WILHELMSBURG UNTER WASSER
Ein Retter als Gesetzesbrecher

Von Bochum fahre ich mit dem Zug nach Hamburg. Ein Muskelpaket klemmt sich neben mich in den Sitz. Nach einer Weile kommen wir ins Gespräch. Er fragt, was ich lese. Ich erzähle ihm vom Pogrom in Lichtenhagen 1992, in Rostock, von der kleinen Menge organisierter Neonazis und rechter Jugendlicher und der 3000-köpfigen Menge der sympathisierenden Rostocker Bürger und Bürgerinnen, von der Hilflosigkeit der Polizei und der politischen Brandstiftung so mancher Verantwortlicher und Politiker. Der Mann ist von Beruf Friseur. Er sei mit sechs Jahren aus der Türkei nach Deutschland gekommen. Durch mein Buch haben wir eine Basis. Der Mann sucht viele Antworten, stellt Fragen, ich werde von der Leserin zur ungenügenden Expertin in Lebensfragen. Wir reden über Religionen, über ihre jeweiligen Motive, darüber, ob man heutzutage Kinder in die Welt setzen kann, ob Liebe immer eigennützig ist, zu guter Letzt über Wiedergeburt. Von der Landschaft, die an uns vorüberfliegt, sehe ich nichts. In Hamburg-Harburg muss ich aussteigen. Fast tut es mir leid, selten war eine Fahrt mit einem wildfremden Menschen so kurzweilig und überraschend.

Am Harburger Bahnsteig suche ich den Weg zur S-Bahn, frage den rot bemützten Bahnsteighelfer nach dem Zug nach Wilhelmsburg. Er schaut mich skeptisch von unten bis oben an und fragt: »Sie sehen doch ganz anständig aus, was wollen Sie denn dort? Das ist doch Ghetto!« In der S-Bahn starren Menschen mürrisch vor sich hin. Ich identifiziere sie vorsichtig als Deutsche. Daneben stehen Frauen mit Kopftüchern oder eindeutig dunklerer Hautfarbe und mit Kinderwagen zusammen, schwatzen und lachen. Die anderen schweigen. Am S-Bahnhof ein Einkaufszentrum. Ich habe Hunger nach der Fahrt. Wieder missmutig blickende ältere Menschen in den öden Fußgängerpassagen. Eine italienische Stehpizzeria sieht nicht verlockend aus. Weiter hinten sehe ich ein türkisches Lokal. Auf dem Weg zum Döner, der aber immer so schwer im Magen liegt, stoße ich auf einen asiatischen Imbiss mit dem Charme einer temperamentlos dekorierten Tankstelle. Doch es riecht gut. Die fünf Tische sind fast alle besetzt, Büromenschen jeden Alters und beiderlei Geschlechts unterhalten sich beim Essen. Dazwischen wirbelt die Inhaberin, lächelnd und freundlich, reicht Besteck nach, bringt Getränke und rasch das bestellte Essen. Kein kulinarischer Hotspot, aber ein Teller warmes Essen ohne Tütengeschmack und dazu angenehm preiswert. Wohliges Gefühl – im Ghetto.
Wilhelmsburg ist ein Stadtteil von Hamburg und

schmückt sich mit dem Zusatz, die größte Insel Europas zu sein. Das Eiland liegt mitten in der Elbe, die hier ringsum verschiedene Namen trägt, ist flach, und ein gut Stück liegt kaum über Normalnull, manche Gegend auch darunter. Den alten Teil mit Kirche, Gasthof und Schloss samt Inselmuseum »auf der Waarf«, einer künstlich aufgeworfenen niedrigen Erhebung, trennt mindestens eine viel befahrene Straße von den jüngeren Stadtteilen, manche davon mit dem Charme von Berlin-Marzahn, manche im Stil alter städtischer Arbeiterviertel. Eine Autobahn zieht sich von Nord nach Süd über die Insel, eine Bundesstraße, eine Schnellstraße und die Zugverbindung von Hamburg nach Süden schneiden sie längs durch. Das tief liegende Land ist auch zweigeteilt, in die alten Einwohner und die neuen, die von auswärts und aus dem Ausland kommen und immer mehr werden. Es ist sogar dreigeteilt, in städtische Wohngebiete, Gewerbe und Industrie und in die Freiflächen mit Gemüsefeldern und Schafweiden. Außen herum gluckern die Wasser der Elbe. Immer bedrohlich. Auch wenn die Deiche erhöht wurden und sicherer sind als früher, die Überflutungsgefahr ist immer präsent, zumindest in den Köpfen der älteren Einwohner. Denn die Flutkatastrophe von 1962 hat sich eingeprägt. Die Zeit wird hier eingeteilt in vor und nach der Flut.

»Man hat im Kriege vielerlei große Scheiße erlebt, aber man hat eben auch gelernt, in unübersichtlichen Situationen seine eigene Haut zu retten und die Haut des Kameraden zu retten, und manche Dinge hat man machen müssen im Kriege, die in den Vorschriften nicht vorhanden waren«, so erklärte Helmut Schmidt seine Handlungsweise vom Februar 1962 später einmal in einem Interview. Am 16. Februar 1962 brachen nach Tagen mit heftigen Orkanstürmen die Deiche, große Teile Norddeutschlands wurden überflutet. Besonders dramatisch war die Situation in Wilhelmsburg. Der Deich im Norden der Insel brach und das Wasser flutete ungehindert herein. Die Häuschen einer Kleingartensiedlung direkt hinterm Deich hatten seit dem Krieg als Behelfsheime für ausgebombte Familien gedient. In jener Nacht füllte sich das Areal mit dem Wasser wie eine Schüssel. Viele Bewohner konnten nicht rechtzeitig gewarnt werden. Sie erfroren bei minus 20 Grad, durchnässt, auf Hilfe wartend, auf ihren Hausdächern oder ertranken. In der Kleingartenanlage gab es die meisten Toten. Insgesamt starben in Wilhelmsburg 279 Menschen, im ganzen Hamburger Gebiet 312.

Lange waren sich die zuständigen Behörden offenbar nicht einig, wie bedrohlich die Lage tatsächlich war. Als es besonders kritisch wurde, waren viele Dienststellen nicht mehr besetzt, die Leute hatten

Feierabend. Einen großräumigen Katastrophenschutz gab es noch nicht, Telefonleitungen fielen im Sturm aus. An Handys war noch nicht zu denken, private Funker halfen, die Kommunikation aufrechtzuerhalten und informierten abgelegene Orte. Leitungen zu Alarmsirenen waren gestört, die Lautsprecherdurchsagen der zahlreichen Polizeiautos, der Peterwagen, verschluckte der Sturm.

Der spätere Bundeskanzler Helmut Schmidt war damals Polizeisenator, heute würde man sagen Innensenator, in Hamburg und Leiter des Einsatzstabes, der die Rettungsmaßnahmen koordinierte. Recht schnell war ihm anscheinend klar, dass Polizei, Feuerwehr und andere zivile Kräfte der Katastrophe nicht genügend entgegensetzen konnten. Schmidt nutzte seine Kontakte aus der Zeit, als er Militärexperte seiner Fraktion im Bundestag gewesen war, und bat um Hilfe bei den NATO-Truppen. Er forderte auch die Bundeswehr zur Hilfe auf. Dazu allerdings war sie damals laut Grundgesetz nicht berechtigt. Es wurde der erste Einsatz der Bundeswehr im Landesinnern. Formal gesehen beging Schmidt einen Verfassungsbruch. Herbert Wenzel in seinem Wintergarten in Wilhelmsburg erinnert sich an eine Anekdote, die anschließend in Hamburg die Runde machte. »Sein Chef, der erste Bürgermeister Nevermann, hat ihm gesagt, aber die Verfassung gilt noch, Helmut, nicht. Ja, ja, Paul, hat

Schmidt geantwortet, halt mal die Klappe, du hältst uns hier nur auf.« Die Amerikaner, die Briten und die Bundeswehr kamen mit Mannschaften, Last- und Tankwagen, Booten und Hubschraubern, um die Eingeschlossenen zu retten oder mit dem Nötigsten zu versorgen.

Schmidt räumte später in einer Bundestagssitzung im Mai 1968 ein: »Wir waren damals durchaus in dem Bewusstsein, gegen Artikel 143 zu verstoßen.« Im Nachhinein wurde Schmidts Übergriff nicht nur von Herbert Wenzel positiv bewertet. Es gab so gut wie keine öffentliche Kritik. Im Gegenteil, der Einsatz verhalf der noch jungen Bundeswehr zu positivem Ansehen in der Bevölkerung. 1968 schließlich wurde – im Rahmen der Notstandsgesetze – dem Grundgesetz eine Klausel hinzugefügt, die den Inlandseinsatz der Streitkräfte als Hilfe im Katastrophenfall gestattet. Die letzten Einsätze bei den Hochwassern an Elbe, Mulde und Oder sind noch gut in Erinnerung. Darüber hinaus sind Bundeswehreinsätze im Innern des Landes immer wieder in der Diskussion, gerade unter dem Eindruck des Ohnmacht vermittelnden weltweiten Terrors. Terror ist nichts anderes als politisch motivierte Kriminalität. Wenn man aber die Kompetenzen der Bundeswehr ausweitet, etwa in Richtung Heimatschutz à la USA, heißt das, die Bundeswehr zu polizeilichen Aufgaben heranzuziehen. Das bedeutet unter Umständen, dass ein Bundesinnenminister, der die Nerven verliert, Soldaten gegen die eigenen Bürger einsetzen kann – mit der Begründung, es bestehe Terrorgefahr. Das wäre Bürgerkrieg. Wie sagte der ehemalige Vizepräsident des Bundestages, Burkhard Hirsch, es gelte hier, nicht nur den Anfängen, sondern dem bitteren Ende zu wehren. Wer Notstand predige, werde Krieg ernten. »Innere Sicherheit muss dem inneren Frieden einer Gesellschaft dienen und nicht dazu, sie in einen permanenten Ausnahmezustand zu versetzen.«

Herbert Wenzel und seine Frau Marlis sind alte Wilhelmsburger. Sowohl ihre, als auch seine Eltern hatten Mitte der 30er Jahre kleine Siedlungshäuschen auf der Insel gebaut. Die Nazis steckten sich dafür die Lorbeeren ans Hemd, die eigentlich denen gebührten, die die Häuser bereits viel früher geplant hatten. Die alte Siedlung spürt man noch, manche Gärten verschwinden mittlerweile in üppigem Grün. Wenzels Haus badet geradezu in einem prächtigen Garten. Ihre Familien waren nie wohlhabend gewesen. Wilhelmsburg ist Arbeiterviertel, traditionell sozialdemokratisch bis kommunistisch. Die meisten hier waren Arbeiter auf einer der nahen Werften im Hamburger Hafen oder verdingten sich als Ungelernte. Wenzels Familie ging es so wie den meisten hier, viele männliche Verwandte waren im Krieg geblieben, und die Frauen und Kinder mussten danach zusehen, wie sie sich wieder hochrappelten. Und als die neue Republik eine neue Armee aufstellen wollte, war Frau Wenzel dagegen, mit der einleuchtenden

Begründung, »da wo Soldaten sind, wird auch geschossen«.

Herbert und Marlis Wenzel hatten sich als Jugendliche 1945 kennen- und liebengelernt, und als es nach dem Krieg langsam wieder aufwärtsging, heirateten die jungen Leute. Die Braut packte ihr Bett, ein Bettgestell, einen kleinen Schrank »und fertig, das war's, und ich bin in die Ehe gezogen. Da wurden wir in das kleine Zimmer reingestopft«, das war 1952, »und dann habe ich 17 Jahre zusammen mit meiner Schwiegermutter gewirtschaftet«. Das war nicht immer leicht, auf engem Raum. So manches Mal musste sie bei ihrem Mann ihr Herz ausschütten, zum Bruch kam es jedoch nie. So wie die junge Republik sich wieder hocharbeiten musste, blieb auch den Wenzels nichts übrig, als zu sehen, dass sie Arbeit hatten, und mit dem wenigen, was sie besaßen, irgendwie zurechtzukommen. Arbeitsplätze waren rar, die Werften, der Hamburger Rangierbahnhof in der Mitte von Wilhelmsburg, der Hafen – alles war zerstört. Für die Frauen und Mädchen gab es keine Lehrstellen. Frau Wenzel wollte Schneiderin werden. Ihr Mann war zuerst Klempner, lernte dann um auf Schweißer und arbeitete lange in einer der nahen Werften. 1960 endlich machten Wenzels ihren ersten Urlaub, im Harz, mit der Bahn. »Da hatten wir noch an kein Auto gedacht. Wo sollten wir da Geld herkriegen, ach, du liebe Zeit.« Im nächsten Jahr ging es nach Ulm, Urlaub im Naturfreundehaus. Und zu Hause hatten sie ein bisschen umgeräumt, die Schwiegermutter und Schwägerin waren nach oben unters Dach gezogen, unten hatten sie sich ein paar neue Möbel angeschafft, einen neuen Teppich, »da mussten wir sparen, mein Mann hat so viel Überstunden gemacht, und nachher war alles weg«. Denn im Februar 1962 kam die Flut.

»Tagelang hatte es schon gestürmt und gehagelt und gewittert. Wir hatten sowieso schon Wasser im Keller, und es war schlimmes Wetter«, erzählt Frau Wenzel. »Meine Eltern sollten an dem Tag, als die Flut kam, ihren 40. Hochzeitstag haben und wollten feiern. Ich war dann noch dort gewesen, habe meiner Mutter geholfen, backen und vorbereiten, und was da noch so war, neue Gardinen genäht und aufgesteckt. Und als ich nach Hause kam, es war ein Freitag, da haben die zu Hause noch Maskeradekostüme genäht, die wollten zur Maskerade gehen. Es war ja Februar.«

Das Fernsehen ging damals nur bis zehn Uhr am Abend. Sie haben noch die Tagesschau gesehen, da haben sie nichts gesagt von einer Sturmflut. Wenzels gingen zu Bett. Doch an Schlaf war kaum zu denken, der Sturm rüttelte am Dach, die Dachpfannen klapperten und Frau Wenzel hatte Angst, dass ihnen das ganze Dach wegfliegt. Sie weckte schließlich ihren Mann und ihre Schwiegermutter. Die beiden Frauen hielten die Leiter, der Mann kletterte hinauf, legte lose Dachziegel wieder auf und wäre am Ende wegen des Sturms fast noch selber vom Dach gestürzt. Das war in der Nacht vom 16. auf den 17. Februar. Um drei Uhr morgens brach am Oberhafen der Deich und das Wasser strömte herein. Wilhelmsburg ist 35 Quadratkilometer groß. Um fünf Uhr früh, zwei Stunden später, kam das Wasser bei Wenzels an.

Sie hatten sich wieder hingelegt, Herbert Wenzel musste am nächsten Morgen zur Arbeit in die Werft, er sollte schlafen. Seine Frau aber konnte nicht schlafen. Die Kirchenglocken läuteten, und die Sirenen heulten, sie hörte die »Peterwagen«, wie sie noch immer die Polizeiautos nennt, doch der Sturm machte solchen Lärm, dass sie nicht verstehen konnte, was da über die Megafone gesagt wurde. Herr Wenzel dachte nicht, dass das Wasser kommt, er wollte schlafen. Seine Frau hatte ein schlechtes Gefühl, weil überall so ein Lärm veranstaltet wurde – aber dass es so schlimm kommen würde, konnte sie sich nicht vorstellen. Wir sitzen in ihrem Wintergarten, Marlis Wenzel serviert köstliche Rote Grütze, das Hamburger Leibgericht, mit Früchten aus ihrem Garten, draußen und drinnen blühen Büsche und Blumen. Wenzels sind beide Ende 70, gerade haben sie ihren 56. Hochzeitstag gefeiert. Es ist dasselbe Haus, in dem sie damals von der Flut überrascht wurden. Sie zeigen die Fenster, durch die das Wasser kam, die Stelle, wo der Mast stand, der gerade noch die Leiter bremsen konnte, als Herr Wenzel fast vom Dach gestürzt war. Und das Fenster oben, durch das sie schließlich in das Boot kletterten.

Morgens um fünf hat sie ihr Nachbar geweckt: »Das Wasser kommt, das Wasser. Und da stand sein Motorrad schon im Wasser, das kam dann so schnell. Es kommt keine Dreimeterwelle auf einmal«, erklärt Herr Wenzel, »sondern vielleicht einen halben Meter hoch, aber es kommt immer und immer was nach.« Wenzels brachten die ersten Dinge nach oben in Sicherheit, die Waschsachen und Klopapier. Sie füllten Eimer, Kochtöpfe und Schüsseln – Frau Wenzel sagt »Pütt« – mit Wasser. Auf die Idee kamen nicht alle, aber sie hatte zuvor Radio gehört. Im Januar war in Schleswig-Holstein drüben eine Flut gewesen, und 1956 eine schwere Sturmflut in Holland. Sie wussten also, sie müssten genügend Wasser haben und für eine Toilette, einen Eimer sorgen. Auch die Lebensmittel verpackten sie in Eimer und Töpfe und schafften sie in den oberen Stock.

Else Gräfe wohnt ein paar Straßen weiter und ebenfalls noch immer in dem Häuschen, in dem sie die Sturmflut im Februar 1962 erwischte. Das Haus steht etwas erhöht, zum Eingang führen einige Stufen hinauf, das war damals ihr Glück. 1962 hat sie hier noch mit ihrer Familie gelebt, heute ist sie allein, kann nur mehr schwer gehen, sie ist immerhin schon 92, und auch mit der Erinnerung wird es allmählich schwieriger. Glücklicherweise hat sie damals Tagebuch geführt, in ihrem kalten, feuchten Haus die Tagesvorgänge in die Maschine getippt. Die Aufzeichnungen beginnen mit dem Samstag, dem 17. Februar: »Krügers Plastikanbau knatterte und knallte, als wenn er sich losreißen wollte. Dabei wäre unser großes Terrassenfenster in Gefahr gewesen, und ein Loch im Haus bei so einem Sturm ist nicht gerade wünschenswert. Die Dachrinnen klapperten, die Scheiben bogen sich im Gegenwind, und im Haus schepperten die Türen. Wasser im Keller war im Krieg in dieser Straße nichts Seltenes. Immer wenn die Kanalisation es nicht schaffte, liefen die Keller voll. Es bot sich mir im Keller ein komischer Anblick. Aus dem WC und aus dem Ausguss stieg ein armdicker Springbrunnen etwa 50 cm hoch, und der Kellerfußboden wurde nass. Mit einem alten dicken Lappen versuchte ich

das Klo zuzustopfen, inzwischen musste ich immer wieder Glut aus dem Heizungskessel rühren, falls das Wasser so hoch steigen würde, durfte der Kessel ja nicht mehr glühen. Während ich abwechselnd WC und Heizungskessel bediente und überlegte, dass man den Kessel nicht ausgehen lassen dürfe, weil ja der Koks nass wurde und zum Heizen dann nicht taugte, stürzte plötzlich das Wasser hinter mir von der Garage herunter durch die verschlossene Kellertür. Da hieß es aber, schnell alles hochstellen, was nicht nass werden darf.« Gräfes hatten die Hoffnung, das Wasser würde nur leicht steigen, und ließen ihre Lebensmittelvorräte im Keller. Bei ihnen wurde es dünn in den nächsten Tagen. »Als dann Wolfgang aus dem Fenster sah und rief: ›Hier kommt in flottem Tempo ein VW-Bus angeschwommen, der stand vor ein paar Minuten noch dahinten‹, da wussten wir: Es müssen Deiche gebrochen sein. Es wurde eine Kerze angezündet und überlegt, ob man wohl das Parterre räumen müsste. Vorsichtshalber fingen wir sehr schnell damit an, und zwar rettete ich als Erstes meine Fotos, weil ich noch vom Krieg her wusste, was unersetzlich ist. In der Wohnung wird es langsam kalt. Wir betrachten unsere Vorräte. Viel ist es leider nicht, denn eingekauft werden sollte erst am Sonnabend, weil es am Freitag so sehr stürmte, dass man auf der Straße in Lebensgefahr gewesen wäre. Vor allen Dingen Brot und Getränke sind knapp, außer Alkohol. Also gibt es pro Kopf zwei kleine Gläschen Türkisch Mokka zum Anwärmen und eine Schnitte Brot. Wer Durst hatte, musste Weiß- oder Rotwein trinken, aber auch nur immer ein wenig.«

Der Sturm drückte immer mehr Wasser auf die Insel. Manche Straßenzüge und Gegenden standen mehrere Meter tief unter Wasser. Zwischen den Häusern bildeten sich Strudel, reißende Bäche, Autos wurden von den Fluten mitgerissen, Kühe und Schweine ertranken zu Tausenden, und Menschen mussten sich, soweit das überhaupt ging, in obere Stockwerke oder auf Dächer retten. »Und dann hörten wir die Kaninchen draußen schreien«, erinnert sich Frau Wenzel, »die haben gequiekt, und unsere Kinder hatten Mitleid und haben geweint. Da wollte mein Mann noch raus, die Tür ging nach außen auf, und ich habe geschrien, nein, nicht rausgehen, nicht rausgehen, du kommst nicht wieder rein! Die Tür ging zum Glück gar nicht auf, er konnte gar nicht raus.« Bei Wenzels kam das Wasser höher, sie packten alles, was sie schleppen konnten, hoch zu Oma, in den obersten Stock. Die Waschmaschine, die Schleuder stellten sie in der Küche auf einen Tisch. Aber es war dann doch alles unter Wasser. »Die Hühner waren im Stall abgesoffen«, erinnert sich Herr Wenzel. »Zwei schwimmende Hühner habe ich gegriffen und auf den Tisch raufgeschmissen, und die haben sich eigenartigerweise wieder erholt. Ich hatte schon gedacht, die wären hin. Die hatten hinterher ihre Stimme verloren. Die haben wir wieder aufgepäppelt und dann mussten sie trotzdem dran glauben.«

Am nächsten Tag ließ der Sturm etwas nach, das Wasser aber sank nicht. Und dann kamen die ersten Soldaten mit Booten und Hubschraubern. »Das hat Schmidt schon organisiert, das waren die Alliierten.« Voller Stolz auf seinen sozialdemokratischen Ge-

nossen sagt Herr Wenzel das. »Für uns war das ein Segen, im Augenblick begründet, nicht. Und es war ein Segen, dass wir einen Mann hatten wie Schmidt.« Helmut Schmidt ist in Wilhelmsburg bis heute der Held. Alte SPDler, man kennt sich, hat schon mal einen zusammen gehoben, man kennt Anekdoten und Geschichten voneinander. Nicht jede würde das Andenken Schmidts im Nachhinein zieren, verrät uns eine alte Dame verschmitzt blinzelnd, aber im Großen und Ganzen gilt er noch immer als derjenige, der – mit unkonventionellen Methoden, aber doch –, Schlimmeres verhütet hat. In Bayern würde man sagen, der war »a Hund!«.

Frau Wenzel bleibt nüchterner, fürs Schwärmen ist ihr Mann zuständig. »Da musste man aufs Dach klettern. Das war hauptsächlich was für die Etagenhäuser, die einstöckigen. Da hatten ja viele kein Wasser und nichts zu essen und gar nichts, die sind irgendwie aufgewacht oder geweckt worden, und dann war es schon zu spät. Und hier sind die auch rumgekurvt, die Hubschrauber.« Wenzels hatten oben, wie ihre Nachbarn alle, nur kleine Dachfenster. Von ihrem Haus aus beobachteten sie, wie ihre Nachbarn drüben mit dem Hubschrauber wegwollten. Die Oma sollte zuerst geborgen werden. Aber die Oma passte nicht durch die Dachluke. »Sie ist stecken geblieben, und man konnte sie nicht raus- und nicht reinkriegen. Und wir haben das von uns aus alles gesehen, und meine Schwiegermutter war auch ganz schön kompakt, und da haben wir uns gesagt, kommt für uns nicht infrage. Das sind so Begebenheiten, da lacht man jetzt hinterher, aber damals... «

Damals spielten sich Dramen ab. Ein alter Mann in der Nachbarschaft wollte seine Enten aus dem Stall befreien, wurde vom Wasser innen eingeschlossen und ertrank zusammen mit seinen flugfähigen Vögeln. Eltern hatten ihre Kinder für die Nacht zu den Großeltern gebracht, um mal wieder ausgehen zu können. Die Kinder kamen mit den Großeltern in den Fluten um. Menschen retteten sich auf Hausdächer und mussten mit ansehen und anhören, wie Nachbarn oder Verwandte um Hilfe riefen, ohne ihnen helfen zu können. Kinder und Erwachsene harrten über Stunden in der Eiseskälte in Bäumen, an Masten geklammert oder auf Dächern aus, bis Hilfe kam.

Nachts um elf hörten Wenzels Rudergeräusche. Schlauchboote von der Bundeswehr sammelten die Menschen aus ihren Häusern ein. Auch Wenzels stiegen aus dem Fenster in die sicheren Boote. »Wir haben dann noch andere Leute mitgenommen, und als wir über die Kirchdorferstraße fuhren, da war eine alte, 90-jährige Dame. Der Sturm hatte schon ein bisschen nachgelassen und da sagte sie dann, im besten Hamburger Platt, »dass ich das noch erlebe, mit 90 Jahren, über die Kirchdorferstraße bei Mondschein mit dem Boot zu fahren«. Sie wurden an einer der erhöhten Stellen in Wilhelmsburg abgesetzt und mit Lastwagen der Bundeswehr durch das Wasser über eine Deichspur in Sicherheit gebracht. Insgesamt wurden in den folgenden Tagen 6.800 Menschen aus Wilhelmsburg evakuiert. Sie kamen in Schulen unter, die öffentlichen Gebäude waren aufgemacht worden, Matratzenlager dienten als erste Anlaufstelle. Wenzels waren in Sicherheit.

Else Gräfe und ihre Familie mussten noch ausharren. »Wir legen uns des Öfteren ins Bett, dort ist es am wärmsten. Die Briefkastenklappe scheppert. Man träumt von Post und Postboten, steht auf und sieht nach. Es ist aber nur das Wasser, das die Briefkastenhöhe erreicht hat. Endlich wird es stiller, das Wasser hat die Fensterbänke erreicht und die dritte Stufe der Treppe. Der Sturm tobt, es soll wohl noch Weltuntergang werden. Wir überlegen ernsthaft die Frage, wie kommen wir raus. Auf das Dach können wir nicht. Also überlegen wir, dass wir das obere Flurfenster öffnen und versuchen müssen, auf einer ausgehängten Tür ein höheres Haus zu erreichen. Aber was machen Omi und Opi drüben? Wie sollen sie sich retten? Um 23 Uhr stellen wir fest, dass sich der Wasserstand seit zwei Stunden nicht mehr verändert hat. Erschöpft schlafen wir ein, nachdem wir uns noch einmal die grausig schöne Mondlandschaft angesehen haben. Sonntag, 18.2.62. Fünf Uhr – Ich stehe auf und schaue nach dem Wasser. Es ist unverändert hoch, der geschlossene Lieferwagen mit dem Gepäckträger oben drauf, der uns gegenüber auf der Straße stand, ist überhaupt nicht zu sehen. Ein trostloses Bild. Ich krieche schnell wieder ins Bett.«

Und dann kamen auch in die Straße von Gräfes die Sturmboote der Bundeswehr, fuhren über Autos, über Zäune weg und begannen Haus für Haus, die Bewohner zu evakuieren. Frau Gräfe wollte ihr Haus nicht verlassen, sie hatte Angst vor Plünderungen. Die hat sich im Nachhinein als berechtigt erwiesen, es sind tatsächlich verlassene Häuser ausgeräumt worden. »Die Sturmboote fahren unentwegt, man könnte fort, ein warmes Zimmer vielleicht haben und zu trinken, und kein Wasser mehr sehen müssen. Aber dann geschieht etwas, was uns allen Kummer vergessen lässt.« Hubschrauber kommen, landen auf den kleinen Häusern und werfen Pakete mit Lebensmitteln ab. »Es ist eine ganz prächtige Leistung, die diese Jungs vollbringen. Wir konnten leider nicht aufs Dach, aber sie sahen uns sehnsüchtig vor der Tür auf einem Hocker stehen und winkten uns zu, dass sie für uns etwas bei den Nachbarn abwerfen würden. Durch einen Korb am Bindfaden wurden wir versorgt und mussten im Pendelverkehr zu unseren Nachbarn alles weiter ins Fenster pendeln. Zum Glück blieben alle Scheiben heil. Als auf einem Etagenhaus in der Nähe der Mann an der Bodenluke noch nicht wieder erschienen war, als sein Hubschrauber eintraf, stellten die Soldaten den Kasten mit Sprudel einfach auf den Schornstein, wo er ihn abholen konnte. Bei Omi hätte allerdings beinahe das Haus in Flammen gestanden – im Wasser, denn sie wollte gerade Kaffee kochen, als der Propeller des Hubschraubers über dem Haus den Wind in den Schornstein drückte. Das Feuer flog in der Küche herum, und sie mussten tüchtig löschen. ... Mittags kam der Bruder von Herrn B. mit einem Paddelboot und wollte die Kinder holen. Leider waren sie gerade mit den Sturmbooten fort. Herr B. trank bei uns einen Schnaps, es war nämlich noch immer sehr kalt, und sagte: »Wenn ihr wüsstet, wie wenig von euch in den Zeitungen steht.« Wir fragten ganz erstaunt: »Wo gibt es denn Zeitungen?« Da erzählte er uns, dass er mit seinem Wagen durch Hamburg bis ungefähr 1,5 km von uns gefahren wäre, erst da

musste er sein Boot ›anspannen‹. In Hamburg ginge das Leben weiter wie immer, man ärgerte sich nur darüber, dass Gas und Strom nicht funktionierten. Für uns war es ganz unfassbar, dass so nahe bei uns alles in Ordnung sein sollte.«

Die Bundeswehr machte ihre Lager auf, das Rote Kreuz, aber vor allem viele Privatleute brachten Decken, Kissen und Kleidung. Wenzels wurden von zwei ihnen völlig unbekannten Familien eingeladen, mitgenommen und in deren Privatwohnungen aufgenommen. Die Helfer räumten ihre Betten und brachten die Flutopfer unter. Und so halfen Tausende Hamburger. Die Solidarität untereinander damals war etwas, an das sich Wenzels und andere Flutopfer noch immer überwältigt erinnern.

Familie Gräfe harrte aus, bis das Wasser wieder ablief. Wenzels wurden registriert, geimpft gegen Typhus und Tetanus und konnten ihr erstes Flutgeld abholen, 50 DM. Nach und nach kehrten sie in ihr Haus zurück und brachten das in Ordnung, was wieder zu richten war. Das war wenig genug. Die Flutopfer bekamen Unterstützung, viel war es nicht, und die Schäden waren riesig. »Wir mussten praktisch von vorne anfangen«, sagt Frau Wenzel. »Da musste man früher sparen. Wir hatten ja noch zwei kleine Kinder, und mein Mann hat alleine gearbeitet. Und bis wir das alles erspart hatten, dass wir das kaufen konnten.« Sie kauften nichts auf Kredit, erst musste das Geld da sein, dann kamen die Anschaffungen. Und das dauerte. Die Holzfußböden hatten »Dauerwellen«, wie das Herr Wenzel nennt, elektrische Geräte und Möbel, von denen man erst annahm, sie seien noch in Ordnung, wenn sie nur erst trocken wären, stanken dermaßen nach Modder, dass sie dann doch weggeworfen werden mussten.

Die Insel Wilhelmsburg hat sich nach der Flut merklich verändert. Anstelle der kleinen Häuser in den Schrebergärten ragten bald neue Hochhäuser in den Himmel. Hatten vorher viele Menschen Tiere in ihren Gärten gehalten, wollten sie sich danach keine mehr anschaffen. Zu viele Kaninchen, Hühner, Enten waren in ihren Ställen ertrunken. Heute ist Wilhelmsburg durch bessere Deiche gesichert. Aber mittlerweile sind Flächen, die früher frei waren, bebaut. Das heißt, käme heute eine Sturmflut, stünde Wilhelmsburg nicht zwei Meter unter Wasser, sondern »das hier würde auf vier bis sechs Meter volllaufen, dann würden wir absaufen«, befürchtet Herr Wenzel. »Und wir haben hier so viele Ausländer, die gar nicht richtig wissen, wo sie wohnen, dann würde es hier Tote geben.« In einer der Wilhelmsburger Schulen werden Kinder aus 26 Nationen unterrichtet. Wenzels befürchten, dass die ausländischen Zuzügler die Flyer, die ab und zu im Briefkasten landen und vor Hochwasser warnen, zu wenig wahrnehmen und ohnehin zu selten Informationen erhalten, in welch gefährdetem Gebiet sie leben. Herr Wenzel engagierte sich früher in der Kommunalpolitik, und bis heute kann er es nicht ganz lassen, mit beinahe 80 Jahren. Und Marlis Wenzel hat über 100 Kinder mit Lese- und Rechtschreibschwäche jahrelang betreut und durch ihre Schulzeit begleitet. Ihnen ist nicht gleichgültig, was um sie herum geschieht.

Irgendwann kommen wir auf Deutschland zu sprechen, was ihnen das bedeute, frage ich. »Es ist ein schönes reiches Land«, antwortet Frau Wenzel. »Und ich meine, man kann davon was abgeben.« Herr Wenzel konkretisiert: »Deutschland? Ist meine Heimat, mein Heimatland, ich sag sogar, ich hab einen gewissen Nationalstolz, ohne euphorisch zu sein.« Ich sagte schon, fürs Schwärmen ist Herr Wenzel zuständig. Seine Frau guckt ihn skeptisch an.

DIE DEMOKRATIE IN IHREM LAUF HÄLT WEDER OCHS NOCH ESEL AUF

Dechow im Sperrgebiet

Die Demokratie in ihrem Lauf... So stand es auf einem Transparent am 23. Oktober 1989 bei einer der Montagsdemonstrationen in Leipzig. In Abwandlung der Honecker-Fantasie vom Sozialismus, der gerade unterging. Am 11. November 1989 vernahmen die Dechower abends seltsame Geräusche von der Grenze her. Sie hatten berechtigte Angst, was da passieren könnte. Schließlich lebten sie im 5-Kilometer-Gürtel zur nahen Grenze, im Sperrgebiet. Immer mal hatte einer versucht, hier die Grenzanlagen zu überwinden. Mancher hat es geschafft, einer aus dem nahen Bülow sogar zweimal. Und die Stimmung im Herbst 89 war so, dass sie annahmen, an der Grenze könnten Panzer auffahren.

Nichts dergleichen geschah, nur das Tor wurde geöffnet, die Straße frei gemacht für den zu erwartenden Grenzverkehr am darauffolgenden Sonntag. Auch Karl Wachtel fuhr mit seinem Sohn hinüber zur Grenze. Aber als sie ankamen, wollte sie der Posten von der NVA nicht ranlassen, sie bräuchten einen Stempel vom Kreisamt. Sie standen herum, kamen nicht weiter, als ein Bekannter ihnen den Wink gab, den Stempel drücke ein Mann, der hier herumgehe, in die Pässe. Mittags um fünf nach eins wurde die Grenze dann geöffnet. Doch mit dem Auto ging nichts. Sie kamen schneller zu Fuß voran. Die Autoschlange hatte sich gestaut über 22 Kilometer bis hinter Gadebusch. Sie gingen bis Mustin zu Fuß, von dort fuhr ein Bus ins nahe Ratzeburg. Zum ersten Mal im Westen, und sie wollten jetzt mal sehen, wie das so zuging. Da war allerhand los, stellte Karl Wachtel fest.

Das waren sie gar nicht gewöhnt. Die letzten 40 Jahre hatten sie hinterm Zaun gelebt. Dechow war im November 1945 durch einen Gebietstausch zwischen der britischen und der Roten Armee zur sowjetischen Zone gekommen. Am 28. November 1945 mussten diejenigen, die nicht in der russischen Zone bleiben wollten, ihre Sachen packen und bis mittags 13 Uhr mit allem beweglichen Gut, Familienmitgliedern, Tieren und allen Vorräten Richtung Westen ziehen. Wer blieb, sollte eine Kuh und Futter für einen Monat behalten dürfen, mehr nicht. In Dechow blieben nur eine Familie und eine alleinstehende Frau zurück. Alle anderen etwa 120 Einwohner haben nach drüben gemacht, wie das später hieß.

Die Häuser, die Ställe, die Felder standen leer. Jedoch nicht lange. Im Dezember kam ein Transport aus der ČSSR. Dabei waren die Eltern von Karl Wachtel. Sie siedelten sich hier an, obwohl sie nichts von der

Landwirtschaft verstanden. Die Hälfte derer, die kamen, sind wieder abgewandert, in die Industrie. Karl Wachtels Eltern übernahmen ein leeres Haus und bekamen durch die Bodenreform Land, drei Hektar, eine sogenannte »Kleinsiedlung«. Sie hatten eine Kuh, ein paar Schweine und Hühner. Der Vater war eigentlich Schuster und machte auch in Dechow während der ersten Jahre noch Schuhe, aber für die wenigen Einwohner rentierte sich das nicht. Das Leben war schwer, die Arbeit in der kleinen Landwirtschaft ungewohnt, und auch sie versuchten, wieder wegzukommen von Dechow. Sie vermissten nicht nur das Riesengebirge. Letztlich aber bleiben sie doch.

Karl Wachtel, 1925 geboren, war 1944 in Russland vermisst, so wie sein Bruder. Der Bruder blieb im Krieg, Karl kam ein Jahr später aus der Gefangenschaft zurück. Er hätte auch »nach drüben machen können«, sagt er, »aber sie seien eben so erzogen«. Mutter und Vater waren beide in der kommunistischen Partei in der Tschechoslowakei gewesen, die Nazis hatten den Vater und den Bruder verhaftet. Als 1945 die Deutschen aus der Tschechoslowakei vertrieben wurden, durften die Antifaschisten in die sowjetische deutsche Zone ausreisen, nicht jedoch in den Westen.

Seine Frau lernte Karl in Dechow kennen, sie wohnte im Nachbarhaus. Dort hatten sie eine richtig große Landwirtschaft, vor Wachtels Haus allerdings stand die Pumpe zum Wasserholen. 1951 haben sie schließlich geheiratet. Wachtel hatte von der Landwirtschaft, außer von Hühnern und Eiern, keine Ahnung, wie er sagt, also wurde er Buchhalter der LPG. Später, nach einem Fernstudium, stieg er auf zum Hauptbuchhalter und das blieb er, 38 Jahre lang bis 1990. Anfangs war das schwer, Fernstudium, Familie mit zwei Kindern und nebenbei der Beruf. »Das waren bissel harte Jahre«, sagt er zurückhaltend.

Und dann wurde zum zweiten Mal die Dorfgeschichte durcheinandergewirbelt. Nach dem Mauerbau 1961 wurden wieder Familien, Bewohner umgesiedelt. Wer politisch nicht tragbar war, musste raus, »Bereinigung« hieß das. Lankow, ein Ortsteil von Dechow, wurde komplett geleert, alle Bewohner umgesiedelt. Am Nachmittag bekamen die Familien Bescheid und am Abend wurden sie mit Autos abgeholt. Karl Wachtel beunruhigt die Szene noch immer: »In dem Moment hat man schon gedacht, wenn es uns selbst passiert wäre ... Auf einmal geht hier die Tür auf, kommt der rein, ›so, ihr müsst die Sachen packen‹.« Für die alten kamen neue Bewohner. Und die Dechower lebten ab sofort im Sperrgebiet. In ihren Ausweisen wurde das vermerkt und Besucher brauchten Passierscheine. Die mussten im Monat zuvor schon beantragt werden. Manche Menschen, die nur zehn, fünfzehn Kilometer

weit weg wohnten, kannten Dechow nur vom Hören-
sagen. Ohne Genehmigung hatten sie das Dorf nicht
betreten dürfen. »Einen Kilometer weg war der Zaun,
abgeschlossen, und wenn die Landwirtschaft, die von
der LPG da reinmussten, brauchten sie einen Posten,
der musste aufschließen und bewachen, bis die Arbeit beendet war. Auch wenn Betriebe da gearbeitet
haben, mussten sie Arbeitspassierscheine haben. Wir
hatten ja auch unsere Traktoristen drin. Und wenn
der Posten abends nach Hause ging – vorne an der
Bundesstraße war früher das Kommando, da war eine
Kaserne –, dann musste der Traktorist eventuell eben
so lange warten, bis der Posten wiederkam und ihn
rausließ.«

Noch heute fährt man von der Bundesstraße aus eine
lange Betonpiste entlang. Viele Äcker mit Getreide
und Mais links und rechts. Die Landschaft hügelig,
schmale Straßen ohne Seiten- und Mittelstreifen, es
ist bewölkt. Wildgänse ziehen, ein Pfau schreit irgendwo, sonst ist es ganz ruhig. Später sehen wir an
einem der vielen Seen Kormorane, sogar Seeadler
soll es hier geben. Überhaupt sind hier viele Vögel
in der Luft und wenige Strommasten versperren den
Blick. Ganz anders als vorher, in Wilhelmsburg und
Hamburg. Melancholie liegt über dem Land.
Dechow ist klein, 160 Einwohner, mit dem Ortsteil

Röggelin zusammen sind es 220. Das ganze Dorf
wirkt aufgeräumt, herausgeputzt. Am Straßenrand
Wiesenstreifen statt enger Fußwege, breite Vorgär-
ten mit Blumen liegen einladend vor den niedrigen
Häusern. An der einzigen Kreuzung steht ein hoher
Mast mit einem Storchennest oben drauf. Drei weiße
Köpfe spähen aus sicherer Höhe neugierig herunter,
ihre Schnäbel gleichen hellroten Zwergenmützen.
Zwei Frauen mit einigen Kindern laufen die Straße
entlang, die Mädchen tragen Reitstiefel, ein kleiner
Junge fährt mit seinem Fahrrädchen um uns herum
und macht uns darauf aufmerksam, dass wir nicht
mitten auf der Straße herumstehen dürften, das
wäre zu gefährlich. Kein Auto weit und breit, aber
er hat eigentlich recht, und wir gehen folgsam zur
Seite.
Nach der Wende hat hier erst mal alles stillgestan-
den. In den ersten Jahren kamen einige zurück, die
nach dem Krieg von hier abgewandert waren. Die un-
geklärten Eigentumsverhältnisse verhinderten einen
Neuanfang. Allmählich aber sind hier mehr Familien
zugezogen als abgewandert, auch aus dem Westen,
sogar aus Hamburg. Land ist preiswert, die Grund-
stücke sind großzügig, Kinder können hier rennen.
Die Nähe zu Ratzeburg und Lübeck sichert Arbeit,
und die Ungewissheit, mit wem man es als Westler
hier im ehemaligen Grenzdorf zu tun hatte, hörte

auch irgendwann auf. Verrat und Bespitzelung waren unabhängig von Posten oder Parteibuch. Die Begriffe Abschnittsbevollmächtigter, Grenzsoldat, Chef oder Arbeiter bei der LPG bekamen Gesichter und sagten erst mal nichts darüber aus, ob der- oder diejenige ein Unmensch gewesen war.

Für die alten Dechower erwies sich die Nähe zur Grenze nun als Vorteil. Einige fanden sofort Arbeit im Westen drüben. Auch der älteste und der jüngste Sohn von Karl Wachtel haben Arbeit in Bad Oldesloe bekommen, in einer Lackiererei und Instandsetzungswerkstatt für Automaten. Mittlerweile haben die beiden den Betrieb übernommen, für eine Strecke fahren sie 50 Kilometer, und manchmal sind sie unterwegs von morgens fünf bis abends um neun. Aber das nehmen sie in Kauf, sie haben Arbeit. Der dritte Sohn, Udo, ist der Bürgermeister von Dechow. Hauptberuflich arbeitet er als Lehrer, und auch er schöpft die neue Freiheit aus. Vor Kurzem war er als Austauschlehrer in China und kam mit neuen Ideen ins ehemalige Grenzdorf zurück: Warum nicht für die Touristen Baumhäuser als Hotels ausbauen? Visionen scheinen seine Gemeindemitglieder nicht von vornherein zu misstrauen. Den einst verfallenen Dorfgasthof mit dem großen Saal haben sie zwei Jahre lang gemeinsam renoviert, haben viele Urlaubstage geopfert und über 12.000 unbezahlte Arbeitsstunden hineingesteckt. Die Renovierung war im Jahr 2000 zur Initialzündung für die neue Dorfgemeinschaft aus Ost und West geworden und nun haben sie ein neues Gemeinschaftshaus. Dechow gehört mit einem Altersdurchschnitt von 30

Jahren zu den jüngsten Dörfern Mecklenburgs und die Kinder haben mit dem neu gegründeten Waldkindergarten reichlich Auslauf am See, in den Wiesen und dem angrenzenden Wald.

Nach der Wende 1990 wurde alles abgebaut. Es gibt keine Schule, keine Post, keine Gaststätte mehr im Ort. Ein Gastwirt fehlt. »Wenn Sie Lust haben, können Sie gleich übernehmen«, bietet mir Herr Wachtel an. Kein schlechter Vorschlag. Das Dorf wirkt wie aus dem Bilderbuch, die Häuser mit Fachwerk oder Reet sind groß und gemütlich, dazwischen rauschen hohe Bäume. Es kämen vielleicht ein bisschen wenige Gäste, ich verzichte dann doch dankend. Hier geht auch keiner verloren, Herr Wachtel weiß über jedes Haus eine Geschichte und den aktuellen Stand einer eventuellen Renovierung. Mehrere Male haben sich die Bewohner von Dechow bei Wettbewerben beworben, »Unser Dorf soll schöner werden«, aber auch europaweit um den »Dorferneuerungspreis«, ein Wettbewerb, in dem 30 Dörfer zwischen Schottland und Griechenland an den Start gehen. 2008 wurde Deutschland von Dechow vertreten und es hat fast für einen Sieg gereicht. Ein Stück die Straße runter, am Ortsrand, bröckeln die Gebäude der ehemaligen LPG, der Landwirtschaftlichen Produktionsgesellschaft vor sich hin. Ställe, Höfe, Garagen und Unterstellplätze, verlassen, im spröden Charme von VEB Beton und Co. Alles signalisiert, Landwirtschaft hat nichts mit Romantik zu tun, hier ging es um Lebensmittelproduktion! Die Kollektivierung der Landwirtschaft galt 1960 als abgeschlossen und wurde entsprechend propagandistisch gewürdigt: »Es ist noch gar nicht

lange her, da pflügtest du dein Feld allein, jetzt bist du in der LPG, bald wird die Arbeit leichter sein.« Die LPG in Dechow ist aufgelöst, doch in einem der Ställe brüllen zur Melkzeit die Kühe.

Damals, zu DDR-Zeiten, konnten sie nicht raus, also richteten sie es sich innen ein. Sie hatten in Dechow alles, eine Sportmannschaft, man konnte reiten, Geschicklichkeitsfahren, sie hatten Frauen-Handball, eine Volkstanzgruppe. Ein Konsum sorgte für das, was nicht in den eigenen Gärten wuchs, sie hatten eine Post, eine Schule, einen Kindergarten. Oben im Saal des Gemeinschaftshauses haben Musiker aus dem Ort zum Tanz aufgespielt. »Das kulturelle Leben war gar nicht so schlecht«, befindet Herr Wachtel, obwohl damals kaum Gäste herkommen durften, Künstler von außerhalb. Man musste mit dem zufrieden sein, was da war. Am Anfang, erinnert sich Herr Wachtel gern, sei das Leben ganz schön gewesen in Dechow. Das änderte sich aber Ende der 70er, Anfang der 80er. »Da war es schon ein bisschen gedämpfter, da war es schon strenger.« Den jungen Leuten aber reichte das nicht. Da sind viele abgewandert, was hätten sie hier arbeiten sollen. Und »sie wollten sich nicht so einengen lassen, sie wollten raus«, erinnert sich Karl Wachtel. Auch seine Tochter war gegangen. Zuerst zum Studium nach Schwerin, später blieb sie dort und wollte ab und zu ihre Eltern besuchen. Doch die sollten einen Monat im Voraus den Tag und am besten noch die Uhrzeit angeben für den Passierschein. »Und dann ist die Frau bisschen ausgerastet.« Sie hatte ihre Kündigung dann schon so gut wie auf den Tisch gelegt, weil das mit dem Passierschein nicht klappen wollte. Die Tochter arbeitete, sie konnte nicht jederzeit weg. »Nachher war es so, dass wir die Polizei bisschen in Bewegung gesetzt haben. Der Leiter vom Polizeikreisamt kam raus und hat selbst ein Gespräch geführt mit uns. Erst wollte die Frau nichts zurücknehmen, aber dann war eine Einigung. Wir konnten einreichen für ein Vierteljahr, also nicht immer jeden Monat und auch nicht mehr die Uhrzeit, das war dann nicht mehr. Verzichten wollten sie wohl auch nicht auf uns, sonst hätten sie uns vielleicht rausgenommen hier.« Rausgenommen sagt Herr Wachtel, rausgenommen wie ein Ei aus einem Karton, ein Blatt Papier aus einem Ordner.

In Karl Wachtels Leben hat mehrmals die Staatsform gewechselt. Sein Vater wurde noch in Österreich-Ungarn geboren, er selbst in der tschechischen Republik. Die wurde faschistisch, nach dem Krieg kam Wachtel in der sowjetischen Besatzungszone in die »antifaschistisch-demokratische Ordnung, so hieß es ja zuerst«, dann kam die DDR und 1989 folgte die BRD. »Zuerst war es komisch«, sagt er. 1938 war die ČSSR in das Dritte Reich eingegliedert worden, der Vater wurde eingesperrt, der Bruder weggeholt »und die ganzen Kontrollen in der Wohnung, die dann waren«. 1989 hat Karl Wachtel ein wenig befürchtet, das könne sich wiederholen, das könne »jetzt hier passieren. Die ersten Gedanken waren so. War ja nicht, ist ja friedlich abgegangen alles. Aber das waren die ersten Gedanken, was wird nun.« Doch dann schmunzelt er und sagt: »Und jetzt ist das hier europäisch.«

DIE WÜRDE DES MENSCHEN IST ANTASTBAR

Rostock-Lichtenhagen

Im Rostocker Stadtteil Lichtenhagen fanden im August 1992 die massivsten ausländerfeindlichen Ausschreitungen der deutschen Nachkriegsgeschichte statt. Die Krawalle dauerten tagelang. Die Bilder der brennenden Asylbewerberunterkunft und des danebenliegenden Wohnheims für vietnamesische Vertragsarbeiter gingen um die Welt. Wir fahren nach Rostock, um eine Frau aus Vietnam zu treffen und mit ihr über das Pogrom zu sprechen. Auf der Fahrt über die Autobahn verspüren wir ein Grummeln im Bauch. Wie sind die Leute in Rostock? Was wird unsere Gesprächspartnerin erzählen? In großen Wellen schiebt sich hier oben an der Ostsee das Land entlang der Küste. Die Felder sind riesig, erstrecken sich so weit das Auge reicht. Doch anders als noch zu Zeiten der Monokulturflächen der DDR-LPGs wachsen dazwischen wieder Bäume und Büsche. Der Himmel ist hier weiter, höher, tiefer als anderswo. Schon weit vor Rostock wird der Ausblick entlang der Straße zerhackt von Gewerbeflächen und klotzigen Möbelhäusern, Einkaufsparadiesen und Tankstellen im XXL-Format. Jedes dieser vermeintlichen Schlaraffenländer verfügt über einen eigenen weitläufigen Parkplatz. Grund und Boden scheinen hier erschwinglich zu sein. Die letzte Chance für die Autolobby, denn ohne Auto geht hier gar nichts.

Auch in der Stadt lassen uns die Fragen nicht los. Was sind Vorurteile, was sind Empfindungen? Schauen uns die Leute wirklich misstrauisch an? Sind sie unfreundlicher als anderswo? Auch anderswo mustern die Menschen einander. Es wurde mal die Vermutung geäußert, die ehemaligen DDR-Bürger seien heute sehr viel gleichgültiger gegenüber anderen, weil sie damals so intensiv unter der Dauerbespitzelung gelitten hätten. Uns kommt es eher so vor, als bliebe hier gar nichts unbemerkt, als beobachte hier jeder jeden und alles. Die allgegenwärtige Dunstglocke von altem Fett, Pommes und Würstchen hängt über den Straßen. Wir fallen auf mit unseren Wessi-Klamotten, wir können uns gar nicht unauffällig bewegen.

Phuong Kollath, die Frau mit dem vietnamesischen Vor- und deutschen Nachnamen, war zu DDR-Zeiten als Vertragsarbeiterin nach Rostock gekommen, hatte sich in einen Deutschen verliebt und unerlaubterweise mit ihm ein Kind bekommen. Sie lebte erst seit wenigen Monaten nicht mehr in dem Haus in Lichtenhagen, in dem die Asylbewerber und ihre Landsleute über mehrere Tage und Nächte von einem unkontrollierten Mob angegriffen wurden und sich heimlich über ein Dach in Sicherheit bringen mussten. Unmittelbar danach gründeten Rostocker Vietnamesen

den Deutsch-Vietnamesischen Freundschaftsverein Diên Hông, um ein Zeichen zu setzen, zu zeigen, sie sind Teil der Gesellschaft, sie wollen friedlich mit den Deutschen zusammenleben. Frau Kollath arbeitet in diesem Verein als Diplompädagogin.

Auch die DDR holte sich Gastarbeiter ins Land, doch da hießen sie Vertragsarbeiter. Als in den 70er Jahren Arbeitskräfte fehlten, schloss die DDR mit den kommunistischen Bruderstaaten Mosambik, Angola, Kuba und Vietnam Anwerbeverträge. Ab 1980 kamen junge Männer und Frauen aus dem armen Vietnam in die vergleichsweise reiche DDR. Ihnen wurde eine Ausbildung versprochen, doch eigentlich brauchte man nur ihre Arbeitskraft. Phuong Kollath kam 1981 nach Rostock, mit 18 Jahren. Weder sie noch ihre Kolleginnen und Kollegen konnten Deutsch. Als sie in Deutschland aus dem Flugzeug stiegen, wurden sie angestarrt wie Menschen vom Mars. Es war August und warm, aber sie kamen aus dem tropischen Vietnam und ihnen erschien es kalt. Also wurden sie erst einmal eingekleidet, bekamen dicke Daunenjacken. Manche Männer setzten sich gleich noch die warmen Daunenmützen auf den Kopf, die sie später vor allem dann trugen, wenn sie im Hafen gefrorene Schweinehälften schleppen mussten. Die Neuankömmlinge bekamen drei Monate lang Deutschunterricht und wurden ihren Arbeitsstellen zugeteilt.

Phuong Kollath dachte damals, sie hätte großes Glück, und so denkt sie noch heute. Die DDR galt im kommunistischen Vietnam als ein Land mit hochentwickelter Technologie und einem weit entwickelten sozialistischen Bewusstsein. »In der Nähe des Hauses, wo meine Oma lebte, hatten verschiedene Botschaften ihren Sitz. Vor der russischen und der DDR-Botschaft standen Schaukästen, die ihr Land repräsentieren sollten. Auf den Bildern aus der DDR waren ganz viele Kinder, Eltern mit Kindern auf dem Arm, Tulpen und blühende Landschaften zu sehen. Die Information war: Da geht es den Menschen gut, und ich wusste, da will ich hin.«

Das Land, in das sie kam, war »reich« und hatte es nach einem langen grauenvollen Krieg geschafft. Anders als Vietnam, das noch immer unter den Folgen seines langen Krieges litt. Als die Amerikaner Vietnam bombardierten, wurden Kinder und Alte aufs Land evakuiert, um sie in Sicherheit zu bringen. Die Mutter hatte die kleine Phuong und ihre Schwester aus der Hauptstadt Hanoi zu wildfremden Menschen aufs Land gebracht. Den Vater hatte die Tochter überhaupt erst mit zehn Jahren kennengelernt. Phuong war zwölf, als der Krieg endlich zu Ende war. Doch das Land erholte sich nur langsam. Als Phuong Kollath Vietnam verließ, fehlten überall qualifizierte Arbeitskräfte und Facharbeiter, und es gab keine entsprechende Ausbildung für Jugend-liche.

Sie landete in Rostock, im Hafen, nicht irgendwo im Süden der DDR in der Industrie, so wie viele ihrer Landsleute. Das schien ihr ein Privileg, sie liebt das Meer. Sie wurde einer der Gemeinschaftsküchen zugeteilt und lernte die deutsche Küche kennen, Schnitzel, Eisbein, Kartoffelsalat. Als Vertragsarbeiterin hatte sie kaum Rechte. Ihr Leben war durchorganisiert wie das aller Vertragsarbeiter, jeder ihrer Gänge wurde überwacht. Kulturelle und soziale Integration waren nicht erwünscht. Vertragsarbeiter wohnten – streng nach Geschlechtern getrennt – in für sie reservierten Wohnheimen und sollten unter sich bleiben. Deutsche Bewacher sorgten nach ihren Vorstellungen für Ruhe und Ordnung. Doch da sie vietnamesische Gesichter nicht unterscheiden konnten, gelang das bisweilen nur unzulänglich. Flirten war erlaubt, aber allzu eng sollten die Beziehungen nicht werden. Eine Schwangerschaft war absolut unerwünscht. Sie bedeutete unweigerlich die sofortige Rückfahrkarte oder eine Abtreibung. Jeder, der sich etwas zuschulden kommen ließ oder etwa klaute, wurde ausgewiesen. Davon, so erinnert sich Phuong Kollath, »erfuhren die deutschen Kollegen nichts. Das wurde mit dem vietnamesischen Gruppenleiter und dem Parteisekretär geklärt. Es gab in der Regel ein Sechs-Augen-Gespräch und dann war der Betreffende plötzlich nicht mehr da, entsorgt, abgeschoben. Nicht einmal die Freundin, oder gar die Ehefrau erfuhren, was passiert war.« Die Menschen waren Verfügungsmasse, moderne Sklaven. Selbst zum Frauenarzt, ohnehin ein Betriebsarzt, den sie nicht frei wählen konnten, wurden die Frauen begleitet. Der Begleiter war feinfühligerweise auch ein Mann, obwohl die Frauen aus Vietnam das absolut als peinlich empfanden.

Das Verhältnis zu den deutschen Arbeitskollegen war in der Regel vorsichtig und angespannt. Für DDR-Bürger gab es im Allgemeinen wenig Gelegenheit Menschen aus anderen Ländern kennenzulernen. Abgesehen von den europäischen Bruderstaaten, die vor allem Ziel von Urlaubsfahrten waren, wie Ungarn oder Bulgarien, existierte die DDR als abgeschlossener Mikrokosmos. Den Vertragsarbeitern aus Afrika oder Asien, die ja bereits äußerlich auffielen, begegnete alles, von unverhohlener Neugier und offenem Anstaunen über Gleichgültigkeit und skeptischem Beobachten bis hin zu Misstrauen und offen gezeigtem Neid. Offiziell war Fremdenfeindlichkeit in der DDR tabu, eine gesellschaftliche Diskussion über Rassismus, Diskriminierung oder gar Rechtsextremismus fand nicht statt. Was nicht sein durfte, konnte nicht sein. Auch wenn beispielsweise 1987 in Ostberlin 80 Skinheads nach einem Konzert in der Zionskirche in

Prenzlauer Berg die Besucher überfielen und verprügelten oder ein Jahr später in Schwerin, auch in Rostock zahlreiche rechtsextremistisch motivierte Straftaten verübt wurden. Das gelangte nur zögerlich oder gar nicht an die Öffentlichkeit. Auch Phuong Kollath erlebte versteckte oder subtil verpackte Anfeindungen, kühle Herzlosigkeit oder plumpe Ignoranz. Sie berichtet aber auch von Kollegialität und gemeinsamen Feiern. Dann wurde zusammen gekocht, die deutschen Kollegen kamen ins Wohnheim zu Besuch, wo ihnen mit deutschen Lebensmitteln Einblicke in die vietnamesische Küche vermittelt wurden.

Phuong Kollaths Arbeitsverhältnis, und damit ihr Aufenthalt in der DDR, war auf vier Jahre befristet, nach Ablauf wurde noch einmal verlängert. Dann war das Jahr 1987 für ihre Rückreise festgelegt. Aber sie hatte sich verliebt, sie hatte den Mann fürs Leben gefunden, einen Rostocker, und wollte heiraten. Die Reaktionen ihrer Vorgesetzten waren eindeutig. Die DDR sei doch kein Supermarkt mit Selbstbedienung, was heißen sollte, sie könne doch nicht selbst entscheiden, was sie machen wolle, dableiben oder nicht. Sie werde ja sehen, das werde nicht einfach: Für eine Hochzeit benötige sie ihren Reisepass, aber der lag seit ihrer Einreise in der vietnamesischen Botschaft in Berlin. Und die wollte ihn nur gegen eine Zahlung von 8000 Mark herausgeben, quasi die Entschädigung dafür, dass sie ihrem Land nicht mit ihren in der DDR erworbenen Kenntnissen würde dienen können. Da hätte sie allerdings nicht viel zu bieten gehabt außer dem Rezept für Kartoffelsalat. Eine Ausbildung hatte es nicht gegeben.

Außerdem sollte Phuong die schriftliche Erlaubnis ihrer Eltern vorweisen. Sie war 24 Jahre alt, hatte sechs Jahre lang allein in der DDR »Geld verdient für den Aufbau Vietnams und jetzt, wo es um mein eigenes privates Glück ging, da sollten nun plötzlich meine Eltern unterschreiben!«. Das Geld haben sie zusammen aufgebracht, ihr zukünftiger Mann hat sogar seine geliebte Stereoanlage von Pioneer verkauft. Aber die Einwilligung der Eltern kam nicht. Die Telefonverbindung zwischen der DDR und Vietnam war so gut wie nicht existent, ein Brief brauchte zwischen sechs Wochen und drei Monaten. Internet und E-Mail gab es noch nicht. Als endlich Antwort von den Eltern kam, war sie negativ: Sie wollten keinen deutschen Mann für ihre Tochter, sie wollten ihre Tochter zurückhaben.

Frau Kollath wollte heiraten, sie hatte sich entschieden, sie wollte dableiben. Doch ihr drohte die Abschiebung. Sie musste versuchen, sie zu verhindern. Ihr fiel keine andere Lösung ein, sie musste schwanger werden. Wenn sie abgeschoben werden sollte, musste sie fliegen und hochschwanger würde sie keine Fluggesellschaft mehr mitnehmen. Es klappte, sie wurde schwanger. In der Kantine versteckte sie ihre Schwangerschaft unter weiter Kleidung und arbeitete wie zuvor auch in Früh- und Spätschichten. Sie stellte sich die schweren Töpfe auf den Bauch, um sie zu tragen, weihte nur zwei, drei Freundinnen ein und suchte sich eine Frauenärztin außerhalb des Betriebes. Erst als sie im siebten Monat war, sagte sie ihrer Chefin Bescheid. Die war sauer, teilte sie aber gezwungenermaßen für eine leichtere Schicht ein. Frau Kollath zog aus dem Wohnheim aus, bekam das Kind und konnte eineinhalb Jahre später endlich heiraten.

In der DDR rumorte es bereits, die ersten Ostdeutschen ersuchten um Asyl in westlichen Botschaften. Und dann kam die Wende. »Als die Volksarmee den Süden Vietnams befreit hatte«, erinnert sich Frau Kollath, »sind sie in einen Landesteil nach dem anderen einmarschiert, bis in den untersten Süden, in die Spitze. Und die Menschen saßen zu Hause vor den Fernsehern und haben jedes Mal gejubelt. Damals war ich ein Kind, zwölf Jahre alt – aber genau das Gleiche geschah hier in Deutschland zur Wende. Das ging ja auch in Etappen, dann hat Genscher in der Botschaft diesen Satz gesagt, ›dass heute Ihre Ausreise…‹, weiter kam er ja gar nicht und ich habe mitgejubelt, mitgefiebert. Das war ein unwahrscheinlich schönes Gefühl, wieder dieses Befreiungsgefühl. Damals in Vietnam und nun hier, dieses Glücksgefühl: Deutschland vereinigt sich!« Die DDR dankte ab, und Frau Kollath fuhr mit ihrem Mann das erste Mal nach Lübeck, Kapitalismus gucken. »Ich hatte das in der Schule gelernt, der Kapitalismus ist der größte Feind und bedeutet Ausbeutung bis zum Letzten. Auch damals, als ich nach Deutschland wollte, ich wollte nur in die DDR, nicht in dieses andere Deutschland. Und dann kam das Erstaunen.«

1992 pachteten sie ein Saisonlokal an einem Campingplatz in einem kleinen Ort, etwa 35 km entfernt von Rostock. Die Vorzeichen standen nicht gut: Ihr Mann galt dort bald als Wessi, er fuhr zu der Zeit ein Auto mit Hamburger Kennzeichen und seine Frau war »eine Fidschi«. So nannten viele DDR-Bürger ihre vietnamesischen Vertragsarbeiter. Einige der Gäste aus dem Nachbarort hatten nach der Wende ihre Arbeit verloren, Neidgefühl war verbreitet und Phuong Kollath und ihr Mann bekamen das zu spüren. Gleich am ersten Abend machten sie Bekanntschaft mit den örtlichen Skinheads. Die kamen in der Gruppe, skandierten »Deutschland den Deutschen… Ausländer raus«, ließen sich von der Ausländerin nicht bedienen, und die anderen Gäste tranken ihr Bier und guckten weg.

Frau Kollath arbeitete tagsüber weiter in der Küche in einem Kindergarten in der Stadt und half abends ihrem Mann draußen im Lokal. An den Tagen davor waren viele Gäste bei ihnen im Gartenlokal. Irgendetwas war anders, erinnert sich Frau Kollath, viele campten und die Stimmung war verändert. Es waren viele Jugendliche, und sie prahlten an der Luke: »Endlich ist mal was los in Rostock, heute Abend fahren wir mal rein!… Die Romas… die klauen nur… und die Fidschis treiben wir ins Meer, die haben richtig Angst.« Abends in den Nachrichten sahen die Kollaths, was los war in Rostock, und in den folgenden Tagen sprach die ganze Stadt davon. »Es war der Ausnahmezustand, wie im Krieg.« Auch im Kindergarten waren die Vorgänge in Lichtenhagen Gesprächsthema, der Mann der Chefin, ein Polizist, war dort im Einsatz: »Die hat in meiner Gegenwart gesagt, mein Mann ist wegen der ›Ausländer‹ wieder die ganze Nacht nicht nach Hause gekommen! Und die deutschen Kollegen, mit denen ich täglich arbeitete, mit einigen war ich auch schon privat unterwegs gewesen, die haben nichts gesagt, nur Schweigen!

Sie haben nichts gesagt, weder, das ist voll blöd, sie solle die Klappe halten, oder, du hast recht, Chefin, oder Phuong, wie fühlst du dich, – nichts! Keine Reaktion, keine Nachfrage!«

Ein paar Tage nach dem Pogrom ist Frau Kollath zum Wohnheim gefahren, um ihre Landsleute zu besuchen. Eingetretene Türen, verbrannte Wände, und die Erinnerung – es war wie im Krieg. Doch alles war menschenleer, ihre Landsleute waren in der letzten Nacht, bevor die Meute endgültig aufgab, heimlich weggebracht worden an einen unbekannten Ort und noch nicht zurückgekehrt. Später hat sie dann einige besucht, sie waren verständlicherweise noch Wochen später extrem beunruhigt. Phuong Kollath atmet tief durch und sagt, sie sei froh, dass sie nicht in dem Haus war. Wäre sie damals dort gewesen, hätte sie wie alle anderen vor den Brandsätzen durchs Treppenhaus nach oben flüchten müssen, durch eine Luke aufs Dach klettern und über den Boden kriechend sich zu einem benachbarten Treppenhaus flüchten müssen, damit der Mob unten nicht mitbekam, wohin sie sich retteten. »Und dann kam mir die Erkenntnis: Die wollen dich hier nicht haben, deine Landsleute sind schon weg, und du bist jetzt ganz allein hier. Wohin soll ich, wohin kann ich? Das waren ganz blöde Gedanken.«

Sie fühlte sich nicht mehr sicher. Der Auslöser war nicht nur dieser offene Hass in Lichtenhagen. Es gab ja auch Solingen, Mölln, Hoyerswerda. »Ausländer werden geschlagen. Landsleute von mir wurden am helllichten Tag von irgendeinem kaputten Typen mit der Bierflasche auf den Kopf geschlagen. In Meck-Pomm und in zwei weiteren Bundesländern sitzt die NPD im Landtag und die werden immer mehr! Viele meiner Landsleute sitzen heute auf dem Markt, verkaufen ihre Sachen, Klamotten oder was auch immer – eine andere Möglichkeit haben sie ja oft nicht. Und sie werden täglich als Fidschis, als Schlitzaugen, als Nudelpfanne oder Ähnliches bezeichnet. Auch ihre Kinder.« Nicht zuletzt auch deshalb arbeitet sie als Sozialberaterin im Verein und engagiert sich als Mitglied in diversen Ausländerprojekten, unter anderem beim Integrationsgipfel der Bundesregierung.

Unter den Umständen lag es nahe, darüber nachzusinnen, wie sich das Leben entwickelt hätte, wäre sie nie aus Vietnam weggegangen. Phuong Kollath hatte während ihrer Ehe nur selten Kontakt nach Hause gehabt. Doch die Beziehung überstand die neuen Zeiten nicht, sie trennte sich nach 13 Jahren von ihrem Mann und zog ihre Tochter alleine auf. Als sie darüber spricht, sitzen wir in einem Park, Frauen gehen vorbei, einzelne Männer. Von fast allen wird Frau Kollath gemustert und ihre Körpersprache zeigt, dass sie sich dessen bewusst ist. Sie sitzt nicht entspannt, nimmt die anderen um sich herum unentwegt wahr. Sie kann hier nicht anonym sein, untertauchen in der Gesichtslosigkeit der Stadt. Wenn es nach dem Willen ihrer Mutter gegangen wäre, hätte Phuong Medizin studiert, hätte den Sprung aus dem Arbeiterstand geschafft und wäre etwas Besseres geworden. Wie es ihr wohl tatsächlich ergangen wäre, bleibt die Frage. Vietnam ist mittlerweile zwar eines der jüngsten wirtschaftlich prosperierenden Länder in Asien – als Billiglohnland ist es dabei, China abzulösen –, doch noch immer leben zwei Drittel aller Vietnamesen vom Gemüse- und Reisanbau. Und solange Facharbeiter und Ausbilder fehlen, haben die vielen unausgebildeten Arbeiter aus der Landwirtschaft keine richtige Zukunft. Dazu kommt, dass die Löhne so niedrig sind, dass ein Auskommen ohne einen Nebenjob für die meisten nicht möglich ist. Vermutlich hätte Frau Kollath recht schnell geheiratet, zwei, drei Kinder bekommen und ganz traditionell gelebt. Eine Scheidung wäre da ein außergewöhnlicher Schritt, die gesellschaftliche Ausgrenzung die Folge. Frau Kollath weiß, was es bedeutet hätte, als geschiedene Frau in Vietnam zu leben. Nach der Trennung von ihrem Mann war sie nach Hause geflogen, zu ihren Eltern. Dort war sie ständig in Erklärungsnot gewesen – wo war er, warum war er nicht mitgekommen, warum war sie allein da? Die Wahrheit zu sagen, war unmöglich, also log sie, er habe zu viel zu arbeiten und sei deshalb in Deutschland geblieben. Ihre Mutter litt besonders, denn sie musste anschließend, als Phuong längst ins liberalere Deutschland zurückgekehrt war, weiterlügen und sie schämte sich, dass ihre Tochter alleine lebte, ohne einen Mann. In dem Moment fährt klappernd und bimmelnd eine Hochzeitskutsche vorbei, die Braut verschwindet fast in einem Schaum von Weiß, daneben ein üppig gebauter Bräutigam. Unser Gespräch wird übertönt vom Hupkonzert der Hochzeitsgäste. Ihre Mutter hatte sie immer gewarnt: »Überleg es dir gut, du wirst in Deutschland nie glücklich. Warte mal, wenn du älter wirst, sehnst du dich nach deinen Wurzeln, nach einer ganz einfachen vietnamesischen Reissuppe.«

Aber Phuong Kollath hat nie bereut, dass sie die deutsche Staatsangehörigkeit angenommen hatte. »Ich wäre in Vietnam eine ganz andere Person geworden. Nicht so weltoffen, wie ich jetzt bin, vermutlich weil ich zwischen zwei Kulturen leben durfte«, sagt sie. Sie hat gearbeitet, hat studiert und während der letzten Jahre allein für ihre Tochter gesorgt. Leider, sagt sie, habe sie verpasst, ihrer Tochter von Anfang an die vietnamesische Sprache beizubringen. Leben möchte sie in beiden Ländern, dort und in Deutschland. Sie sei gerne in Rostock, aber es ergäben sich vielleicht auch andere Projekte in anderen Städten. Doch jetzt, wo sie älter wird, sagt sie, spüre sie ihre Wurzeln mit einem Mal stärker. »Jedes Mal wenn ich in Vietnam war, merke ich, ich habe ganz viel Kraft. Wo ist die Mitte, die Stärke in mir – die ist vietnamesisch. Ich kann mir nicht mehr vorstellen, Deutschland wirklich zu verlassen, ich lebe mittlerweile länger hier als in Vietnam, ich fühle mich Deutschland sehr verbunden. Aber ich glaube, wenn es mir mal ganz doll schlecht geht, fangen mich meine Landsleute auf, niemand sonst. Vor der Wende habe ich gedacht, ich bleibe ewig irgendwo Köchin, unglücklich vielleicht, wer weiß. Mit der Wende hat sich für mich alles geändert, plötzlich war alles möglich. Wenn du aus einem Land kommst, wo du kaum etwas besitzt, Armut kennst und Tod und Hunger schon gekannt hast, dann ist der Wille, Fuß zu fassen, sehr stark da. Ich habe immer alles, was ich angepackt habe, zu Ende gemacht, und ich denke, sehr gut gemacht.« Sind das nicht Tugenden, die immer den Deutschen zugesprochen werden, Fleiß, Disziplin und Durchhaltewillen?

DU HAST DEN FARBFILM VERGESSEN

Zwei Leben in Heiligendamm

»Du hast den Farbfilm vergessen, mein Michael / nun glaubt uns kein Mensch, wie schön's hier war haha haha. / Du hast den Farbfilm vergessen, bei meiner Seel', alles blau und weiß und grün und später nicht mehr wahr«, sang Nina Hagen im Jahr 1974. Wir haben uns mit Eckard Paap in Heiligendamm verabredet. Er sagt, wir sollten ruhig ein bisschen später kommen, sie würden erst noch baden gehen, in die Ostsee, nackend wie immer. »Ich im Bikini und ich am FKK, ich frech im Mini, Landschaft ist auch da. – Ja.« Landschaft ist in der Tat viel da an Orten wie Bad Doberan, Kühlungsborn, Arendsee, den für 40 Jahre aus dem Gedächtnis der Westdeutschen verschwundenen Ortschaften an der Ostsee. Die Kreisstadt Bad Doberan hat sich erst kürzlich noch schnell von einem unehrenhaften Ehrenbürger getrennt: 1932 war sie wohl eine der Ersten gewesen, die Adolf Hitler die Ehre zuteil werden ließ – und er hatte während 40 Jahren Kommunismus unbeachtet auf der Ehrenbürgerliste überwintert. Doch vor dem Gipfel der Staats- und Regierungschefs im nahen Heiligendamm im Juni 2007 wollten die Stadtväter und -mütter nichts riskieren und entzogen Hitler den einst stolz verliehenen Titel. Schließlich ist Heiligendamm einer der Ortsteile von Bad Doberan, und dieser dunkle Fleck hätte unerwünschte Schlagzeilen in der internationalen Presse provozieren können. Aber dann blinzelten die hochrangigen Politiker vor dem schneeweißen Haus, wie hineingebeamt ins blanke Grün des frischen Rasens, in die Kameras der Welt und hinterließen zusammen mit ihren Gegendemonstranten außerhalb des Sicherheitszauns ganz andere Schlagzeilen.

Fast alle 300 Einwohner Heiligendamms wohnen in der Gartenstraße. Die macht Kurven und verzweigt sich, aber ihr Name bleibt überall gleich. Heiligendamm ist ein Seebad, genauer ein Hotel mit Drumherum, und dahinter im sandigen Kiefernwald stehen ein paar Häuser. Friedrich Franz I., Herzog von Mecklenburg-Schwerin, hatte sich in Italien in die Idee verliebt, auch an den kühlen Küsten Norddeutschlands ein Seebad bereisen zu wollen, und gründete ein paar Tage Kutschfahrt von Berlin entfernt, in unmittelbarer Nachbarschaft zu Rügen das erste deutsche Kurbad am Meer. So geschehen im Juli 1793. Ein Schlösschen, ein Palais, eine kleine Burg, ein Park vor zauberhafter Meereskulisse, und schon ließ er es sich wohlergehen. Im Lauf der Jahre kamen ein Liebesnest für die Liebste hinzu und ein paar weitere Villen und im Laufe der Jahrhunderte der eine oder die andere zu Besuch aus dem Hoch- und Geldadel.

Zu DDR-Zeiten wandelte sich die feudale Erquickung in Gesundung für jedermann – vorausgesetzt er

beziehungsweise sie war dringend erholungsbedürftig und im Arbeiter- und Bauernstaat nicht unangenehm aufgefallen. Kranke mit Haut- und Atemwegserkrankungen, Bergleute mit Lungenschäden, Herz-Kreislauf-Kranke konnten sich hier erholen. 1951 lud ein mecklenburgisches Friedenskomitee gar Jugendliche und Frauen aus West-Berlin zur Erholung ein, die sich für die Ächtung der Atombombe eingesetzt hatten und dafür inhaftiert worden waren. Die erste Reihe aber, die Villen direkt am Meer, waren für die ehemaligen Kämpfer gegen den Faschismus reserviert. Sie konnten in speziellen Läden an der Promenade einkaufen, bekamen spezielles Essen und lebten isoliert vom Rest – und eindeutig besser. So war das im Ein-Klassen-Staat.

Inge Paap arbeitete im hiesigen Sanatorium, sie nahm neue Gäste in Empfang, teilte Zimmer und Kuren zu. Heute fällt von oben Licht durch eine Glaskuppel drei, vier Stockwerke herab in eine leere steinerne Halle, in der jeder Schritt weithin schallt, mit schmalen überdimensional hohen Türen. Eine Hotelangestellte kam auf uns zu wie Alice im Wunderland, einem kleinen Mädchen gleich versuchte sie, eine viel zu hohe Tür zu schließen. Zu DDR-Zeiten war die Decke des Saales ganz pragmatisch abgehängt, und unten stand der Arbeitsplatz von Frau Paap, der Empfang.

Sie arbeitete gern da, es war immer was los. Sie konnte mit dem Fahrrad kommen oder zu Fuß, je nach Wetter und Laune, der Weg war nicht weit, sie wohnte ja in der Gartenstraße. »Es hat mir Spaß gemacht, ich bin wirklich gerne arbeiten gegangen. Aber wenn dieses Hinterher kam, Versammlungen und dies und das. Du hattest ja auch Kinder, die schulpflichtig waren. Oder du siehst Kollegen mit der Strichliste, ich sag, was machste denn da, da sagt sie, ich muss doch ankreuzen, wer an der Versammlung teilnimmt. Ich sag, ist das so wichtig, na klar, sagt sie, das ist für die Prämie. Ich sag, ach, davon ist die Prämie abhängig? Ich habe immer gedacht, das hängt von der Leistung ab, die man so in der Arbeit bringt. Da war das Ding für mich gegessen, bin ich nicht mehr hingegangen, ich habe auch keine Prämie gekriegt, war für mich egal, auf die 25 Mark konnte ich verzichten.«

Frau Paap und ihr Mann taten sich ein bisschen schwer mit der DDR. Eckard Paaps Familie war schon früh enteignet worden, ein Maschinenbaubetrieb in Warnemünde und zwei Häuser, in denen sie dann auch nicht mehr wohnen durften. Herr Paap hat das Handwerk noch gelernt, durch und durch ist er Maschinenbauer. Im Eingangsbereich seines Hauses in Heiligendamm steht ein großes selbst gebautes Segelschiff, und der Keller ist sein Reich. Alte Werkzeuge und Maschinenteile, alles tipptopp gepflegt, bedecken die Wände,

spiegelblanke frisch geölte Dampfmaschinen wohnen in eigens gebauten Koffern. Den Raum für sein Hobby und die Werkbank teilt er sich mit seiner Frau und der Waschmaschine. Nicht immer konfliktfrei, wie beide einräumen. Auch sein Berufsleben war von Konflikten geprägt. »In jedem Betrieb, in dem ich gearbeitet habe, wurde vorgebetet. Dann habe ich gesagt, so eine Scheiße ... Ich hatte immer einen Hang zur Kirche, und weil ich immer sehr aggressiv war gegen diesen Staat, haben die gesagt, komm zu uns, wenn dir was passiert, dann wissen wir wenigstens, dass es nicht mit rechten Dingen zugegangen ist. Daraufhin habe ich bei der Kirche angefangen.« Er machte noch eine Ausbildung zum Gärtner, betreute die Friedhöfe und war bald Friedhofsverwalter und Küster in der Gemeinde. Auch das war nicht ungefährlich, und einmal war sogar die Stasi bei ihnen daheim im Haus. Schreibsachen hätten sie gesucht, Unterlagen, belastendes Schriftmaterial. Zu der Zeit hatten sie eine Frau bei sich aufgenommen, deren Sohn sich zuvor umgebracht hatte. Er war Architekt gewesen und sollte Untersuchungsgefängnisse für das Ministerium für Staatssicherheit bauen. »Und da hat ihn das Gewissen so geplagt, dass er sich aufgehängt hat.« Die Mutter brauchte einen Ort, um mal ein paar Tage auszuspannen, und wurde von Paaps hier im Seebad beherbergt. Als die Stasi kam, waren Inge und Eckard Paap zum Gottesdienst gegangen, die Frau war im Haus und hat sich während der Durchsuchung im Keller versteckt, voller Angst, dass sie entdeckt würde. Doch in den Keller kamen sie glücklicherweise nicht.

Herr Paap hält Abstand zur DDR und liefert in wenigen Minuten eine beeindruckende Geschichte des Untergangs des sozialistischen Einheitsstaates: »Also uns ging es als Geschäftsleuten, 1960 etwa, wirklich gut. Vor der Steuerreform gab's Steuerklasse A, B und C, also A war bis zu 5 Beschäftigte, B bis 10 und C denn über 10. Und dann hast du meinetwegen jeden Monat 300 Mark an Steuern bezahlt, dann war das für das ganze Jahr erledigt. Dann kam die Verstaatlichung, als sie die kleinen Handwerksbetriebe alle kaputt gemacht haben. Damit war da schon einmal die Grundversorgung kaputt, die haben nur die Schlachter am Leben gelassen und die Bäcker, die sie brauchten. Ab und zu mal ließen sie die Schneider, die einen Knopf angenäht haben, und alles andere wurde zur Produktionsgenossenschaft. Ab da war keine Selbstständigkeit mehr. Die größeren Betriebe, wie PIKO-Eisenbahn, das war ja auch in Privathand gewesen, solche mechanischen Großbetriebe oder Busunternehmen, die haben sie dann alle halbstaatlich gemacht. Da gab's dann zwei Chefs, und die Eigentümer hatten eigentlich nichts mehr zu sagen, die hatten nur für Ruhe und Ordnung zu sorgen und das andere haben die anderen gemacht.« Mit den »anderen« meint er die Partei, Staat, Stasi, Funktionäre. »Und dann war die Lücke da und die Kombinate mussten für die Konsumgüterproduktion aufkommen. Der Schwermaschinenbau Magdeburg musste dann eine kleine Abteilung gründen, wo Kochtöpfe, Quirle, Konsumgüter produziert wurden. Die Schiffsbauer mussten Möbel machen. Da kriegte jeder Betrieb so eine Aufgabe. Die Möbelfirmen, die richtig guten, die privaten, die haben dann pleitegemacht, und die Werftarbeiter warfen die Schweißmaschinen in die Ecke. Und nachher hat man das Augenmaß völlig verloren. Man hat jedem ein warmes Mittagessen gesetzlich zugesichert, und das durfte nicht mehr als 1,50 Mark kosten. Wenn Mann und Frau gearbeitet haben, dann haben die 3 Mark für die Verpflegung gebraucht am Tag, oder vielleicht morgens noch für eine Tasse Kaffee und ein Brötchen 20 Pfennig, aber richtig gut belegt, so, dann waren die dann für den Tag versorgt. Und der Kindergarten für die Kinder hat ja auch nicht mehr als 1 Mark oder 1 Mark 20 gekostet. Wenn sie beide zum Beispiel 700 Mark verdienten, das waren 1400 Mark. Die brauchten kein Wassergeld bezahlen, das Einzige war ein bisschen Strom, bisschen Heizung. Und dann haben sie sich gewundert, dass die Leute so viel Geldüberschuss hatten.«

Hier erinnert uns seine Frau daran, dass sie erst nach vielen Jahren ihr Auto bekommen hatten: »Das Geld konnten die ja nicht ausgeben, auf einen Trabbi oder überhaupt ein Auto hat man ewig gewartet.« »Ja«, unterbricht sie ihr Mann, »und dann kamen sie auf

den Trichter, man muss diese I-Punkt-Läden und Delikat-Läden bauen. Dort war alles dreimal so teuer, aber du kriegtest was, wenn mal Geburtstag war oder was. Das hat dann eine ganze Schicht von Leuten erst mal zufriedengestellt. Bloß, das hat dann auch nicht gereicht, und dann kamen sie auf die Idee, die Leute hier mit Kleingärten zu versorgen, so wie hier gegenüber, wo die Hecken sind. Da hat man gesagt, wir machen Kleingartengenossenschaften und dann dürft ihr euch alle einen Garten bauen, und da waren sie erst mal alle fünf Jahre damit beschäftigt, bis die Hütte stand und ein bisschen Wasser da war. Und wenn dann so eine Gruppe gegründet worden ist, kam einer vom Elektrizitätswerk mit rein, damit der Strom fließt, einer von der Wasserwirtschaft, damit das Wasser läuft. Und so hatten sie überall ihre Genossen drin. Das ist eine politische Macht gewesen, wir haben in Mecklenburg-Vorpommern 85.000 Kleingartenbesitzer.«

Auf der anderen Straßenseite, gegenüber, beginnt eine dieser Gartenlaubenanlagen, die Paap im Visier hat. Die Häuschen in den relativ großen Gärten sind nicht vergleichbar mit den normierten Holzhütten ohne Strom und Klo im Ruhrpott, Frankfurt oder München. Hier hat die Emanzipation der Laube zum vollwertigen Wochenendhaus stattgefunden. Stromanschluss, fließendes Wasser, eigene Toilette. Und rundherum blühen Blumen, wachsen Rasen und Radieschen. Unmittelbar dahinter erhebt sich ein überdimensionaler Mobilfunkmast – Heiligendamm ist an die große weite Welt angeschlossen. Errichtet im Vorfeld des G8-Gipfels, sollte der Richtfunkmast den reibungslosen Telefon- und Internetverkehr für die Politiker- und Journalistenschar garantieren. Da er nun einmal stand, blieb er. Seit er steht, kann Frau Paap nicht mehr richtig gut schlafen.

Die Allgemeinverfügung untersagt:
- alle öffentlichen Versammlungen und Aufzüge unter freiem Himmel im Zeitraum vom 30.05.2007, 00:00 Uhr, bis 08.06.2007, 24:00 Uhr im Gebiet innerhalb der technischen Sperre um Heiligendamm und bis 200 m vor der technischen Sperre, sowie im kleinen (seeseitigen) Sperrgebiet vor Heiligendamm,
- alle öffentlichen Versammlungen und Aufzüge unter freiem Himmel für den Zeitraum vom 05.06.2007, 00:00 Uhr, bis 08.06.2007, 24:00 Uhr, und
- alle unangemeldeten öffentlichen Versammlungen und Aufzüge unter freiem Himmel für den Zeitraum vom 30.05.2007, 00:00 Uhr, bis 08.06.2007, 24:00 Uhr, in dem in beiliegender Karte mit »II« gekennzeichneten Bereich.

Die Karte zeigte zwei großräumig um den Tagungsort verlaufende Sicherheitszonen. Nur die Angestellten des Tagungshotels und sonstige für den »Summit« notwendigen Dienstlinge und die Einwohner von Heiligendamm durften sich während der heißen Tage, an denen die Politiker anwesend waren, innerhalb des kilometerlangen Zauns aufhalten.
Als die Politiker und Heerscharen von Polizisten und Demonstranten Heiligendamm überschwemmten und zum Hochsicherheitsgebiet machten, packten Eckard und Inge Paap ihre Siebensachen und flohen. Zuvor hatten sie sich im 3-Kilometer-Umkreis noch frei bewegen können. »Wir fahren nur einmal in der Woche zum Einkaufen, das machen wir immer so, da war das kein großer Unterschied.« Sie hatten Ausweise bekommen und durften an zwei Schleusen den Ort verlassen und wieder hinein. »Wenn ich reingekommen bin, wurde ich natürlich gründlicher untersucht, ist ganz klar, wenn ich hier wohne, da haben sie natürlich ein bisschen Angst gehabt. Als wir in Urlaub gefahren sind, da hat der bloß geguckt, Fahrräder drauf, raus, die hauen ab. Der wusste das gleich.«
Bereits im Jahr vor der Gipfel-Hysterie kamen die ersten Polizisten zur Vorbereitung nach Heiligendamm. Der Strand unten ist FKK-Gebiet, und sie haben nicht schlecht gestaunt, die jungen Burschen aus NRW und Baden-Württemberg über die vielen nackten Frauen. Das hat den Einheimischen gefallen, so was gibt's hier alle Tage, das ist hier so. Das Ehepaar Paap hat die Polizisten als nett und angenehm erlebt. Man tat sich nichts gegenseitig. Für die Demonstranten dagegen, die irgendwann auftauchten, haben sie weniger übrig, auch wenn sie die damals nur im Fernsehen erlebt haben. »Für uns war das so erschreckend, dass wir gesagt haben, wo kommen bloß die vergammelten Leute alle her, haben die nix anderes zu tun, als in der Weltgeschichte umherzulungern? Das war für uns so, weil wir das hier gar nicht gewöhnt sind, wir kennen ja hier keine Demo wie in Berlin oder so.« Die Demonstranten taten ihrer Meinung nach nichts oder zumindest zu wenig für den Staat. Denn auch als Bürger sei

man schließlich verpflichtet, den Staat zu unterstützen, auch etwas für den Staat zu tun. »Damit ich auch wieder was erhalte«, sagt Eckard Paap. »Vielleicht bin ich da auch verkehrt ...«. Doch seine Frau pflichtet ihm bei, man könne demonstrieren, um seine Meinung zu sagen oder seinen Unwillen zum Ausdruck zu bringen, »aber das muss man dann eben ordentlich und vernünftig machen«.

Demonstriert haben die Paaps auch, 1989, als es mit der DDR zu Ende ging. In Rostock waren sie bei den Versammlungen und Montagsdemos dabei und sind noch immer stolz darauf, wie es gelingen konnte, die Sicherheitskräfte zu narren und Treffen geheim zu halten, anstatt in der Petrikirche in der Marienkirche zusammenzukommen, mitten in der Stadt, »und war kein Halten mehr«.

Dann kam die Wiedervereinigung. »Da waren wir alle frohen Mutes, nicht? Da haste gedacht, endlich kommt nun mal das, worauf du gewartet hast.« Herr Paap blickt zurück und resümiert, das erste Dreivierteljahr sei gut gewesen. Doch dann, analysiert er, »wie sie denn merkten, dass da ja auch Beziehungen mit geknüpft werden und mit Geld verdient werden kann, dass der den Auftrag kriegt, und nicht der, und dass man an und für sich dafür bloß drei Leute braucht, einmal bist du dran, einmal ... und so ... ich wollte ja auch in die Politik gehen, aber dann habe ich gesagt, nee, das ist so schwuppsig geworden, und schlimmer denn je.« So ganz ist das nicht geworden, was er sich erhofft hatte. Auch die Sache mit der Demokratie, der Mensch sei doch ein Wolf. »Das ist genauso wie beim Sozialismus. Von der Grundidee her ist das eine

tolle Sache. Alle arbeiten in einen Pott, und dann wird das gerecht verteilt, aber das kriegst du mit den Menschen nicht gebacken.« Auch das Grundgesetz sei eine ganz tolle Sache. Bloß, wer toleriere denn die, die eine andere Meinung haben? Das hätten sie doch gesehen, drüben im Hotel, da seien Leute, die spazieren gingen, einfach über den Zaun gestiegen und hätten sich auch auf die Liegewiese gelegt. Das ginge doch aber nicht. »Doch, sagten die, die Sonne ist für uns alle da. Und so kann man das auslegen, wie man will, das Grundgesetz ist richtig toll. Aber wie man das steuern soll, oder wie man die Leute dazu bringt, sich daran zu halten und danach zu leben, das ist wohl genauso Utopie wie der ganze Sozialismus.« Es sei jetzt schon ganz anders als früher, nun könne man seine Meinung sagen, ohne dass man Angst haben müsse, Probleme zu bekommen. Aber vor der Unüberschaubarkeit dieser demokratisch gleichwertigen und unabhängig voneinander handelnden Individuen in diesem großen Deutschland schaudert es den beiden. »Denn es sind immer Menschen da, es ist die Regierung da, es sind Parteien da ... wenn, dann müsste das ein Gesamtes sein, wo jeder, und wirklich jeder, ob der kleine Mann, der große Mann, die Konzerne, jeder die gleiche Linie hat und daraufhinarbeitet, aber das passiert nicht, das gibt's nicht und das wird's auch niemals geben, denke ich.« 18 Jahre ungelenktes, unbedrängtes Leben reichen für tiefe Zuversicht gegenüber demokratischen Strukturen offenbar nicht aus. Vielleicht ist das auch zu viel verlangt – sind sie hier oben an der Küste nicht schon immer nüchterner, prosaischer gewesen, als weiter

unten, im barocken Süden? Herr Paap bringt dann auch sein Verhältnis zu Deutschland auf einen klaren Punkt: »Ich bin sehr heimatverbunden. In erster Linie bin ich Mecklenburger.«

Vor dem Gipfeltreffen, als noch Ruhe herrschte, hatte es für die Bewohner von Heiligendamm eine überraschende Zusammenkunft gegeben. Ein Mecklenburger Pastor, der mit Bundeskanzlerin Angela Merkel und ihrer Familie bekannt ist, wollte in der Kirche im Wald zwischen Ort und Strand »so ne kleine Schau machen«, wie sich Herr Paap ausdrückt. Der kam aber wegen der Demonstranten nicht durch. Da haben die Heiligendammer die Veranstaltung selbst übernommen, haben 300 Kerzen aufgestellt, Kinder bemalten zwei Tafeln, eine Frau aus dem Ort las ein paar Texte, und sie haben gesungen. Die 40.000 Briefe von Kindern aus aller Welt, die gekommen waren mit Wünschen an die Politiker, haben sie in der Kirche an der Wand ausgestellt. Es war eine ruhige, schöne Veranstaltung, erinnern sich die beiden, es waren keine Fremden da, und die Leute aus dem Ort haben sich mal wieder gesehen. Es war fast so wie im Winter, wenn die Einheimischen hier unter sich sind. »Dann haste ein paar Fußspuren im Schnee, ja wer ist denn das nu, den kennen wir ja gar nicht.«

Seit die Kurgäste vom FDGB Heiligendamm nicht mehr besuchen, gibt es keinen Laden mehr, nichts. Nur die paar Häuser, den historischen Bahnhof der Molli, der alten Dampflokbahn, mit Café, und das Hotel. Früher war die Molli die einzige Verbindung in die nahe Kreisstadt, die Kinder fuhren mit der Bahn zur Schule, in einem Extrawaggon, mit für sie reservierten Plätzen. Sonst wären sie häufig wegen der zahlreichen Sanatoriumsbesucher gar nicht mitgekommen. Damals war der Bahnhof noch nicht renoviert und die Heiligendammer liefen einfach quer über die Schienen. Heute ist alles schick, neu gestrichen und der Fußweg zur Siedlung ist abgeschnitten, nur mit kleinem Umweg gelangt man hinüber zum Bahnsteig. Auf der anderen Seite führt ein bequem ausgebauter, breiter Fußweg vom Bahnhof zum neuen Stolz der Gegend, dem weißen Hotel.

Eine Automarke mit Vierradantrieb für den gestressten Großstädter mit dem Bedürfnis nach Geländegängigkeit im Alltag wirbt für ein exklusives Wochenende in Heiligendamm – 1500 Euro pro Auto für zwei Personen. Geboten wird: Fahren am Strand und im Gelände, natürlich Testfahrten mit den neuesten Fahrzeugmodellen, Luxusabenteuer wie Küstenrundflüge mit dem Helikopter mit Start und Landung vor dem Hotel inklusive einer Luxusvariante mit Lagerfeuer mit Piratensuppe aus dem Dreibein direkt vor der Burg Hohenzollern. Hier sollen sie absteigen, die Leute, die teure Marken tragen und denen es auf einen Tausender nicht ankommt. Aber so ganz ist die Vision des Hoteleigentümers noch nicht aufgegangen. Der Mann mit dem auffälligen Namen Anno August Jagdfeld, der die Reichen und Reichsten in sein Revier locken möchte, das für sie gefühlsmäßig anscheinend noch immer mitten in der DDR liegt, baute mit Immobilienunternehmen Bürotürme in Berlin, legte Immobilienfonds auf und wurde mit den Bauherrenmodellen der 70er und 80er Jahre reich. Er hat in

Berlin das Fünfsternehotel Adlon und die exklusive Einkaufspassage Quartier 206 in der Friedrichstraße finanziert – all dies dank der Mithilfe einer Schar steuersparwütiger Anleger. Er hatte »Heiligendamm«, als es noch im DDR-Zustand einer ungewissen Zukunft entgegenverwitterte, günstig gekauft. Das sei sein größter Sieg gewesen, so kann man es nachlesen. Doch die Renovierung dieses Arkadien im mecklenburgischen Sand verschlang Unsummen und rechnet sich bislang nicht. Die Auslastung des Hotels könnte besser sein, neue Investoren fehlen, die Fondszeichner verweigern frisches Geld, die Banken murren. Ein Schelm, wer die Notwendigkeit einer gigantischen Werbemaschine und Angela Merkels G8-Gipfel zusammendenkt.

Zaun und Poller sichern den Fußweg vor dem Hotel gegen mäßig vorhandenen Verkehr. Wer hier entlanggeht, fädelt aber automatisch in die Hoteleinfahrt ein – auch wenn er dies gar nicht möchte. Dann heißt es umkehren, wieder zurückgehen und anschließend auf der Straße das Hotel passieren. Die Hotelanlage liegt zwischen dem Rest der Welt und dem Meer wie ein Hindernis. Der Strand auf der anderen Seite ist allgemein zugänglich, erreichbar allerdings nur mit längerem Fußmarsch oder Radltour rund um die weitläufige Hotelanlage. Demnächst verlängert sich der Weg, da die Kuranlagen neu angelegt werden und der allgemein zugängliche Fußweg noch weiter weg vom Hotel verlegt wird. Die alten Villen, die einst die Kämpfer gegen den Faschismus beherbergt hatten und schon damals einem erlesenen Kreis vorbehalten waren, sollen saniert und zu luxuriösen Ferienappartements ausgebaut werden. Dann wird es wohl vorbei sein mit dem allgemeinen Zugang zum Strand – wer dort viel Geld lässt, möchte vermutlich nicht von gaffenden Normaltouristen auf den Verbindungswegen belästigt werden. Denn das Hotel zieht Neugierige an, die nicht immer leicht davon zu überzeugen sind, dass sie hier keinen Zugang haben sollen. Am Steg, der weit ins Meer hinausragt und mit Steuergeldern neu errichtet wurde, weist jetzt schon ein großes Schild darauf hin, dass er wegen Privatveranstaltung für die Öffentlichkeit gesperrt ist, lediglich die Uhrzeit muss jeweils noch eingefügt werden.

Als wir innerhalb des Zaunes über die grellhellen Wege zwischen den kurz geschorenen Rasenflächen schlenderten, trat oben, im dritten Stock eines dieser weißen Gebäude, eine Kleinfamilie auf ihren Zimmerbalkon hinaus, um den Ausblick zu genießen. Unwillkürlich drängte sich der Gedanke auf: »Macht aber nichts schmutzig da oben, keinen Fuß aufs Geländer, oder gar an die Wand stemmen!«. Sie blieben nicht lange, zogen sich rasch wieder ins Innere des Zimmers zurück, dann war die Ansicht wieder hergestellt, gleißend weiß, klassizistisch ebenmäßig, auch im Nachbau, steril. In Heiligendamm ist etwas schiefgelaufen. Auch anderswo gibt es Grandhotels, luxuriöse Quartiere für Gucci- und Prada-Träger, die es sich leisten können. Aber diese Anlage ist wie ein Zoo, ein Freigehege für die oberen Zehntausend. Die anderen, weniger Begüterten stehen hinter dem fernen Zaun und gucken. Und drinnen versuchen sich die wenigen Gäste vor den neidischen Blicken im Schatten dürftiger Büsche zu verstecken.

IM WELTRAUM SIEGT DIE SU

In Rheinsberg wird das KKW abgebaut

Das Jahrzehnt nach 1960 schwelgte in Technikeuphorie und harmonischsten Zukunftsvisionen. Man träumte von autogerechten Städten, was in der Realität häufig zu den reinsten Verwüstungen und menschenfernen Autoschneisen führte, man plante Siedlungen unter Wasser und im All. Die USA und die Sowjetunion wetteiferten um den ersten Mann im Kosmos und auf dem Mond. Das ›Neue Deutschland‹ schrieb damals: »Mit dem ›Sputnik‹-Schock von 1957 hat es die Sowjetunion geschafft, die Führung bei der Erforschung des Weltraums zu übernehmen. Am 12. April 1961 überraschte sie die Weltöffentlichkeit durch den ersten bemannten Weltraumflug ... Das ist ein beispielloser Sieg des Menschen über die Kräfte der Natur, die größte Errungenschaft der Wissenschaft und Technik, ein Triumph der menschlichen Vernunft.« Der amerikanische Präsident John F. Kennedy antwortete im selben Jahr: »Wir wollen noch in diesem Jahrzehnt den Mond erreichen, nicht, weil es einfach ist, sondern gerade, weil es schwierig ist. Gerade, weil dieses Ziel uns dazu anhält, das Beste aus unserer Energie und unseren Fähigkeiten zu holen. Diese Herausforderung nehmen wir an und wir beabsichtigen zu gewinnen.«

Zu Beginn der 60er hatte ein Lied, gesungen von Johann Georg Reißmüller, die Technik-Fans in der DDR begeistert: »Amerika stopft Affen in die Satelliten/ und jagt sie halb lebendig in den Raum,/ so etwas kann man heute nur noch Affen bieten,/ denn einem Menschen imponiert das kaum./ Lasst die Schimpansen doch in Ruh,/ und lernt vor allem eins dazu:/ im Weltraum siegt die SU.« Als den USA dann zuerst die Landung auf dem Mond gelang, geriet es allerdings wieder in Vergessenheit. Man war der festen Meinung, man könne durch staatliche Planung Wirtschaftskrisen ausschließen, technologischen Fortschritt befördern und dadurch Wohlstand für alle sichern. In der DDR wurde in Eisenhüttenstadt ein mächtiges Stahlwerk gleich zusammen mit einer neuen Stadt aus dem Boden gestampft, in der Lausitz entstand das Kombinat Schwarze Pumpe, gigantische Brikettfabrik und Gasproduzent in einem, in Dresden-Klotzsche, am Flughafen, arbeiteten Ingenieure an einem Strahlflugzeug. Alles schien machbar zu sein, technisch, ökonomisch und politisch. Noch hatte »Fortschritt« nur eine positive Richtung. Aber es regte sich bereits erste Kritik: gegen die »Unwirtlichkeit der Städte« und ihre »Wohnmaschinen«, gegen die Zerstörung der Natur. Die Ostermarsch-Bewegung träumte vom ewigen Frieden zwischen Ost und West und forderte statt der militärischen die friedliche Nutzung der Atomkraft. In einem Werbespot von 1960

hieß es: »Keine Angst vor dem Atom. ... Das Atom kann nie gekannten Wohlstand bringen, wenn die Menschen vernünftig sind, wenn sie den Weg der Vernichtung meiden und den beschreiten, der zu einem glücklichen Leben führt. Das ist die Gnade des Atomzeitalters.« Das Grauen von Hiroshima und Nagasaki war noch nicht vergessen, doch die Kernenergie galt nun als »saubere« Energie der Zukunft.

»Strahlenschutztüren schließen! Erwarte Vollzugsmeldung der Schichtverantwortlichen!« Mitten im Wald, etwa 20 Kilometer von Rheinsberg entfernt, da wo sich der Große Stechlinsee und der Nehmitzsee fast berühren, wurde das Kernkraftwerk Rheinsberg unter dem Codewort »Objekt 903« errichtet. Am 9. Mai 1966, unmittelbar nach dem Jahrestag der Kapitulation Nazideutschlands – in der DDR hatte man was übrig für solcherlei Symbolik –, ist es mit einem feierlichen Festakt ans Netz gegangen. Und um dieses Ereignis für die Nachwelt gebührend zu dokumentieren, sendete der Deutsche Fernsehfunk zur Inbetriebnahme. »Achtung Eilruf, Achtung Eilruf. Die Strahlenschutzvorschriften sind unbedingt einzuhalten!« Eine blecherne Frauenstimme wie aus einem Science-Fiction-Film begleitet die ersten Bilder, einen Flug über das Kraftwerk. In rechtschaffenem Schwarz-Weiß wird ein Fest auf die Technik gefeiert und die Belegschaft war mächtig stolz. Immerhin ging

Rheinsberg drei Monate vor dem ersten Kernkraftwerk der Bundesrepublik ans Netz. Bei voller Leistung erbrachte es 70 Megawatt, das hätte ausgereicht, eine Stadt wie Leipzig mit Strom zu versorgen, auch das machte stolz. Doch die Freude währte nicht lang. Immer wieder kam es in Rheinsberg zu Störfällen. Ende der 80er Jahre musste das Kraftwerk fast zehnmal kurzfristig vom Netz genommen werden. Die letzte DDR-Regierung legte den Reaktor 1990 still. Fünf Jahre später wurde mit dem Abriss begonnen.

Am Ortseingang mahnt ein großes Schild: »Rheinsberg wehrt sich gegen den Bombenabwurfplatz in der Heide.« Hier in der Kyritz-Ruppiner Heide, elf Kilometer westlich von Rheinsberg, am nördlichen Rand von Brandenburg, hat die Bundeswehr von der NVA einen 14.000 Hektar umfassenden Truppenübungsplatz geerbt und möchte ihn als Bombodrom, als Luft-Boden-Schießplatz, ausbauen. Dann sollen hier Übungsbomben fallen und Tiefflüge geübt werden. Noch ist nicht sicher, ob daraus etwas wird, mittlerweile werden die Gerichte bemüht. Die Anwohner, die Tourismusbranche und der Landesbauernverband fürchten den Lärm.

Rheinsberg liegt idyllisch am Grienericksee, zu DDR-Zeiten noch Templiner See. Die Sonne scheint, das Wasser malt helle Reflexe, die Eichen leuchten gelb. Die Kleinstadt investierte in nachhaltige Energie-

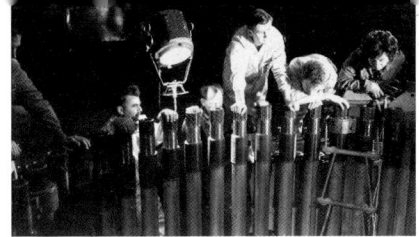

und Heizmaßnahmen, engagiert sich für umweltbewussten Tourismus und darf sich nun Brundlandtgemeinde nennen, nach der ehemaligen norwegischen Ministerpräsidentin, die die Diskussion über nachhaltige Entwicklung auslöste. Von hier aus kann man mit dem Boot zum Großen Wummsee, über den Dollgowsee zum Zooztensee bis mitten hinein in die Mecklenburgische Seenplatte fahren, ohne auszusteigen. Rheinsberg müsste es überall geben. Ein kleines sympathisches »Städtchen« – früher hieß eine Ortschaft mit 4000 Einwohnern Dorf –, Supermarkt, Apotheke, Bäcker, alles vorhanden. Im Nippesladen sieht man verwundert, neben den üblichen Andenken und Spielzeugen aus chinesischer Produktion, eine unglaubliche Menge an damenstrumpffarbenen Büstenhaltern in Übergrößen – wer mag die kaufen? Eine Uferpromenade am See, Restaurants, Cafés, natürlich auch ein »Tucholsky«, Fischereibetriebe und -räuchereien, mehrere Hotels, ein Schloss mit Park und Vergangenheit. Daher und wegen Fontane reger Tourismus. Die Gäste können mit der Bahn anreisen. Schreibende Frauen treffen sich hier alle zwei Jahre und verleihen einen Preis, im Schloss gibt's Theater, eine Musikakademie und eine Kammeroper und jährlich eine lange Nacht der Künste. Und wer dennoch weg will, ist ganz schnell im nahen Berlin oder an der Ostsee.

1969, drei Jahre nach dem Start, kam Friedrich Krause zum Kraftwerk. Er hatte in Magdeburg studiert, und als er fertig war, hatte Rheinsberg an der Uni eine Stellenausschreibung platziert. Gesucht wurde ein Wärmetechniker, und das war sein Gebiet. Sie waren etwa 30 Absolventen und es gab etwa 40 bis 50 freie Stellen, ein Traum aus vergangenen Tagen. Die Gegend, so weit nördlich und mitten im Wald, hat ihn nicht abgeschreckt, obwohl die Verkehrsverbindung ins heimische Sachsen damals, Ende der 60er, noch recht abenteuerlich war. Aber das Fachgebiet gab den Ausschlag.

Die Wohnungssuche in Rheinsberg gestaltete sich schwierig. Rheinsberg war dem Ansturm durch die Kraftwerksmitarbeiter nicht gewachsen. Obwohl für die Angestellten des Werks Wohnungen entstanden waren, reichten sie erst mal nicht aus, und viele mussten vorübergehend in ein Wohnlager, Baracken, die noch aus der Zeit der Bauphase stammten, einziehen. Einer von ihnen war Friedrich Krause. Fast zwei Jahre lang wohnte er in einer dieser Wohnunterkünfte, im Vierbettzimmer mit Ofenheizung. Fast hätte er Rheinsberg deswegen wieder verlassen, er hatte sich schon nach einer anderen Stelle umgesehen. Aus der anderen Arbeitsstelle wurde nichts, Krause blieb und fand nach zwei Jahren ein Zimmer in einer Zwei-Zimmer-Wohnung, die er sich mit einer alleinstehenden Dame teilte. Ein Fortschritt. Die Dame war schwanger und selten zu Hause, aber Friedrich Krause kannte bereits seine spätere Frau, wollte heiraten und brauchte eine Wohnung für sich allein. Ein weiteres Problem war die Versorgung. Es gab eine Kaufhalle, ein bescheidenes Geschäft, »das ist unfassbar, wie das damals ging«, wundert sich Friedrich Krause heute, »die Leute haben natürlich angestanden, ganz besonders im Sommer, wenn sehr viele Urlauber da waren, war das ein Drama«. Die Kraftwerksmitarbeiter bekamen Extrazuschläge, das aber führte zu Neid bei den eingesessenen Rheinsberger Bürgern.

Das Kraftwerk wurde mit über 650 Mitarbeitern der größte Arbeitgeber am Ort, während seiner Blüte lebten mehr als 5000 Menschen in Rheinsberg. Die Wohnsituation wurde etwas besser, als eine Neubausiedlung entstand, Wohnblöcke für Kraftwerksmitarbeiter und deren Familien. Aber auch das führte zu Spannungen mit der Rheinsberger Bevölkerung. Erst als auch die die Berechtigung erhielt, in die neuen Häuser einzuziehen, besserte sich die Stimmung. Dafür aber fehlten wieder Wohnungen. Irgendwann bekam Friedrich Krause auch endlich seine Wohnung, heiratete und holte seine Frau nach Rheinsberg. Der Umzug verlief abenteuerlich, aber Improvisation begleitete die DDR-Bürger ja durch ihr Leben. »In der Stadt gab es ein Geschäft, die hatten einen sogenannten Tafelwagen oder Plattenwagen. Und alle, die umgezogen sind, haben sich diesen Plattenwagen ausgeliehen und ihr bisschen Hab und Gut von einer Wohnung zur anderen oder aus

den Baracken transportiert.« Die Straßen waren uneben, das sind sie an manchen Stellen noch immer, zwischen gebrochenen Betonplatten oder altem Kopfsteinpflaster haben sich Erhebungen herausgearbeitet, senken sich tiefe Täler. »An so einem Hügel ist mir – das war damals schon nach der Hochzeit – unser bescheidenstes neues Porzellan, bei dem man sich über jedes Stück freut, in einer Plastikwanne hinten vom Wagen runtergerutscht, und die Hälfte war kaputt.« Die Stadt wuchs, die Kinderzahlen auch, Kinderkrippen und -gärten wurden eingerichtet, weitere Schulen gebaut, ein Kulturhaus und später ein »Klub der Gewerkschaften« eingeweiht. In der Siedlung wohnten vor allem junge Leute, fast jeder hatte Familie, man half sich gegenseitig, bei der Beaufsichtigung der Kinder, wenn etwas fehlte oder mal die Waschmaschine versagte. Manche Freundschaft hält bis heute.

Im Westen begannen mit dem wirtschaftlichen Aufschwung die Familie auseinanderzustreben. Der Vater, der Ernährer, stand in harter Konkurrenz zu seinen Kollegen, Freunden und Nachbarn, die Mutter im Wettstreit mit Freundinnen und Nachbarinnen um Ordnung und Sauberkeit der Wohnung wie der Kinder. Die Menschen in der DDR rückten zusammen. Man musste sich arrangieren innerhalb bisweilen dehnbarer Grenzen. Draußen, in Schule, Beruf, agierte die Politik und spielte mal marginal, mal beherrschend ins Familienleben hinein. Sicher war man nur im engsten Familien- oder Freundeskreis. Also zog man sich zurück in diesen kleinen, privaten Bereich. Das machte dann den Gartenlaubencharakter der DDR aus. Um überleben zu können, bedurfte es nicht nur eines Berufes, man musste außerdem Logistiker sein, Transportunternehmer und Manager in eigener Sache, man musste organisieren, transportieren, schrauben und bosseln, tauschen und schachern können. Besonders offensichtlich wurde das in Extremsituationen, zum Beispiel beim Hausbau, wie bei Krauses. Friederike Krause, die ehemalige Deutschlehrerin, sagt: »Man musste Fantasie haben.« Und dann erläutern beide uns Westdeutschen solch ein kompliziertes Geschäft: »Es war ein Geben und Nehmen, und in der Regel war Geld nicht das Problem. Sondern das Problem war Folgendes: Angenommen, ich brauchte Holz. Dann musste man mit einem Schein zum Förster gehen und musste sagen, ich bin Eigenheimbauer, und dann konnte man fünf Festmeter Holz in Eigenwerbung werben, das hieß, schlagen. Der Förster hat dann gesagt, in dem Revier, die und die Bäume dürft ihr schlagen. Dann musste man dieselbe Menge noch einmal für die Forstwirtschaft schlagen. Man musste aber vorher jemanden finden, der von der Forstwirtschaft die Zulassung hatte, eine Kettensäge zu führen. Wie man das mit dem geregelt hat, war eine eigene Angelegenheit. Natürlich auch das Abtransportieren musste man selbst organisieren. Also brauchte man einen Geschirrführer, jemanden, der Pferde hatte oder einen Traktor, oder wie auch immer. Das war alles ein Problem. Das ist die negative Seite. Die positive Seite war, dass da eine sehr große kollegiale Hilfsbereitschaft herrschte unter Kollegen, Freunden, Bekannten. Das hat sehr gut geklappt. Wir brauchten zum Beispiel Gasbetonsteine. Da kommt eines Tages ein Anruf, in zwei Stunden kommt auf dem Bahnhof ein Waggon mit Gasbeton an, der muss innerhalb von sechs Stunden abgeladen sein, sieh zu, wie du das auf die Reihe kriegst. Und das führte dazu, dass auch im Betrieb auf der Leitungsebene eine große Kulanz da war, dass sie gesagt haben, okay, kannste zwei Stunden eher gehen, die arbeitest du dann morgen länger. Das hört sich jetzt so an, als ob wir kein Geld gehabt hätten. So war das nicht. Aber mit Geld konnte man nichts anfangen. Man konnte sich nichts kaufen.« Einen Bankkredit mussten natürlich auch DDR-Häuslebauer aufnehmen, bezahlen mussten sie die Chose ja dennoch.

Im Februar 1979 gingen trotz Atomkraft in der DDR beinahe die Lichter aus. Rheinsberg war nicht das einzige Kraftwerk, das in Greifswald oben an der Küste war größer und leistungsfähiger, und beide sorgten vor allem im Norden des Arbeiter- und Bauernstaates für Energie. Ein Wintersturm fegte in zwei Wellen über den Nordosten des Landes. Ganze Landstriche versanken im Schnee, Autos und Züge blieben in Eis und Schneewehen stecken, Menschen mussten sich zum Teil zu Wildfremden in die Häuser retten oder wurden von Rettungsmannschaften lebensbedrohlich unterkühlt aus ihren Autos befreit. Der gesamte Norden Deutschlands erstarrte. Und besonders erwischte es die DDR. Das Land, die Industrie, die Privatöfen – alles hing an der Braunkohle. Doch der Tagebau war durch die Eiseskälte eingefroren und der Transport geriet durch die Schneemassen in Verzug. Die Atomkraftwerke

arbeiteten weiter, unbeeindruckt. Die Mannschaften aber hatten Schwierigkeiten, zur Arbeit zu gelangen, die Mitarbeiter mussten irgendwann schlafen und kamen kaum nach Hause, die Ablösung nicht zurück ins Werk. In Rheinsberg wurden Schlosser und Leute, die nicht unbedingt jeden Tag zum Betrieb des Kraftwerkes erforderlich waren, abgestellt, die Bahnlinie freizuschaufeln. In Brandenburg war der Schneefall nicht so stark wie an der Küste. Das Kernkraftwerk Greifswald und die Insel Rügen aber waren in extremer Weise betroffen. In Greifswald lagen über zwei Meter Schnee, und die Mannschaften kamen weder rein noch raus. Die Eingeschlossenen organisierten sich mit Erste-Hilfe-Liegen als Notbetten und Stullen zur Verpflegung. »Bleibt bloß am Netz!«, haben die Vorgesetzten in Berlin die Schichtleiter beschworen. Draußen arbeiteten die anderen fieberhaft, um die Eingeschlossenen zu erreichen. Von den Russen hatten sie vier Schneeräumpanzer gekauft und kamen dennoch nicht durch. Erst nach 56 Stunden konnten Hubschrauber die ersten Eingeschlossenen aus dem Kraftwerk befreien. Normalerweise durften nur 8-Stunden-Schichten gefahren werden, in Rheinsberg haben sie damals 12 bis 15 Stunden Dienst gemacht. Daraufhin wurde für zukünftige Zeiten für eine komplette Schicht eine Skiausrüstung angeschafft, damit die Schichtbesatzung im Winter, notfalls querfeldein auf Brettern zur Arbeit gelangen konnte.

Friedrich Krause arbeitete auf dem Gebiet der Reaktorwärmetechnik in der Forschung. Dadurch genoss er relative Freiheiten. Er hatte Kontakte zu Kollegen aus dem brüderlichen Ausland, arbeitete mit Russen, Tschechen, Ungarn zusammen, gegenseitige Besuche nicht ausgeschlossen. Die Familie fuhr in Urlaub – anfangs noch im Trabbi, später im Wartburg –, jahrelang, als die Kinder noch klein waren, an die Ostsee, in eines der fünf KKW-eigenen Zelte auf den Campingplatz nach Darß, oder in den Harz, nach Thüringen und später nach Ungarn. Aber die Freiheit hatte ihre Grenzen. Friedrich Krause hatte drei Geschwister. Zwei Schwestern hatte die Nachkriegszeit in den Westen getragen, er und ein Bruder waren im Osten geblieben. Diese Familienkonstellation machte Probleme. Gleich nach dem Studium ging es los. Der frischgebackene Dr. Krause bewarb sich für eine Stelle in Moskau, die ihm angeboten worden war. Doch nach zwei Monaten bekam er seine Papiere zurück, und ihm wurde mitgeteilt, dem Antrag könne leider nicht entsprochen werden. »Im Personalbüro war eine sehr nette junge Dame, die hat gesagt, oh, ich muss mal raus hier aus dem Zimmer. Dann lag meine Personalakte vor mir. Eine meiner Schwestern in den alten Bundesländern war damals in Kabul als technische Hilfe. Ich musste das ja alles angeben, wo meine Familie lebte. In den Papieren war um Kabul ein roter Kringel. Damit war alles klar. Das wurde mir nicht gesagt, und ich wurde auch nicht befragt, was da wie ist. Sondern ausgeschieden, durchs Netz gefallen, erledigt.«

Die Geschwister kamen ihn besuchen, aber der Reiseverkehr blieb Einbahnstraße, immer nur von West Richtung Ost, zusätzlich belastet durch den fälligen Geldumtausch. Anfang der 70er veränderte sich das Verhältnis zwischen den beiden deutschen Staaten

durch die Ostverträge. Sie wurden bejubelt, aber beim Ministerium für Staatssicherheit wurden verstärkte Aufweichungstendenzen befürchtet. Unsicheren Kandidaten wollte man von vornherein klarmachen, wo es langgeht. Friedrich Krause war in seinem Bereich Forschung damals Gruppenleiter. Eines Tages besuchte ihn ein ihm unbekannter Herr und fragte ihn, ob er denn, wenn er seinen Lebensstandard so erhalten möchte, nicht den Kontakt zu seinen im Westen lebenden Geschwistern einschlafen lassen möchte. Friedrich Krause sagte, nein. Das nahm der Herr zur Kenntnis. Ein halbes Jahr später erfolgte im Werk eine Strukturveränderung, und mit einem Mal war Krause kein Gruppenleiter mehr. »Da wurde nicht auf mich eingeredet, das musste machen, oder so. Sondern still und leise.«

Damals haben auch Krauses darüber nachgedacht, einen Ausreiseantrag zu stellen. So weit kam es aber nicht. Bei Kollegen jedoch erlebten sie mit, wie das lief. Hatten die den Antrag gestellt, war es nicht mehr möglich, weiter im Kraftwerk zu arbeiten. Einem Kollegen, der den Antrag auf Ausreise gestellt hatte, spielten die Behörden besonders übel mit. Ihm wurde ein Termin zugesagt, die Familie packte alles in Kisten – und dann wurde der Termin von Mal zu Mal hinausgezögert. Die Familie hat das schließlich nur überstanden, weil Nachbarn tatkräftig halfen. Friedrich Krause erinnert sich auch an eine Begebenheit aus seinen Anfängen in Rheinsberg. Kernkraft galt als »politische Energie«, und als die Neuen kamen, wurden sie über Geheimhaltung belehrt. Und dann wurden sie ausdrücklich darauf hingewiesen, dass

Geheimnisverrat hier Hochverrat sei, und darauf stehe die Todesstrafe. Herrn Krause fröstelt es noch heute.

Nach der Wende, als das Kraftwerk stillstand, lautete die Frage, was tun. Friedrich Krause hatte das Glück, wie die anderen etwa 200 verbliebenen Mitarbeiter, beim Rückbau des Kernkraftwerks gebraucht zu werden. Ein Atomkraftwerk lasse sich schließlich nicht »ausschalten wie eine Marmeladenfabrik«, sondern erfordere weiterhin Ingenieure, Techniker und andere, die sich Gedanken machen, wie das verstrahlte Gebäude und Gelände zu entsorgen sind, die Abläufe dokumentierten und verwalteten. Krause konnte dort mit seinem 65. Lebensjahr ganz beruhigt in Rente gehen. In Rheinsberg fehlt seitdem der größte Arbeitgeber, zeitweise stellte eine Arbeitsfördergesellschaft die meisten Arbeitsplätze, doch viele gingen weg und die Einwohnerzahl sank wieder unter die 5000.

Einer von Krauses ehemaligen Kollegen hat uns die Reste des Kernkraftwerks gezeigt, die imposante leere Maschinenhalle und die alte Blockwarte, den Kontrollraum des Kraftwerks, wo in dem Film vom Mai 1966 noch Hunderte von Lämpchen Sicherheit und Zuversicht ausgestrahlt hatten. Männer in weißen Kitteln schauten damals verantwortungsbewusst in die Zukunft. Heute ist der Raum noch immer, wenn auch spärlich, besetzt, die meisten Lämpchen aber sind überklebt mit sorgfältig ausgeschnittenen weißen Papieren, weil längst ohne Funktion. Statt strahlender Zukunft wird nun der strahlende Rest verwaltet. In der Ecke harrt eine Topfpflanze aus, an der Wand zeigt

ein Kalender die ablaufende Zeit. Voraussichtlich 2010 soll endgültig Schluss sein.

Auch durch die Außenanlagen hat uns der Kollege geführt. Auf einer Wiese wachsen Pilze. Wir hätten sie nicht essen mögen. Ach, essen würde er sie, klar, sagte unser Begleiter, da gebe es keine Gefahr. In einem abgesperrten Areal rangierten kleine Traktoren große Säcke mit Abraum umher, darin Erde, die von einem bestimmten Teil des Geländes entfernt worden war und nun Tausende dieser dicken weißen Plastiksäcke füllte. Jedes Teil, jedes Detail, das einst neu und unverstrahlt ins Kraftwerk eingebaut worden war, muss nun wieder ausgebaut, penibel auf Verstrahlung untersucht und anschließend fachgerecht entsorgt werden. Auf Atomkraft als Energieerzeuger verzichten würde Friedrich Krause nicht, »solange wir nichts Besseres haben«. Er plädiert für einen Energiemix aus Öl, Kohle, regenerativer Energie, aber fester Bestandteil sollte die Kernenergie sein. Auch er verweist auf die Verschandelung der Landschaft durch die vielen Windräder. Im Jahr 2007 waren es deutschlandweit rund 18.600. An die weit häufigeren etwa 200.000 Hochspannungsmasten haben wir uns alle längst gewöhnt.

Als 1986 in Tschernobyl der Reaktor durchglühte, erfuhren die Kollegen in der DDR wie alle anderen von der Katastrophe aus dem Fernsehen. Für Friedrich Krause ist die Ursache für das Unglück ein persönliches Versagen der Techniker dort. Eine Lösung für eine sichere Entsorgung und Endlagerung jedoch weiß auch er nicht. Trotz aller Erfolge beim Rückbau in Rheinsberg und Greifswald. Das Kraftwerk in Greifswald umfasst gleich fünf große Blöcke. Die beiden Kraftwerke abzureißen, ist derzeit das größte Rückbauprojekt mit dem höchsten radioaktiven Potenzial. Weil hier mittlerweile so ein enormes Knowhow erworben wurde, sollen demnächst Mitarbeiter aus dem Greifswalder Kraftwerk im Auftrag der Bundesregierung zusammen mit russischen Kollegen die nukleare Abrüstung und Entsorgung von russischen Atom-U-Booten in Murmansk durchführen. Ein Teil der Kollegen aus Greifswald wird also in Russland im militärischen Bereich 120 Kernwaffen tragende U-Boote auseinandernehmen, langsam, fachgerecht und sorgfältig.

Wo entsorgt man radioaktiv verseuchten Müll, kontaminierten Bauschutt, Erdreich, Brennstäbe oder den strahlenden Rest dieser Atom-U-Boote aus Murmansk? Bis in die Mitte der 80er Jahre hat man die ausgebrannten Brennstäbe aus Rheinsberg und Greifswald in die Sowjetunion abtransportiert. Ab in den Osten. Danach wurden sie in einem Lager in Greifswald eingelagert. Ausgerechnet am 9. Mai 2001 waren die letzten vier Brennstäbe aus Rheinsberg mit einem Castor-Transport nach Greifswald gegangen. Krauses Kollegen, unseren Führer durch die Abbruchmasse in Rheinsberg, fechten die Probleme der Endlagerung nicht wirklich an. Ja, hier müsse man für eine Million Jahre im Voraus planen. Er sagt das ernst und voller Verantwortungsbewusstsein. Rechnen wir eine Million Jahre zurück: Damals lebte der Homo erectus, er konnte schon aufrecht gehen und immerhin Faustkeile herstellen.

Auf dem Weg von Rheinsberg nach Berlin erheben sich mit einem Mal Tausende von Wildenten über die Autobahn, bilden einen fliegenden Teppich. Immer in Bewegung, verlassen Gruppen das dunkle Gewebe, tanzen tiefer hinunter, weichen nach der Seite aus, finden schließlich wieder zurück in das große Geflecht. Wir wollen zählen, anhalten, fotografieren. Die anderen Autofahrer sind genauso gebannt wie wir. Alle fahren langsam, niemand rast vorbei, glücklicherweise. Was werden die Wildenten tun, wenn das Bombodrom in der Heide doch eines Tages in Betrieb gehen wird?

WIR MIT DEN WILDEN GÄRTEN
Kreisende Fotos in Leipzig

1968 war das Jahr der Revolte. In der Bundesrepublik begann sie schon ein Jahr früher, am rebellischsten trat sie auf in Paris, am nachhaltigsten aber in Prag. »In Prag ist Pariser Kommune«, sang Wolf Biermann begeistert, und in der DDR hefteten sich Mutige das Blau-Weiß-Rot der tschechoslowakischen Fahne an die Kleidung. Sie wollten ihre Sympathie für den Prager Frühling zeigen. Es waren nicht viele, denn es war nicht ungefährlich. In der Tschechoslowakei, beim Aufbruch in den »Sozialismus mit menschlichem Antlitz« des Alexander Dubček schien es möglich, Demokratie, Sozialismus und Freiheit zusammenzubringen. Die Pressezensur wurde abgeschafft, Meinungsfreiheit sollte wieder gelten. Die DDR-Touristen pilgerten nach Prag, weil dort mehr möglich war als zu Hause, man konnte ohne Vorsicht reden, Schallplatten kaufen und ein Gefühl von Freiheit genießen, das es so in der DDR nicht gab.

Im Westen war die Linke gespalten. Während Rudi Dutschke nach Prag reiste, lehnten andere Demonstrationen für diesen Reformkurs des Sozialismus ab. Man dürfe dem Klassenfeind nicht in die Hände arbeiten, indem man eine antikommunistische Position beziehe. Diese Reform sei schließlich mit kapitalistischen Marktprinzipien und einer Art von Sozialdemokratie verbunden. Am 21. August 1968 marschierten Truppen des Warschauer Paktes, die Armeen der sozialistischen Bruderländer, in die ČSSR ein, und beendeten blutig den kurzen Frühling. Dubček wurde gezwungen, alle seine Parteiämter niederzulegen. Die DDR musste ihre Truppen auf Weisung des großen Bruders in der Sowjetunion an der Grenze stehen lassen, was Walter Ulbricht als Demütigung empfand. In den folgenden Monaten ließ die Parteiführung daher den Eindruck entstehen, ihre Truppen seien selbstverständlich bei dem Einmarsch ins abtrünnige Bruderland dabei gewesen.

Hoffnungen auf einen demokratischen Sozialismus in der DDR schienen danach weiter entfernt als zuvor. Auch die sonst eher Unpolitischen waren empört über den Einmarsch. Allerdings überschritten nur wenige Menschen die Schwelle vom privat geäußerten Unmut zur offenen Protesthandlung. Die gewaltsame Niederschlagung des Volksaufstandes vom 17. Juni 1953 lag gerade mal 15 Jahre zurück. Die meisten, die es wagten, ihren Protest zu zeigen, waren Jugendliche und junge Erwachsene unter 30 Jahren. Und es waren nicht die Intellektuellen oder Funktionärskinder, sondern vor allem Facharbeiter, die sich offen gegen die Zerschlagung des Prager Frühlings

wandten. Manche verteilten Flugblätter, vereinzelt kam es zu Demonstrationen, die von Polizei und Stasi schnell aufgelöst wurden. Das MfS, das Ministerium für Staatssicherheit, sah im Nachbarland die Konterrevolution am Werk und rechnete auch in der DDR mit dem Schlimmsten. Bis Oktober 1968 wurden 1200 Menschen in der DDR wegen ihrer Proteste und Sympathiekundgebungen verurteilt. Fast 3000 »Delikte«, wie Proteste an Häuserwänden oder in Flugblättern, im MfS-Jargon »Hetzblätter«, wurden nie aufgeklärt. Das musste Erich Mielke, Stasi-Minister, etwa anderthalb Jahre später vor Führungskadern eingestehen. Wochenlang aber hatten inszenierte Beifallsbekundungen der Bevölkerung die DDR-Medien beherrscht, und in den Folgejahren wurde das Thema Prager Frühling in der DDR tabuisiert.

Der DDR-Staatschef Walter Ulbricht war für viele damals das rote Tuch, er wurde in Flugblättern als Faschist oder gar als »roter Hitler« bezeichnet, und so manche hofften, seine Tage wären gezählt. Auch die Proteststimmung aus dem westlichen Europa war in die DDR gedrungen. In Ostberlin waren die Menschen durchaus informiert, sie hatten von der Kommune 1 gehört, dem SDS und wussten von der Auseinandersetzung um den Springer-Verlag. Das Attentat auf Dutschke, der Vietnamkongress – all das hatte man auch dort mitbekommen. Viele junge Leute wollten

ähnlich leben, sich endlich anders kleiden und andere Musik hören. Aber im Gegensatz zum Westen durften sie das nicht. Im Gegenteil, Bekenntnisse, Demonstrationen der Dazugehörigkeit zum sozialistischen Einheitsstaat waren verlangt, öffentlich.

In Leipzigs Innenstadt wurde ein Platz für sozialistische Feierlichkeiten und Massenkundgebungen geplant. Walter Ulbricht stammte aus Leipzig und wollte die Universität seiner Heimatstadt zur sozialistischen Modelluniversität umgestalten. Dabei störte eine alte Kirche, die Paulinerkirche. Sie hatte eine lange Tradition als Aula, Kirche, Gedächtnis- und Begräbnisstätte. Seit mehr als 400 Jahren gehörte sie zur Universität am Augustusplatz. Martin Luther hatte sie 1545 als evangelische Universitätskirche geweiht. Sie hatte den Siebenjährigen Krieg, den Dreißigjährigen Krieg und den Ersten Weltkrieg überstanden. Auch die Angriffe vom Dezember 1943 auf Leipzigs Innenstadt hatte sie mit vergleichsweise geringen Schäden überstanden. Die Gebäude der Universität ringsherum waren dagegen weitgehend zerstört worden. Schließlich war die Kirche dank guter ökumenischer Zusammenarbeit für 22 Jahre zur Notkirche für eine etwa 1000 Mitglieder zählende, durch die Bombardierung obdachlos gewordene katholische Gemeinde geworden.

Schon seit 1955 wurde über die Beseitigung der

Kirche gesprochen, da sie der Obrigkeit immer weniger in das Bild von jenem Platz passte, der dort vor der Karl-Marx-Universität geplant war. Der Prager Frühling erschien dem DDR-Regime als der geeignete Zeitpunkt, in Leipzig ein politisches und symbolisches Exempel zu statuieren. Also befand Ulbricht, so wird kolportiert: »Das Ding muss weg! Wenn ich aus der Oper komme, will ich keine Kirche sehen!« Die Leipziger Paladine haben den Wink verstanden. Am 22. Mai 1968 hielt der Leipziger SED-Bezirkschef Paul Fröhlich ein Referat vor den Mitgliedern der Bezirksleitung: »Genossen!... Morgen werden die Stadtverordneten zu Leipzig tagen und beschließen, wie das Zentrum unserer Stadt seiner Vollendung entgegengeführt wird. ... Das bedeutet aber, dass die gesamte Altbausubstanz, also auch die Kirche, aus raum- und städtebaulichen Erwägungen keinen Platz mehr haben wird. ... Nun, die Stadtverordneten werden morgen beschließen, dann wird das durchgeführt.« Und dann wurde er enthusiastisch: »Es sind neue Kunstwerke, die wir hier schaffen. Das ist die größte humanistische Tat der Arbeiter- und Bauern-Macht. ... Das ist Einsicht in die Notwendigkeit der objektiven Gesetzmäßigkeiten... Darüber wird morgen ganz demokratisch entschieden.« So war das. Ganz demokratisch wurde vorher beschlossen, was anderntags beschlossen werden sollte.

Eine Woche später, am 30. Mai 1968, wurde die Kirche gesprengt. Die ganze Woche über, seit die Stadtverordneten erwartungsgemäß die Sprengung beschlossen hatten, gab es Proteste in der Stadt. Briefe besorgter Leipziger an das Politbüro, die Regierung, den Leipziger Bürgermeister wurden ausweichend beantwortet, Proteste gegen die Sprengung, vor allem seitens der Theologischen Fakultät, halfen nichts. Flugblätter tauchten in der Innenstadt auf: »Leipziger! Die geplante Sprengung der Universitätskirche im Rahmen der Neugestaltung des Karl-Marx-Platzes ist eine Kulturschande! Richtet Euren Protest an den Oberbürgermeister!« Studenten versammelten sich aus Protest vor der Universitätskirche, an einer anderen Kirche registrierte die Stasi gar eine Kirchenfahne »weiß mit violettem Kreuz, ca. 1 mal 3 Meter«, Theologiestudenten versuchten den Oberbürgermeister zu sprechen, aber die Volkspolizei war zur Stelle und wusste es zu verhindern. Gruppen von jungen Leuten, die »als Studenten durchgehen« konnten, wurden vom MfS observiert, zerstreut, gegebenenfalls nach Aufnahme der Personalien, oder auch durch die Sicherheitsorgane den Sicherheitsbehörden »zugeführt«. Wer es wagte, offen zu protestieren, kam in Haft, war Repressalien ausgesetzt und wurde unter Umständen, ob er wollte oder nicht, in den Westen abgeschoben. Ein Pfarrer wurde wegen »inneren Protestes« gegen den Abriss zu 22 Monaten Haft verurteilt, Studenten drohte mindestens die Exmatrikulation. Am Himmelfahrtstag fand ein letzter Gottesdienst in der Kirche statt. Es lag eine ungeheure Spannung in der Luft, die Kirche war übervoll. Und nicht jeder, der erschienen war, wollte den Gottesdienst mitfeiern, die Stasi war immer dabei.

Die Leipziger Fotografin Karin Wieckhorst war Mitglied im Gewandhauschor. Nach ihrer Chorprobe am Mittwoch, dem 29. Mai, dem Abend vor der angekündigten Sprengung, blieb sie zusammen mit anderen am Augustus-, nein, am Karl-Marx-Platz. Das Areal vor der Oper, vor der Kirche war abgesperrt. Gegenüber der Universitätskirche gingen auf den Fußwegen viele Menschen spazieren. Auch Karin Wieckhorst traf dort Chormitglieder, Bekannte und Freunde, den Pfarrer ihrer Kirchengemeinde, Gemeindemitglieder. Niemand durfte stehen bleiben, man musste sich unablässig bewegen, andernfalls traten anonyme Männer auf einen zu und forderten zum Weitergehen auf. Eine absurde Form von Normalität, die zur eindrucksvollen Demonstration geriet.

Am Vormittag des 30. Mai war rund um den Platz eine Sicherheitszone von 300 Metern abgesperrt, es fuhren auch keine Straßenbahnen mehr. Dann erfolgte die Sprengung – wenige Sekunden danach kippte der Turm der Universitätskirche zur Seite, dann verschwand der Platz unter Staub. In der Woche darauf tauchten unter den Mitgliedern des Gewandhauschores kleine Serien von Fotografien der Sprengung auf. Bald darauf, immer wieder vervielfältigt, auch in anderen Kreisen der Stadt. So mancher

hängte sich die Bilder über den Schreibtisch, man gab sie weiter, noch zehn Jahre später tauchten sie in einem Artikel zum Jahrestag der Sprengung im ›Spiegel‹ und in der Zeitung mit den großen Buchstaben im Westen auf. Selbst im Archiv des Stadtarchitekten sollen welche gelandet sein. Doch niemand wusste, wer die Bilder geschossen hatte.

Karin Wieckhorst arbeitete als Fotografin im Grassi-Museum für Völkerkunde. Sie lichtete dort Objekte ab, Gegenstände aus fremden Kulturen, 42 Jahre lang, bis weit über die Wende hinaus. Das Grassi-Museum stand außerhalb der 300-Meter-Bannmeile und wurde deshalb nicht geräumt. Frau Wieckhorst hatte bereits am Tag zuvor ihren Standplatz in einer bestimmten Etage ausgewählt. Am 30. vormittags ging sie hinauf mit Kamera und Stativ, richtete sich ein und wartete. Sie war nicht die Einzige. Untereinander vertrauten sie sich, »das Museum war fast eine Insel«, ein beinahe sicherer Rückzugsort für seine Mitarbeiter. Als es so weit war, drückte sie, trotz lähmender Ohnmacht angesichts dieses Schauspiels auf den Auslöser, zog auf, löste wieder aus, zog die Kamera wieder auf, drückte erneut. Nur vier Mal konnte sie auslösen, dann lag die Kirche am Boden.

Es war verboten gewesen, die Sprengung zu fotografieren. Dennoch taten es einige, wie Frau Wieckhorst auch. Es war ihr »stiller Protest, damit das Geschehen im Gedächtnis bleibt«. Zu Hause entwickelte sie den Film, machte Abzüge und kam auf die Idee mit diesen kleinen Serien, die sie dann ins Leipziger Leben entließ. Später erzählte ihr einmal ihr Museumsdirektor, dass die Stasi bei ihm gewesen war. Der

Standpunkt des Fotografen war identifiziert worden. Glücklicherweise wurde Karin Wieckhorst nie mit den Bildern in Zusammenhang gebracht. Vermutlich hätte es ihr Bautzen, Gefängnis, eingebracht. »Zum Glück war ich naiv, nein unerschrocken, und habe mir nichts dabei gedacht, nein«, verbessert sich die Fotografin noch einmal, »ich habe mit der Verbreitung der Fotos meine Wut, meine Empörung anderen mitgeteilt.« Diese Bilder sind im Laufe der Jahrzehnte so sehr zum Leipziger Allgemeingut geworden, dass die Gauck-Behörde zur Aufklärung von Stasi-Verbrechen sie lange nach der Wende verwendete, ohne die Urheberin ausfindig zu machen. Karin Wieckhorst hatte erst im Herbst 1989 Gelegenheit, ihre Fotos öffentlich zu zeigen.

Um in einem Staat wie der DDR anständig zu überleben, war es notwendig, Familie, Freunde, Gleichgesinnte zu haben, auf die man sich verlassen konnte. Auch Karin Wieckhorst brauchte das. Von da aus konnte sie, wie sie sagt, ausprobieren, wo die Grenze war, und sehen, »ob ich ein Stückchen über diese Grenze komme. Man machte das auch nicht alleine, man war da zusammen in einem Zusammenhalt. Und oftmals war das die Kirchengemeinde. Da gab es die Offenheit, über solche Probleme zu reden und sich auszutauschen.« Sie hatte ihren Literaturkreis, der etwa 30 Jahre existierte, und auch im Museum war es ihr möglich, so zu leben, »das war nicht schwierig, ich habe nicht in einem Konflikt gelebt«. Sie und ihre Freunde waren sicher unter Beobachtung, obwohl Frau Wieckhorst betont, der Literaturkreis, in dem auch der heutige Landesbischof von Thüringen,

Christoph Kähler, Mitglied war, sei sauber gewesen, in ihren Reihen hätten sie keinen Maulwurf der Stasi gehabt. Und das, obwohl sie alle nicht ganz unauffällig waren. Sie gingen nicht zum 1. Mai, und das war bekannt, sie verhielten sich wie so viele, leise unangepasst.

Umso mehr wunderte sich Frau Wieckhorst, als sie selbst nach der Wende in den Ruf geriet, Stasi-Spitzel gewesen zu sein. »Das war ganz extrem.« Ein Künstler, ein Kollege, mit dem sie erst wenige Jahre zuvor zusammengearbeitet hatte, war in seiner Stasi-Akte auf einen Eintrag gestoßen, eine »Fotografin Elke« habe für die Stasi gearbeitet. Nach einigem Nachdenken fiel ihm nur Karin W. in Leipzig ein. Frau Wieckhorst suchte Hilfe, bei Christoph Kähler, zusammen mit einer Rechtsanwältin, und sie ging in die Offensive. Jedem, der es hören wollte, erzählte sie von dieser ungeheuren Mutmaßung. Als dann die Überprüfung der Mitarbeiter im öffentlichen Dienst im Museum anstand, wurde auch sie überprüft. Es ergab sich kein Verdacht. »Ich bekam den Persilschein.« Trotzdem tauchte Jahre später das Gerücht erneut auf – und wieder ließ sich nicht ermitteln, wer da streute. Ihr schien das wie zu DDR-Zeiten zu sein. Damals hatte sie sich mit einem Mal konfrontiert gesehen mit dem Gerücht, sie habe einen Ausreiseantrag gestellt. »Das machte man, um jemanden zu schaden, weil das ja ein Makel war«, drückt sie es vorsichtig aus. Das Ziel war: Ausgrenzung, Stigmatisierung, Entlassung aus dem Beruf et cetera.

Nach der Wende, als die IMs, die Inoffiziellen Mitarbeiter, nach und nach bekannt wurden, als es so

aussah, als hätte das ganze Land sich gegenseitig bespitzelt, erschien die DDR als ein Volk von Verrätern. Das Vertrauen in zwischenmenschliche Beziehungen war zutiefst erschüttert. Hoffmanns von Fallersleben viel zitierter Vers »Der größte Lump im ganzen Land, das ist und bleibt der Denunziant«, geschrieben in den 40er Jahren des 19. Jahrhunderts, als das liberale Bürgertum die Denunziation der über den Kontinent verstreuten Revolutionäre ächtete, schien wieder zuzutreffen. Der IM in der DDR sollte in die gedanklichen Prozesse anderer Menschen eindringen, so stand es in einem Papier von Stasioffizieren, und die erlauschten Gedanken dann entweder weitergeben, also denunzieren, oder positiv, im Sinne der Parteilinie, auf die Delinquenten einwirken. Denunzieren, Zuträger sein, das sind negativ besetzte Begriffe. Der »inoffizielle Mitarbeiter« sollte sich schon begrifflich davon abheben, ein Akt sicherheitspolitischer Sprachsäuberung. Das Ministerium für Staatssicherheit hatte zuletzt, im Oktober 1989, exakt 91.015 Mitarbeiter, das ergab ein Überwachungsverhältnis von einem Geheimdienstler auf 180 DDR-Bürger. Somit war das Verhältnis vier- bis achtmal so dicht wie das in den Bruderländern. Sogar der KGB hatte eine erheblich geringere Überwachungsdichte. In der Sowjetunion kam auf 595 Bürger ein Geheimpolizist. Damit war es aber nicht getan. In der DDR kümmerte sich ja nicht nur die Staatssicherheit um die Bevölkerung, sondern auch die Deutsche Volkspolizei und die Grenztruppen. Statistisch gesehen kamen also auf einen Polizisten oder Geheimdienstmitarbeiter etwa 77 DDR-Bürger.

Wenn man allerdings bedenkt, dass es immerhin 2,3 Millionen SED-Mitglieder gab, war die Zahl der Zuträger doch vergleichsweise klein. Also kein Volk von Verrätern, aber von gelenkten, ausspionierten und vielfältig manipulierten und auf alle Fälle ins Private weggeduckten Bürgern.

Als die DDR implodierte, war Karin Wieckhorst gerade im Westen. Sie hatte ein sogenanntes »Dienstvisum« für drei Monate bekommen, anläßlich einer Ausstellung ihrer Bilder in Köln. Parallel zu ihrer Arbeit im Museum hatte sie Menschen und deren soziales Umfeld fotografieren wollen. Das Museum hatte ihr eine »verkürzte« Stelle genehmigt. Aus Atelierbesuchen bei wenig geschätzten Künstlern des offiziellen DDR-Kulturbetriebs war die umfangreiche Arbeit »Begegnungen in Ateliers« entstanden, als Ergebnis einer künstlerischen Zusammenarbeit. Sie hatte die Künstler in ihren Ateliers fotografiert und anschließend wurde eines der Fotos, das Porträt vom jeweiligen Künstler selbst übermalt. Für September 1989 war die Ausstellung in der Kölner KAOS Galerie geplant. Also fuhr sie los, hinten im Trabbi lagen ihre Fotografien. In Köln hielt sie ein Mercedes-Fahrer an und fragte: »Ist das ein Trabbi?« Er konnte nicht glauben, dass er das Plastomobil aus dem Fernsehen jetzt schon leibhaftig auf der Straße im Westen sah. Karin Wieckhorst ließ sich den ganzen September Zeit, nutzte ihr Visum und reiste von Köln aus mit einem provisorischen westdeutschen Pass nach Rom. Es war ein merkwürdiges Unterwegssein. Sie hatte gebangt und gehofft wegen ihres Visums – und nun reisten DDR-Bürger über Ungarn und die westdeutsche Botschaft in Prag in den Westen aus, ganz offiziell und legal. Sie war das erste Mal in Italien und litt. »In der DDR ging die Revolution los«, und sie war nicht da. Ihr Körper reagierte mit hohem Fieber. Am 9. Oktober schließlich war sie in Leipzig zurück, »Genau um 18.00 Uhr fuhr ich in meinem Trabbi am Hauptbahnhof vorbei und spürte die große dumpfe Spannung, die in der Stadt herrschte. Ich war in der aktuellen Zeitgeschichte endlich wieder angekommen.« An diesem Abend demonstrierten 70.000 Menschen auf dem Leipziger Ring gegen das SED-Regime. Eine »unheimliche Atmosphäre war in der Stadt«. Über den Stadtfunk hatte es eine gemeinsame Erklärung von sechs prominenten Bürgern der Stadt gegeben, darunter der Gewandhauskapellmeister Kurt Masur und zwei SED-Bezirksleiter, ein Aufruf zu Besonnenheit und friedlicher Bereitschaft zum Dialog. Auf der anderen Seite standen 8000 Polizisten, Angehörige der Kampfgruppen und Soldaten der NVA. Und die bekamen keinen Schießbefehl, sondern glücklicherweise die Order, sich zurückzuziehen. Karin Wieckhorst versuchte, ihre Freunde anzurufen oder vorbeizugehen, weil nicht alle hatten ein Telefon, und zu informieren, dass sie wieder zurück war und »nicht im Westen geblieben«. Doch sie erreichte niemanden, alle waren auf der Straße. Also fuhr sie jede Wohnung einzeln an und steckte Zettel an die Türen, »es gab ja keine Garantie, dass man wiederkommt«.

In einem Interview, das sie Monate später gab, verglich sie ihre Situation und die ihrer Kollegen, denen anderes wichtiger ist als die Banane oder das dicke Bankkonto, mit ihrem Garten, der so hoffnungsvoll vor sich hinwachsen durfte. »Wir mit den wilden Gärten sind nun wieder die Außenseiter.« Nur das scheint zu gelten, was ordentlich ist. »Wir, das sind die Oppositionellen im Geiste, wir bleiben wieder auf der Strecke, weil wir wieder als Störenfriede gelten, während die mit dem kurz geschorenen Rasen heute wie früher mit den herrschenden Verhältnissen zufrieden sind.«

FREIHEIT FÜR ERMERSHAUSEN!

Die Gebietsreform und eine polizeiliche Belagerung

»Die Nacht- und Nebelaktion durch Mannschaften der Land- und Bereitschaftspolizei hat diese so friedliebende Gemeinde zu einem Heerlager werden lassen wie einst zu Zeiten des 30jährigen Krieges. Die Gebietsreform hat Ermershausen zugunsten der finanziellen Kräftigung der Nachbargemeinde geopfert, ohne Rücksicht darauf, ob der Bürger dies will oder nicht. Mit brachialer Gewalt wurde hier etwas vollzogen, was … von staatlicher Seite so sein muss. Man spricht unseren Frauen immer eine gehörige Portion Eitelkeit zu. Verletzt man aber die Eitelkeit eines Behördenapparates, dann wird's happig. Dann wird zugeschlagen. Und das in Sichtweite der Zonengrenze, die sowieso ihre Wunden im Ermershäuser Raum geschlagen hat, die bis heute noch nicht verheilt sind. Man hat den Bürgersinn der Ermershäuser zutiefst getroffen, das zeigen nicht nur die vielen Tränen, sondern auch die Niedergeschlagenheit der Männer.«

Dies schrieb der Journalist Ivo Martin nach dem 19. Mai 1978 im ›Boten vom Haßgau‹.

Das kleine Dorf Ermershausen liegt in Unterfranken, in der Ecke, wo Bayern bei Schweickershausen an Thüringen grenzt. Luftlinie 600 Meter vom ehemaligen Grenzzaun entfernt. Bucklige Landschaft, Felder und Wälder, lieblich geht's rauf und runter. Zwischen den Hügeln tauchen ab und zu Kirchtürme auf, wie abgeschnitten. Am Straßenrand eine Prozession von Jungmännern im Sonntagsstaat, Standarten, Fahnen, würdiges Einhergehen. Wir befinden uns am Prozessionsweg zu den Vierzehn Nothelfern im oberfränkischen Bad Staffelstein. Wer von Süden kommt, quert auf dem Weg nach Ermershausen Maroldsweisach, den Ort, der als der verhasste Gegner galt, damals. Ein größeres Dorf, Hinterland, unauffällig. Dann noch ein paar Kurven, ein weiterer Hügel, schließlich das Ortsschild: Ermershausen. Durch die enge Dorfstraße brettern Lkws, die Umgehungsstraße wird und wird nicht genehmigt. Die wenigen Fußgänger, vor allem Schulkinder, werden vom Sog der Laster zur Seite gedrückt, der Fahrtwind reißt Wortfetzen aus dem Mund, Motorenlärm und das Gefauche der Bremsen machen Unterhaltung unmöglich. An einer Kreuzung ein Landhandel mit Minitraktoren und Rasenmähern, gegenüber das Gasthaus, weiter unten Rathaus, Kirche, Feuerwehr. Auch Ermershausen ist ein Ort ohne große Auffälligkeiten. Von außen gesehen. »Auf dem Land waren alle staatstreu, das waren wir nicht gewohnt. So etwas hätte man sich in der DDR vorstellen können, aber nicht bei uns in Bayern.« Der damals 30-jährige Gerhard Schmidt, Journalist

und Ermershäuser von klein auf, wundert sich noch heute über das, was über das Dorf hereinbrach. In der Nacht vom 18. auf den 19. Mai 1978 wurden die Ermershäuser Dörfler zu Staatsfeinden.

Das hatte natürlich eine lange Vorgeschichte. Nach der bayerischen Gebietsreform sollte das kleine, aber relativ reiche Ermershausen – etliche Hektar Wald sicherten der Gemeinde alljährlich ihre finanzielle Unabhängigkeit – ab dem 1. Mai 1978 zum größeren, und wie man munkelte, nicht so vermögenden, Nachbarort Maroldsweisach gehören. Also kein Rathaus mehr, kein Bürgermeister, keine eigene Verwaltung – und kein eigener Wald. Zwischen den Orten herrschte eine gewisse Rivalität, jedoch keine Feindschaft. Fusionieren wollten die Ermershäuser aber nicht. Die 600 Einwohner beschlossen, sich zu wehren. Wer ihnen ihre Eigenständigkeit nehmen wollte, der sollte es mit ihnen zu tun bekommen. Im Frühjahr 1978 wurde noch der neue Kindergarten eingeweiht, in alter Eigenständigkeit. Abgeordnete waren da, die lokale Prominenz, man freute sich und feierte. Und um die Kirche nebenan flogen – ein gutes Omen – drei Störche herum.

Das Nein der Ermershäuser zur Eingemeindung stand. Der Protest wurde im Laufe des Jahres lauter, im Münchner Innenministerium rechnete man gar mit »höchstem Widerstand«. Und der erfolgte:

Adolf Höhn, der Bürgermeister, verweigerte seine Unterschrift unter dem Eingemeindungsvertrag. Eine Unterschrift musste aber sein. Also übernahm das Signieren sein Dienstherr, der Landrat. Und nun kochten die Emotionen hoch. Was dann geschah, ist eine Geschichte in der Manier der Asterix-Abenteuer: Ein Dorf wehrt sich – die Leser schmunzeln, doch die braven Bürgern haben Angst. Die Gallier waren hier die Ermershäuser, die Römer traten auf als bayerischer Staat und seine Vertreter.

Bei ihren Versuchen, die Akten aus dem Rathaus zu Ermershausen abzuholen, scheitern die Vertreter des Landratsamtes kläglich. Die Ermershäuser bleiben stur, sie wollen ihre Gemeindebücher nicht herausgeben. Im Gegenteil, zum Schutz des Rathauses werden Nachtwachen aufgestellt. Zwei bis drei Mann laufen Streife jede Nacht seit Inkrafttreten der Gebietsreform am 1. Mai 1978. So auch in der Nacht vom 18. auf den 19. Mai. Alles ist ruhig im Dorf, die zwei Männer vor dem Rathaus unterhalten sich leise. Kein Auto ist zu hören, die Bürger schlafen in ihren Betten.

Plötzlich fahren Polizeiautos vor, mehrere Mannschaftswagen mit Besatzungen, die beiden Wachen werden gehindert, ihre Mitbürger zu wecken, vor jedes Haus wird eine Streife postiert, das ganze Dorf

abgeriegelt. Alles geht schnell und so ruhig, dass die meisten der schlafenden Ermershäuser davon nichts bemerken. Einige wenige versuchen, den Feuermelder zu betätigen oder die Kirche zu erreichen, um Alarm zu läuten, aber auch sie werden von der Polizei gehindert. Anderen gelingt es, mit »Überfall, Überfall«-Rufen doch noch die übrigen Einwohner zu wecken. Im Nu ist nun das ganze Dorf auf den Beinen. Weil die Polizei vorne die Hauseingänge bewacht, entwischen sie durch die Hintertüren. Der Platz vor dem Rathaus ist durch Scheinwerfer erleuchtet, in mehreren Ringen stehen Hunderte schwer bewaffnete und mit Schildern bewehrte Polizeibeamte um das Gebäude. Die Ermershäuser sammeln sich drum herum, gerade aus dem Schlaf gerissen. In der Mitte, gut bewacht, steht ein großer Lkw, auf den werden Akten, Bücher, Unterlagen aus den Amtsstuben geworfen, alles bis auf den letzten Aschenbecher. Die Bürger protestieren, schreien, heulen und sind machtlos. Nach einer halben Stunde ist alles vorbei. Die Polizisten ziehen ab in Richtung Maroldsweisach. Zurück bleiben die Ermershäuser. Gerade ist ihre Gemeinde gewaltsam aufgelöst worden. Sie sind empört und entsetzt.

Doch für ausführliches Debattieren und Analysieren bleibt keine Zeit. Die Polizei hat ein Fahrzeug zurückgelassen, zwei Polizisten und einen Mann in Zivil.

Wut und Ohnmacht brechen sich Bahn, im Nu ist das Fahrzeug mitsamt Insassen auf den Kopf gestellt. Doch die im Auto rufen über Funk ihre Kollegen um Hilfe. Was bisher eher ein Spuk war, wird nun staatssichernder Ernst. Die Polizei marschiert erneut ein im Dorf und stellt unter Beweis, dass sie und wie sie gegen das eigene Volk den Staat im Innern verteidigt. »Dann wurde es richtig brutal. Mit Gummiknüppeln wurde auf die Leute eingeschlagen. Ganz egal, wer da querkam. So etwas hatte ich noch nie gesehen. Das war schockierend.« Gerhard Schmidt ist nicht der Einzige, der sich mit Abscheu und Verwunderung an die Brutalität der Einsatzkräfte in dieser Nacht erinnert. Nach getaner Arbeit zieht die Polizei erneut ab. Zurück bleibt ein fränkisches Dorf voller bis dahin unbescholtener Bürger.

Die Dorfjugend war zu einer Freizeit aufgebrochen. Sie wird telefonisch benachrichtigt und kehrt noch in der Nacht um. An Schlaf ist nicht mehr zu denken. Die Bürger stehen zusammen, debattieren, Bestürzung und Entsetzen stehen neben Empörung und Wut. Ein altes Auto, das die Feuerwehr für Übungen verwendet, wird auf einem Eichenstamm quer über die Straße gelegt, die Bundesstraße blockiert. Innerhalb der nächsten Stunden staut sich der Verkehr kilometerlang aus dem Dorf hinaus über die Bundesstraße. Am nächsten Tag kommt die Presse. »Bürgersprecher«

Adolf Höhn, denn Bürgermeister ist er ja nicht länger, fordert in einem Interview den Rücktritt des verantwortlichen bayerischen Innenministers Dr. Alfred Seidl und bemerkt zum Auftritt der Staatsdiener in der Nacht: »So etwas ist doch nur in der DDR möglich, da können wir auch gleich rüberwechseln.« Auf den Rücktritt des Ministers muss er noch einige Monate warten, doch an den Grenzzäunen zur DDR herrscht ab nun Sicherheitsstufe 1.

Die Grenze riegeln 400 Bundesgrenzschutzbeamte Richtung Schweickershausen ab, niemand darf mehr in diese Richtung. Auf der anderen Seite – die Nachrichten haben auch die DDR erreicht – tauchen sofort Plakate am Grenzzaun auf: »Wir heißen die Ermershäuser herzlich in der Deutschen Demokratischen Republik willkommen.« Ein Stück Zaun, etwa 50 Meter lang, ist auch schon aufgemacht. »Vor allem hatte man Angst, dass viele Frauen mit ihren Kindern in die DDR rübermarschieren, um so den Druck auf den bayerischen Staat zu verstärken«, erinnert sich der Chronist Gerhard Schmidt. Ein Transparent wird an das Rathaus gehängt: »Wer Gewalt sät, wird Gewalt ernten.«

Durch die Nachrichten in der Presse angelockt, strömen immer mehr Menschen in das Dorf. Bald sind es ein paar Tausend. Die wollen was erleben, erwarten Abenteuer und heizen die Stimmung an. Die Bundesstraße ist noch immer blockiert, ein riesiger Stau zieht sich über die Hügel. Um gegen einen neuen Angriff gewappnet zu sein, werden wieder Wachen aufgestellt, auch oben im Kirchturm sitzen welche, halten Wache wie im Mittelalter. Um die Mittagszeit

sammeln sich die Einsatzkräfte erneut. Sofort wird vom Glockenturm Alarm gegeben: »Die kommen wieder!« Die Stimmung im Ort ist auf Abwehr. Doch die Polizei bleibt auf der Anhöhe außerhalb. Im Dorf weiß man noch heute, wenn sie da hereingekommen wären, hätte es vermutlich Tote gegeben. Aber sie kamen nicht.

Die Dorfbewohner versuchen, sich und die Gäste zu beruhigen, in der Dorfmitte wird Bier ausgeschenkt, fast ein kleines Volksfest gefeiert. Mit einem Mal steht ein Mann mitten unter ihnen, ein Bamberger Staatsanwalt, als Vermittler geschickt. Er berät sich mit dem Bürgermeister und einigen Vernünftigen und gibt Entwarnung nach Maroldsweisach. Dort ist die Zentrale, mit Hubschraubern und allem Drum und Dran. Gerhard Schmidt hat noch im Ohr, wie der Staatsanwalt sagte: »Ich habe zugesagt, wenn ich mich bis sechs nicht melde, dann stürmen sie den Ort, weil sie dann denken, Sie haben mich als Geisel genommen.«

Der vermittelnde Staatsanwalt bittet, die Straße zu räumen, doch die Ermershäuser denken nicht daran: »Den Weg frei machen sollen die, die das Ganze eingebrockt haben.« Wieder rücken die Einsatzleiter mit Polizei und einem Radlader an. Tausende Menschen stehen in der Ortsmitte und rund um den Eichenstamm, Fernsehsender sind mit ihren Übertragungswagen vor Ort. Die Stimmung brodelt, das Gejohle der Schaulustigen wächst an, die Situation droht zu eskalieren. Dorfbewohner bilden um das Zentrum eine Dreierkette, um Schlägereien zu verhindern. Und plötzlich steht das Auto auf dem Stamm in

Flammen. Wer den Wagen angezündet hat, weiß man nicht. Die es wissen, schweigen bis heute. Motorsäge und Feuerlöscher funktionieren nicht. Die Umstehenden machen sich über die Polizei lustig. Schließlich muss der Einsatzleiter die heimische Feuerwehr um Amtshilfe bitten. Die rückt die wenigen Meter mit Blaulicht aus. Und löscht das Feuer unter großem Applaus. Wenig später ist der Stamm weg, die Straße wieder frei.

Dieser Kampf ist vorbei. Doch ein anderer geht erst los. Die Fronten sind verhärtet, doch das Ziel ist klar: Freiheit für Ermershausen! Jährlich am 19. Mai veranstalten die Ermershäuser nachts eine Demonstration durch den Ort und am Tag danach ein Volksfest vorm Feuerwehrhaus – wie es sich gehört. Sie boykottieren die Kommunalwahlen, klagen gegen den Anschluss, reichen Beschwerden ein, hängen Betttücher mit Parolen aus ihren Fenstern, stellen vor das Rathaus eine Freiheitsglocke und treten schließlich massenhaft in die CSU ein. Vormals überwiegend FDP-Wähler, entscheiden sie sich, nun den Feind von innen zu bekämpfen, und bilden schließlich den größten Ortsverein im Landkreis. Auf jede Versammlung, Kreistage, Bezirkstage, Parteitreffen ziehen sie mit Transparenten und machen auf sich aufmerksam. Unüberhörbar, unbeugsam. Zwischen Maroldsweisach und Ermershausen herrscht Schweigen und tiefe Feindschaft. Man spricht nicht miteinander, alte Freunde treffen sich heimlich, Familien schweigen sich auf Hochzeitsfeiern eisern an. 16 Jahre lang. 1994 werden die Ermershäuser wieder in die Eigenverantwortung entlassen, endlich, in die Freiheit.

Ermershausen musste wohl auch deshalb auf seine erneute Eigenständigkeit so lange warten, um andere rebellische Dörfer von vornherein abzuschrecken, das Gleiche zu versuchen. Hätte sich das Dorf gefügt und wäre noch in der Verwaltung von Maroldsweisach, führte heute wohl längst eine Umgehungsstraße den Durchgangsverkehr weiträumig um den Ort herum. Innenminister Dr. Alfred Seidl, des Öfteren bereits aufgefallen in der Nähe alter und neuer Nazis, räumte im November 1978 seinen Stuhl. Die Ermershäuser glauben, nicht zuletzt deshalb, weil er diesen Übergriff auf ihr Dorf mit insgesamt etwa 1800 Polizisten befohlen hatte. Der Bamberger Staatsanwalt, der so erfolgreich deeskalierend gewirkt hatte, gab später dem Fernsehen ein Interview, in dem er sagte, ihm sei es unverständlich, wie man solch einen Einsatz hatte starten können. Das hat ihm die Strafversetzung eingebracht.

STUDENTEN, SPORT UND TOD
Olympia 72

In der DDR wurde der 100. Geburtstag Lenins gefeiert und kurz darauf Walter Ulbricht von Erich Honecker abgelöst. Willy Brandt war Kanzler, besuchte Erfurt, brachte die Ostverträge zustande und kniete nieder in Warschau. Studentenproteste rüttelten noch immer an der Republik, die RAF fing an zu morden, und Bundesinnenminister Hans-Dietrich Genscher verfügte, dass Frauen nicht mehr Fräulein genannt werden sollten. Papst Paul VI. kämpfte mit der Enzyklika ›Humanae vitae‹ gegen die Antibabypille und 374 Frauen aus der Bundesrepublik bekannten öffentlich »Wir haben abgetrieben«. Neil Armstrong war auf dem Mond gelandet, »ein kleiner Schritt ...«. Deutschland brach auf in die Moderne und stand vor einem Jahrzehnt der Gewalt.

Doch zuerst einmal machte die Bundesrepublik sich auf, das Olympia-Land von 1972 zu werden. Ein anderes, ein neues, modernes Deutschland wollte sich der Welt präsentieren. Weit weg von Militär, Faschismus und Polizeistaat, sollten diese Olympischen Spiele in München ein Zeichen setzen gegen die Vergangenheit. Doch in ihre heitere Gelöstheit brach die brutale Geiselnahme der israelischen Sportler durch palästinensische Terroristen. Die Erinnerung an die toten Funktionäre und Sportler, den unbeholfenen und letztlich missglückten Befreiungsversuch der Geiseln auf dem Flugplatz in Fürstenfeldbruck vor allem ist in der Erinnerung unmittelbar mit München 1972 verknüpft. Was darüber hinaus blieb, war das beeindruckende Stadion von Günther Behnisch, Frei Otto und ihren Partnern, mit einem Dach, das zu fliegen schien. Es wurde zum Symbol der Spiele und der Zeit bis heute.

Das Olympische Dorf erdachten andere Baumeister. Zum Symbol wurde auch dies – für neues studentisches Wohnen. Einer dieser Architekten war Werner Wirsing. Er ist Jahrgang 1919, machte 1937 Abitur, danach zwei Jahre Wehrpflicht, und musste anschließend statt zum Studium zum sechsjährigen Kriegsdienst als Nachrichtenoffizier zur Luftwaffe. Zu Kriegsende, »Gott sei Dank heil zurück«, kam er kurz in Gefangenschaft, doch dann stand im Sommer 1945 schließlich die Welt offen, in München. Doch zuerst kam das Studium, lang schon ersehnt: Architektur. »Es war eine wunderschöne Zeit. Trotz des Lebens in einer Trümmerwelt. Vom Hauptbahnhof aus konnte man das Siegestor stehen sehen. Man ging über ein bizarres Netz von Fußwegen zwischen Trümmerhügeln. Aber man sah ja vor dem inneren Auge einen geraden Weg in eine hoffnungsvolle, freie Zukunft.« Und Werner Wirsing lernte seine

Frau, Grete Ferber, kennen, die schon gestandene Architektin war,

Einer der Ersten, die in den fensterlosen Ruinen der Technischen Hochschule lehrten, war der Architekt Professor Hans Döllgast. Mit ihm sind die ersten Studenten in München herumgewandert und haben, »das war schon makaber, diese Ruinenromantik« gezeichnet. Auf Werner Wirsing machte es nachhaltig Eindruck, unter welchen Umständen damals seine Kommilitonen hausten, »in Zelten im Englischen Garten, in Ruinen, in Kellern und weiß der Teufel, also, das war wirklich schauerlich«. Er selbst lebte im halb zerbombten Reihenhaus seiner Mutter, in das er noch einen Freund aufgenommen hatte. Das war halbwegs komfortabel für die damaligen Verhältnisse. »Und da saß ich und habe das andere um mich herum gesehen, und habe Häuser gezeichnet, ganz einfache, schlichte Häuser, die man sich selber bauen konnte, und ich fand, die sollten vor allem Architekturstudenten bauen und damit gleich ihr Praktikum machen.« Er stellte seine Idee seinem damaligen Professor Robert Vorhoelzer vor.

Daraus entwickelte sich sein erstes Studentenwohnheim, das zu einem Lehrstück werden sollte. Heute könnte so etwas auf diese Weise überhaupt nicht mehr realisiert werden. Damals trafen mehrere Menschen mit ähnlichen Zielen und glückliche Zufälle zusammen: Ein junger Historiker, Hermann Mau, der von den Nazis und später in Leipzig vom NKWD, dem sowjetischen Volkskommissariat, verhaftet worden war und in den Westen hatte fliehen können, hatte eine Idee: junge Arbeiter und Studenten sollten in einer gemeinschaftlichen Wohnanlage zusammenleben; davon erwartete er Demokratie-stiftende Impulse. Ein Referent des Kultusministers vermittelte sehr unbürokratisch ein staatliches Grundstück, und über die Hochschule gelang die Verbindung zu dem jungen Architekturstudenten Werner Wirsing, der sich mit einem vergleichbaren Projekt zum studentischen Zusammenleben gerade beschäftigte. Und schließlich, und das war der Clou, sollten die Bewohner sich eigenhändig ihr Haus bauen.

»Die Studenten waren ein bisschen die Schlaueren, aber schlecht bei Kasse. Die Berufstätigen verdienten schon. Also, das war ganz prima. Das Haus entstand am Maßmannplatz, in Schwabing.« Das Prinzip war einfach: Das Haus mit seinen zwei Baukörpern entsprach im Grundriss einem doppelten H, mit einem Innenhof in der Mitte, in den beiden senkrechten Stangen lagen die Zimmer und in der Mitte waren die beiden Trakte verbunden und beherbergten einmal einen Installationsteil mit Teeküche, Duschen und Waschräumen und einmal einen Gemeinschaftsraum. Im November 1948 zogen die ersten Bewohner ein,

nachdem sie den ersten Bauabschnitt selbst gebaut hatten. Wirsing und einige Studienfreunde waren im gleichen Jahr vom bayerischen Jugendsozialwerk angestellt worden, um ein Baubüro zu gründen und in ganz Bayern den Bau von Wohnheimen für junge Menschen in der Ausbildung zu betreuen. Das taten sie dann etwa fünf Jahre lang. Das Modell des studentischen Zusammenlebens wurde im Laufe der Zeit diskutiert und verändert, in einem zweiten Bauabschnitt bereits auch am Maßmannplatz. »Das waren dann jeweils vier Doppelzimmer und drei Einzelzimmer mit einem Gruppenraum. Die Einzelzimmer waren winzig, aber unglaublich beliebt. Sie waren zwei Meter breit, die eine Hälfte für das Fenster und den Tisch darunter, die zweite für das Bett. In der Länge waren es 2,80 Meter für Bettlänge und eine bescheidene Schrankbreite.« Das war spartanisch, aber finanzierbar und überlebte. Das Haus am Maßmannplatz wird noch heute als Studentenwohnheim in Selbstverwaltung genutzt. Noch immer wirkt es hell, luftig, amerikanisch irgendwie. Doch Werner Wirsing sagt, er habe seine Inspiration nicht aus Amerika gehabt, das sei eine ganz nahe liegende Entwicklung gewesen. Vorbilder an Studentenbuden oder Wohnformen hatten sie damals wenige: Es gab Klöster und Kasernen mit ihrer Anstaltsstruktur, mit endlosen Fluren und rechts und links angrenzenden Zimmern, ohne Kommunika-

tionszentrum. Und es gab natürlich noch immer die möblierten Zimmer bei den neugierigen Wirtinnen. »Doch das Modell lief aus. Wie sollten Untermieter bei der herrschenden Wohnungsnot, in dem verbliebenen Wohnraum, der hoffnungslos überfüllt war, ein Zimmer finden. Und deswegen hat man überlegt, da etwas Kollektives anzubieten. Wobei, ›kollektiv‹ hat man das damals nicht genannt. Wohnheime hat man immer gesagt.« Die Wohngruppenideologie à la Maßmannplatz setzte sich in Deutschland durch. Doch man musste wegen der gemeinsamen Nutzung der Waschräume und Küchen miteinander auskommen, und allmählich verlangten die Studenten nach mehr Privatsphäre. »Obwohl es da wieder Gegenstimmen gab, ich habe es noch im Ohr, ›wir können auf das Rasier-Gespräch nicht verzichten‹«. Die Entwicklung ging von den gemeinsamen Nutzungen in den Wohngruppen immer stärker hin zum Einzelzimmer mit Waschnische, die Gemeinsamkeit beschränkte sich bald auf den Aufenthalt in Küchen und gemeinsamen Duschräumen.

Die Studentenzahlen wuchsen rapide an und die Einweisung erfolgte zentral durch die Studentenwerke nach längeren Wartezeiten. Doch auch diese Art zusammenzuleben, in diesen willkürlich zusammengewürfelten Gemeinschaften, stieß Anfang, Mitte der 60er Jahre zunehmend auf Kritik.

Werner Wirsing und sein Kollege Günther Eckert bekamen zu der Zeit vom Studentenwerk München den Auftrag, am Oberwiesenfeld eine größere studentische Wohnanlage zu konzipieren. »Die Forderung der Studenten, der Rebellierenden, war die totale Autarkie, absolute Privatheit für den Einzelnen, mit der freien, selbst gewählten Aufbruchsmöglichkeit in die Gemeinschaft. Das hat mir sehr eingeleuchtet. Wir diskutierten natürlich auch mit den Studenten, und dann haben wir uns entschlossen, es werden auf jeden Fall Apartments eingerichtet. Aber nun, wie das strukturieren, ohne die Nachteile, das Unpersönliche eines ›Studentenhotels‹ zu wiederholen?«

Doch dann bekam München den Zuschlag für die Olympischen Spiele 1972, und das Oberwiesenfeld wurde zum Olympiazentrum. Moderne Spiele sollten das werden. Gerade München, die ehemalige »Hauptstadt der Bewegung«, wollte bewusst den größtmöglichen Gegensatz zu den letzten Olympischen Spielen auf deutschem Boden, 1936 in Berlin, herstellen. Das Grundstück am Oberwiesenfeld wurde in die Olympiaplanung integriert und das Studentenviertel sollte übernommen werden, nun als Teil des olympischen Dorfes. »Ich fuhr in Urlaub auf eine jugoslawische Insel, das war 1967, und da ist mir das Ding immer im Kopf herumgegangen. Aus der Argumentation, die ja sehr anspruchsvoll geäußert wurde, ergab sich für mich die Konsequenz, wenn das so ist, dann kriegt ein jeder nicht nur sein eigenes Apartment, sondern sein eigenes Haus. Mit Zugang vom Freien, sodass sich ein ganz eigenes Eigentums- oder Zugehörigkeitsgefühl entwickeln lässt. Anders, als wenn man im

dunklen Flur nur eine Zimmertür aufmacht. Und die Erschließungszonen, die Wege außen, die verbinden sich und verketten sich, weil sie alle ineinanderfließen, und sind vielfältig gestaltbar, je nachdem, wie die Bewohner mit den Einzelhäusern umgehen. Und die Wege lassen größere Begegnungsfrequenzen erwarten, weil man sich viel häufiger sieht. Wenn Sie im Hochhaus in Ihr Apartment fahren, sind Sie meistens allein im Aufzug, und die 30 Meter zur Tür gehen Sie auch noch alleine.«

Werner Wirsing war damals Vorsitzender des Bayerischen Werkbundes und als Dozent an der Hochschule für Gestaltung in Ulm Kollege von Otl Aicher, der mit der visuellen Gestaltung für die Olympischen Spiele beauftragt worden war. Er entwarf unter anderem die Piktogramme für die einzelnen Sportarten, die bis heute international verwendet werden. Das Großereignis Olympia schien alles möglich zu machen, und die Beteiligten sahen die große Chance für eine gesamtstädtische Neugestaltung Münchens. »Die Bewerbung für Olympia in München war im Herbst 1965. Und ich wandte mich damals als Werkbund-Vorsitzender an Hans-Jochen Vogel, den Oberbürgermeister, den ich kannte, weil ich mit ihm 1955 das Studentenwohnheim Geschwister-Scholl realisiert hatte. Vogel hat die Möglichkeiten sofort erkannt und hat mitgezogen. Auch Willi Daume war kulturell hoch interessiert, und das war eine ideale personelle Konstellation. Daneben gab es andere in der Stadt und in der Olympia-Vorbereitung, die großartig waren.« Doch für die gesamte Stadt wurde dieses ehrgeizige Projekt dann doch nicht realisiert, obwohl es zu Olympia 72 und in die Zeit bestens gepasst hätte.

Die kleinen Häuser für die Studenten aber sollten gebaut werden, sie sollten während der Spiele als Unterkünfte für die Athletinnen dienen. »Wir haben einen Prototyp in Natur, in Holz natürlich, gebaut und da waren einen Tag lang an die 30 Prüfer drin und haben gemeckert und gemeutert, das ist ja viel zu dunkel und zu eng, aber es ist dann alles durchgegangen.« Die Häuser waren 24 Quadratmeter klein, auf zwei Ebenen perfekt verteilt Küche, Duschzelle mit Toilette und je ein Zimmer unten, Hochbett inklusive, und ein Raum oben. Davor noch eine kleine Dachterrasse – das war's. 800 Bungalows wurden gebaut, es entstand eine kleine Siedlung mit zahllosen Gassen und kleinen Plätzen. 1969 war sie fertig, vorübergehend zogen Studenten ein, während der Spiele nahmen die Sportlerinnen und Sportler das olympische Dorf in Besitz. Die Bungalows wurden Kult in München. Die Bewohner bemalten die Fassaden, begrünten sie mit Rankpflanzen. Zurzeit werden sie abgerissen. Das Alter und die überholte Energietechnik, heißt es, unter 36 Jahren Dauernutzung habe die Substanz gelitten. Werner Wirsing, der Vater der Bungalows im Olympiadorf, wurde wieder in die Planung mit einbezogen. Jetzt wird an die alte Stelle und in der ursprünglichen Form eine neue Siedlung mit Bungalows gebaut. Ein bisschen schmaler sollen sie werden, nur noch 18 Quadratmeter groß, dafür werden es statt 800 am Ende 1052 Studentenhäuser sein.

Der bayrische Himmel strahlte blau, Schuhplattler klatschten die Hände auf ihre Lederhosen, Münchner Schulkinder grüßten die Sportler mit Blumengebinden, die Alphornbläser aus Hindelang wurden vergessen und kamen vom Band, und eine der 5000 Friedenstauben verirrte sich und brachte kurzzeitig die brasilianische Mannschaft durcheinander. Willi Daume, der Präsident des Organisationskomitees, hieß die Gäste aus aller Welt willkommen. Er hoffe, so sagte er bei der Eröffnungsfeier, dass die Spiele Fröhlichkeit, großen Sport und Spannung bringen mögen, und »vielleicht dann und wann Rührung und Würde«. So etwas würde heute kaum jemand noch sagen, obwohl es genau das ist, was wir alle von einem solchen Großereignis erwarten möchten. Kurt Edelhagen und die Big Band der Bundeswehr kredenzten »Folklore, aber immer unterlegt mit dem deutschen Bum, bum, bum«. Jedoch erfreulich wenig militärisch. »Was für ein Gegensatz zum Horst-Wessel-Lied von 1936«, stellte der Kommentator eines amerikanischen Senders dankbar fest. Überhaupt war wenig Militär präsent und alles »wohltuend frei von Perfektionismus und Propaganda«, befand das ›Svenska Dagbladet‹ am nächsten Tag. Die olympische Fahne wurde von acht Goldmedaillengewinnern, dem deutschen Ruder-Achter von Mexiko, gehisst und nicht, wie bis dahin üblich, von Soldaten. 2008, in Peking, mussten es wieder Soldaten im Stechschritt sein. Spätestens da wusste man, wo man war.

Und dann kam der Augenblick für Günther Zahn. Er war der frischgebackene deutsche Jugendmeister

über 1500 Meter und auserkoren, zur Eröffnung das olympische Feuer im Stadion zu entzünden. Günther Zahn war noch nicht Mitglied im Olympiakader, aber er hatte Erfolg und er war, so wurde bald gemutmaßt, blond und blauäugig genug für diese Aufgabe. Zahn war angehender Bereitschaftspolizist, lebte in Obernzell bei Passau. Das hat ihm, dem Bayern, vermutlich noch stärker als sein Aussehen zu dieser Aufgabe verholfen. Sein Äußeres fand anscheinend ohnehin nicht nur Anhänger. Eine Toni Simon aus Kornwestheim schrieb am 2. August 1972 an den Bürgermeister von Obernzell eine Postkarte mit der Auforderung, dafür zu sorgen, dass dieser junge Mann bei seinem Auftritt doch bitte einen sauberen kurzen Haarschnitt und ein gepflegtes Gesicht tragen solle, schließlich werde er in der ganzen Welt im Bild und im Fernsehen gezeigt. »Er darf nicht mit seinem Backenbart und langen Haaren herumlaufen, das wäre eine Schande für ganz Deutschland. Darf ich Sie bitten, dem jungen Mann diesen Wink zu geben.« Sie bietet zusätzlich an, notfalls die Kosten für den Friseur zu übernehmen.

Günther Zahn ist ein Mann, den nichts so leicht aus der Ruhe bringt. Er ist Polizist, mittlerweile hat er etliche Berufsjahre auf dem Buckel, war am Flughafen München eingesetzt und ein paar Jahre bei der Kripo, bis er schließlich wieder zurück nach Niederbayern ging, wo er bei der Fahndung landete. Wer in der Nähe der tschechischen Grenze illegal eingereist oder mit einem geklauten Fahrzeug auf der Autobahn unterwegs ist oder Drogen schmuggelt, könnte ihm in die Falle gehen. Günther Zahn wirkt so, als könne er schneller rennen, als er sprechen möchte. Er ist groß, durchtrainiert bis heute und arbeitet in seiner Freizeit noch immer als Trainer für Nachwuchsläufer.

In seinen Kinderjahren war die Gegend um Passau, in unmittelbarer Nähe zum Eisernen Vorhang, sehr ärmlich, erinnert er sich. Eine landwirtschaftlich geprägte Gegend, ein bissel Bergbau und nun auch noch Zonenrandgebiet. Man musste schauen, wo man etwas zu essen herbekam, sie waren drei Buben gewesen, die Mutter allein, und sie hatten eigentlich immer Hunger, erinnert er sich. Arbeit gab es keine, Niederbayern war quasi Notstandsgebiet, und als Werber aus Nordrhein-Westfalen kamen, um Arbeiter für die Bergwerke im Ruhrpott anzuwerben, waren viele junge Leute mitgegangen, auch sein Vater. Als sie dann mal hochfuhren, staunten sie über den Wohlstand in Nordrhein-Westfalen, der die Menschen optimistisch in die Zukunft schauen ließ. Als Günther schließlich aus der Schule kam, stellte sich die Frage, was tun. Schon sein Großvater war Polizist gewesen, und der redete ihm gut zu. Alternativen gab es kaum. Da war das Finanzamt, das zwei, drei der Abgänger nahm, und vielleicht noch eine Bank und eben die Polizei, und dort waren sie dann gleich mehrere aus seinem Jahrgang, die anfingen.

Daneben gab es für ihn den Sport, er spielte Tischtennis und Fußball. Erst zwei Jahre, bevor er den Titel als Jugendmeister über 1500 Meter holte, begann Günther Zahn mit dem Laufen. Und wurde gleich ausgewählt, der Fackelläufer im Olympiastadion zu werden. »Zuerst habe ich gedacht, der 1. April war schon lang vorbei«, sagt er lachend in seinem Wohnzimmer oberhalb der Donau.

Dann musste er den Fackellauf üben, das richtige Timing bekommen. Die dazugehörige Musik kam vom Band, gab die Länge vor, und er sollte die Strecke durchs Stadion, die ganze Treppe hinauf, in einem bestimmten Tempo zurücklegen und zu einem festgelegten Moment oben an der Feuerschale stehen. »Jetzt ist er schon wieder zu schnell«, das Stadion war noch leer, aber Blacky Fuchsberger, der Stadionsprecher, war da und kommentierte den Übungslauf. »Probier's sofort noch mal.« Hatte er das richtige Tempo schließlich gefunden, verlor er es nachmittags wieder, denn da trainierten im Stadion die schnellsten Läufer der Welt. Das war für Günther Zahn der eigentliche Höhepunkt der Olympischen Spiele, fast mehr noch als das Entzünden des Feuers. »Ich bin immer länger in den Trainingsstätten geblieben und habe denen zugesehen und bin auch mitgelaufen, das war ein schnelles Tempo, und da habe ich den schnellen Rhythmus wieder drin gehabt. Dann war ich bei den Proben halt wieder zu schnell.«

Den langen Fackellauf von Athen in die jeweilige Olympiastadt haben erst die Nazis 1936 eingeführt – für den Schauder unter Fackeln hatten sie ja etwas übrig. Aber 1972 war das längst Usus und Günther Zahn war stolz und angespannt, als der Moment schließlich kam. »Ich habe ein paar Mal rausgeschaut, und dann habe ich das Stadion gesehen und die Leute, und eine Atmosphäre war da draußen, und da habe ich mir gedacht, Mensch, du bist jetzt derjenige, der den Hauptakt vollzieht.« Mit ihm zusammen liefen vier berühmte Läufer ein, seine Vorbilder, »und da war ich vorher schon nervös, dass ich mit denen zusammen war und dass ich mit ihnen reden konnte. Und dann habe ich den Arm und die Fackel total durchgestreckt, also weit nach oben, und dann waren es halt doch 300 Meter im Stadion drin, und dann noch mal die 200 Stufen. Und die Stufen beginnen im Olympiastadion flach und werden ziemlich steil. Und oben sind sie noch einmal erhöht, noch mal steiler.« Er lief, und auf den zahlreichen Fotos von diesen Minuten sieht man, wie dynamisch er lief und dass es anstrengend war bis hinauf. Und dann war er doch wieder zu schnell, ganze 10 Sekunden, eine Ewigkeit, und musste die Fackel hochhalten, und nichts tat sich. Endlich strömte das Gas, die Flammen schossen empor und er musste zusehen, dass er sich zurückzog. Der Wind hatte gedreht und fast hätte es ihm noch den Backenbart versengt. »Die Nationen waren schon drin, die ganzen Athleten, es war eine Farbenpracht, das Wetter hat auch noch mitgespielt, und als dann das Feuer gebrannt hat, ist ein Beifall durchs Stadion gegangen, das war schon beeindruckend. Ich bin so lange stehen geblieben, bis das nächste Programmstück kam, und dann haben sich die Leute auf das konzentriert, was unten passierte, und ich bin die Feuerwehrleiter rauf und hinten hinunter geklettert. Unten habe ich die Fackel in meine Sporttasche gesteckt und später mit nach Hause genommen. Ich habe sie nie wieder angezündet, ich finde, das passt nicht. Ich habe sie dann meinem Sohn geschenkt, er hat sie in seine Kommunionskerze auf seinem Schrank gesteckt – und immer wenn die Löwen gut gespielt haben, hängt er eine 60er-Fahne dran.«

Zahn hatte Eintrittskarten für Fußballspiele, aber vor allem interessierten ihn die Leichtathletikwettkämpfe. Er sah Klaus Wolfermann bei seinem Sensationswurf mit dem Speer, die Triumphe von Ulrike Meyfarth beim Hochsprung und jubelte mit Heide Rosendahl und ihrer Staffel über 4 x 100 Meter. »Wie die Staffel die DDR geschlagen hat, obwohl die DDR damals weitaus favorisiert war – dann läuft die Rosendahl als Schlussläuferin, und ein Geschrei im Stadion!«

Dann geschah, womit offensichtlich niemand ernsthaft gerechnet hatte: Terroristen, Palästinenser, verschafften sich Zutritt zum olympischen Dorf und nahmen elf israelische Sportler und Funktionäre als Geiseln, um Gefangene freizupressen. »Ich habe im olympischen Dorf gewohnt, und Luftlinie waren wir vielleicht 200 Meter entfernt. In der Früh sind wir ganz normal aufgestanden und haben mitgekriegt, irgendetwas ist passiert. Es war irgendwas ganz komisch, aber so richtig Bescheid gewusst hat in der Früh niemand. Es war irgendwie eine Mordshektik und ein jeder hat getuschelt und ja, es ist etwas Schreckliches passiert.« Zahn hatte am Nachmittag Wettkampf in Stuttgart.

Viel ist schon über die gescheiterte Geiselbefreiung und den sinnlosen Tod der elf Geiseln geschrieben und spekuliert worden. Günther Zahn, selbst Polizist, sieht die Rolle seiner Kollegen damals sehr differenziert. Die Polizei war im Vergleich zu heute eine recht unbedarfte Truppe. Damals stand der Terrorismus der RAF erst am Anfang, es gab keine Mobilen oder Spezialeinsatzkommandos, kein SEK, keine GSG 9. Die Polizisten im Stadion kannte und erkannte jeder, Herren in auffälligen türkisblauen Anzügen mit weißen Kappen auf dem Kopf und unbewaffnet. Sie waren dazu da, für Ordnung zu sorgen. Einen Notfallplan für einen solch grauenhaften Vorgang wie die Geiselnahme hatte niemand. »Das ist ja so fehlgeschlagen, weil das Konzept nicht da war. Allein die Absperrmaßnahmen. Die Leute sind um den Zaun herumgestanden und haben da hinschauen können. Ich bin auch hingegangen und habe geschaut, wo das ist. Man muss sich das vorstellen, wir haben Sichtkontakt gehabt, und die Fernsehkameras haben live übertragen: Da oben kraxelt jetzt einer mit Helm und Gewehr und das haben die drinnen natürlich gesehen, die haben das frei Haus geliefert bekommen. Ich war damals noch in der Ausbildung bei der Bereitschaftspolizei, das heißt, man wird vorbereitet auf den Polizeidienst außen, aber ein ganz großer Schwerpunkt ist, dass man Einsatztraining macht. Und das Einsatztraining, das wir damals gehabt haben, das kann man sich nicht vorstellen: Wir sind ein bisschen im Feld herumgelaufen und haben gesagt bekommen, Fliegeralarm rechts, dann hat man sich links hinschmeißen müssen, so war unser Einsatztraining. Wir haben auch Absperrgitter aufstellen können, wir haben gewusst, wenn jetzt etwa eine Demo war in München, in der Universität, da haben wir gewusst, wir stellen die Einsatzgitter auf und stellen uns dahinter.«

Günther Zahn hatte an dem Tag des Attentats nachmittags einen Wettkampf in der Nähe von Stuttgart, hörte unterwegs ständig Radio, und auf der Rückfahrt kamen ihm dann die Fahrzeuge mit Blaulicht in Richtung Fürstenfeldbruck entgegen. Er kann sich heute noch aufregen über das Auftreten der Verantwortlichen gegenüber der Öffentlichkeit. »Diese Verschleierungstaktik, die die Politiker betrieben haben, dass sie gesagt haben, es ist nichts passiert, es hat einen Mordsschusswechsel gegeben, und es sind alle befreit worden, und dabei waren die alle tot. Das hat bei vielen Leuten einen unheimlichen Zorn ausgelöst. Die Angehörigen freuten sich, dass die Leute befreit sind, und dabei waren die tot. Ich habe mich da mal hineinversetzt, da ist vielleicht ein Vater oder irgendein Angehöriger dabei, der jubelt und rennt herum, und zwei Stunden später kommt ein Pressesprecher und sagt, nein, das hat nicht gestimmt, die sind alle gestorben.«

Auf einem Foto von damals hängt die olympische Fahne auf Halbmast, strahlend weiß, mit den bunten Ringen, dahinter die Zuschauerränge, ein buntes Gewirr von kleinen Menschlein in Sommerkleidung. Wie zum Hohn schien sogar zur Trauerfeier im Olympiastadion die Sonne. Avery Brundage, der damalige Präsident des Internationalen Olympischen Komitees, hielt eine kurze Ansprache und an deren Ende verkündete er die Worte, die in die Geschichte eingingen: »The games must go on.«

Mag man sich wirklich ausmalen, was in Peking oder in Atlanta in den USA passiert wäre bei einem ähnlichen Attentat? Und würden die großen Sponsoren, Coca-Cola & Co und die Fernsehsender rund um die Welt einem Abbruch der Spiele zustimmen, auf ihre Einnahmen verzichten wollen? Günther Zahn bekam damals schon, 1972, Ärger mit der Firma mit den drei Streifen, als er deren Schuhe – entgegen einer Vereinbarung, die er als jugendlicher Sportler und weitaus naiver als die heutigen Kollegen, eingegangen war –, gegen andere tauschen wollte, in denen er besser laufen konnte. Auch damals drohten sie mit Strafe, 10.000 Mark sollte er bezahlen, falls er sich weigern sollte, die Streifen beim Fackellauf zu tragen. Sie hatten aber nicht mit dem anarchistischen Geist eines Niederbayern gerechnet. Er klebte die Streifen auf den verordneten Schuhen kurzerhand ab. Die Schuhe trug er, aber sich drohen lassen, das wollte er nicht.

EIN GANZER KORB VOLLER VORURTEILE
Sonnenblumen am Ammersee

1979, kurz vor seinem Tod, noch vor der offiziellen Gründung der Grünen und vor der Bundestagswahl 1980, schrieb Carlo Schmid an seinen Kanzler Helmut Schmidt, nicht vom Herausforderer Franz Josef Strauß von der CSU drohe die eigentliche Gefahr für die sozialliberale Koalition, sondern von einem Phänomen, das die politische Landschaft der Bundesrepublik bereits auf die lautlose Art eines Erdrutsches verändert habe. »Der für den Weiterbestand der Koalition gefährlichste Gegner sind die Grünen. Nicht weil sie ein eigenständiger Faktor im Parlament werden können, sondern weil die paar Prozent, die sie gewinnen werden, Strauß an die Spitze bringen können. Sollte die FDP auf 4,9 % sinken und die Grünen auf 4,9 % steigen, hat Strauß die Mehrheit, die ihn zum Bundeskanzler macht.« Für Rudi Dutschke dagegen, der zwei Wochen nach Carlo Schmid starb, waren die Grünen die letzte politische Hoffnung seines Lebens. Er sah in ihnen die kommende »Massenbewegung der 80er Jahre« und unterstützte sie beim Aufbau der Organisation. In einem Gespräch mit dem ›Stern‹ sagte er kurz vor seinem Tod: »Zum ersten Mal bietet sich die Chance, die verkrustete Parteienstruktur der BRD von innen her aufzubrechen. Da wären wir doch historische Idioten, wenn wir diese Chance nicht ergreifen würden.«

Doch es kam erst mal ganz anders. Die sozialliberale Koalition wurde wiedergewählt. 1980 hatten viele potenzielle Grünen-Wähler sich bei der Wahl doch für die SPD entschieden. Doch ihr Kanzler Helmut Schmidt wurde 1982 durch ein konstruktives Misstrauensvotum mit den Stimmen von Union und FDP des Amtes enthoben. Danach wurde nicht Strauß, sondern Helmut Kohl Bundeskanzler, dem Ersterer wiederum prophezeit hatte, er werde das nie. Im Jahr darauf wurde Kohl bei den vorgezogenen Neuwahlen in seinem Amt bestätigt, und die Grünen zogen mit 5,6 Prozent der Stimmen das erste Mal ins deutsche Parlament ein, mit Turnschuhen und Pullovern, Rauschebärten und Sonnenblumen. Die außerparlamentarische Friedens- und Umweltbewegung war im Bundestag angekommen.

Die Frau, die wir am Ammersee treffen, wäre in früheren Zeiten als Sinnbild einer guten Hexe durchgegangen, mit ihren roten Haaren, ihrer scharfgeschnittenen Nase und den vielen Lachfältchen, und heute vielleicht als Pippi Langstrumpf für die »best ager«. Ruth Paulig ist gerade 60 Jahre alt geworden, hat schon mal den Bayerischen Verdienstorden bekommen und noch ein paar Orden mehr und war

über vier Legislaturperioden Mitglied im Bayerischen Landtag. Nein, sie trägt kein Dirndl und sie gehört nicht der CSU an. Sie ist eine Grüne.

Herrsching am Ammersee. Man ist hier am See immer gleich oben, die Ufer sind nicht steil, doch kurz dahinter buckeln sich Erhebungen auf mit grünen Wiesen. Zäune trennen Weiden ab, in der Ferne ruhen Kühe. Niedrige Häuser, die im Schatten unter Bäumen verschwinden. In einem der zu Herrsching gehörenden Dörfer am See hatte Ruth Pauligs Vater vor Jahrzehnten ein Grundstück erworben. Heute wäre es wohl unbezahlbar. An einem Sackgassenzipfel stehen viele kleinere ältere Häuser, daneben neue, protzige Schöner-Wohnen-Träume, in denen anscheinend immer nur geschlafen wird, weil es auf den zugigen Terrassen, den leer geräumten Rasenflächen keiner aushält. Die alten Gärten daneben atmen tiefe Ruhe, da hat jemand gelassen geschaut, was kommt, was passiert. Ruth Paulig sitzt in eine Decke eingehüllt auf einer Bank vorm Haus und liest Zeitung. Im Halbschatten ist es zu kühl, zum Gespräch ziehen wir um, auf einen Stichweg am Weidezaun, in die Sonne.

Bei Schulklassen wirbt Frau Paulig für die Ausbildung von Nukleartechnikern, ermutigt die Befürworter, sie würden gebraucht für die Abwicklung und zur Bewachung der Rückstände. Auch wenn Kernkraftwerke keine Zukunft hätten, würden sie dringend benötigt, die Technik müsse noch über sehr lange Zeiträume beherrschbar bleiben. Sie sagt solche Dinge wie: »Die ganze Erde ist immer in Bewegung, das ist ein Organismus.« Und: »Die Öffnung der Schulen, die Öffnung der Kindergärten, die Öffnung der Altersheime. Das alles muss irgendwann wieder vernünftig zusammengeführt werden, damit lebendige Zentren entstehen.« Oder: »Wir haben Kontakt mit vielen Stoffen über Kleidung, über Produkte, die aus chemischen Substanzen bestehen oder auf Nanotechnologie beruhen, und da muss man extrem vorsichtig sein.«

Ruth Paulig hatte immer mindestens zwei Standbeine: Sie ist Biologin, hatte als Mikrobiologin gute Grundlagen erworben für die Gentechnikdebatte, und hat als Kunsterzieherin an Gymnasien gearbeitet. Sie sagt, das habe ihr oft geholfen, die Dinge auf den Punkt zu bringen. Anstatt nur zu reden, würden oft Aktionen mehr helfen, Sachverhalte zu verdeutlichen: etwa Friedensballons, die sie verbotenerweise an manchen Orten hatte steigen lassen, oder auf das Landtagsgelände transportierter gentechnikfreier Mais, oder erst kürzlich, als sie mit anderen ein großes Nein in eine Wiese gemäht hat auf einem Berg, auf dem ein großer Mobilfunkmast errichtet werden soll.

Ruth Paulig ist eine der Gründerinnen der Grünen in Bayern. Bereits 1978 hatte sich im Landkreis Gauting eine kleine Gruppe von sechs bis acht Leuten zusammengeschlossen. Ruth Paulig war beim Bund Naturschutz aktiv und vertrat mit den anderen zusammen die Meinung, dass die ökologischen Themen und die Friedenspolitik keine Heimat hätten. Sie nahmen sich vor, politisch Druck zu erzeugen, »ein bisschen an der Macht zu knabbern, den etablierten Parteien Macht wegzunehmen. Und wir wussten, wir brauchen eine eigene Partei. Es lag irgendwie in der Luft. Ich will nicht sagen, dass die Idee von uns war, die lag in der Luft und ist an mehreren Ecken deutschlandweit da gewesen. Aber wir haben sie dann aufgegriffen und konkret umgesetzt. Wir haben schon 1978 bei der Kommunalwahl kandidiert, dann im April einen Kreisverband gegründet und im gleichen Jahr für den Landtag kandidiert als ›Die Grünen‹. Der Name ›Die Grünen‹ ist bei uns entstanden, in unserer Gruppe in Krailling im Wohnzimmer.«

1978 war eines dieser von Wahlen gesteuerten Jahre. In Hamburg wurde Hans-Ulrich Klose (SPD) wieder zum Oberbürgermeister gewählt, in Baden-Württemberg Lothar Späth (CDU) zum Ministerpräsidenten, in Niedersachsen Ernst Albrecht (CDU), in Nordrhein-Westfalen Johannes Rau (SPD) und in Rom wurde zum zweiten Mal in diesem Jahr ein neuer Papst gewählt, Karol Wojtyla. Er gab sich den Namen Johannes Paul II. In Bayern löste Franz Josef Strauß den aus Altersgründen zurückgetretenen Alfons Goppel als Ministerpräsident ab. Ganz altbarocker Potentat – am liebsten wäre er ja der bayerische Sonnenkönig gewesen –, erhöhte Strauß zuerst einmal den Etat für Empfänge und Festivitäten um 80 Prozent, ließ Gedenkmünzen von sich prägen und an die Landeskinder verteilen. Vermutlich hat er gedacht, das stehe ihm in Bayern nun zu, nachdem er bundesweit nicht ans Ziel, nämlich zur Kanzlerschaft, gekommen war.

»Wir hatten das Glück«, erinnert sich Ruth Paulig, »dass wir einen sehr aktiven Verleger in unseren Reihen hatten, Klaus Resch, heute heißt er Klaus Sommer, der viele Bücher aufgelegt hat aus der ökologischen Szene, die damals aus den USA herüberschwappte. Wir haben in diesem Verlag auch das Logo kreieren lassen, das ist fast so geblieben bis heute. Das war die Sonnenblume.« Es konnte keinen größeren Gegensatz geben als F. J. Strauß und die Grünen. Sie kamen aus Einkaufsgemeinschaften für Bioprodukte, die sie mühsam von weit her organisieren mussten, sie schlossen sich zu Fahrgemeinschaften zusammen, um an der Friedenskette Stuttgart-Ulm gegen die Nachrüstung mit Pershing-Raketen teilzunehmen, sie organisierten Solidaritätsgruppen für Brokdorf, fuhren nach Gorleben und demonstrierten gegen die Wiederaufbereitungsanlage in Wackersdorf. Die Grünen gründeten sich aus einer Bewegung, die Tausende in Deutschland erfasste. »Es war sehr viel Aufbruchstimmung da. Und es sind viele der Damaligen heute noch aktiv. Damals hatten wir 1,7 Prozent, und ich habe bereits das erste Mal für den Landtag kandidiert. Ein Jahr später, 1979, hat sich der bayerische Landesverband gegründet, und im Januar 1980 dann die Bundespartei. Ja, da war Aktivität und Aufstehen an vielen Ecken.« Atomenergie und Kalter Krieg waren die Bedrohungen dieser Zeit und wurden zum Motor der Umweltschutz- und Friedensbewegung. Ein allgemeines Gefühl der Angst lag in der Luft. An vielen Stellen gleichzeitig entstanden Bürgerinitiativen. Als der Bundestag 1979 dem NATO-Doppelbeschluss zustimmte, der vorsah, atomare Mittelstreckenraketen vom Typ Pershing II in der Bundesrepublik zu stationieren, wurde aus der Friedenseine Massenbewegung.

Franz Josef Strauß kam noch aus der Zeit, in der Politiker für sich beanspruchten, mit Blaulicht durch Fußgängerzonen zu fahren oder belebte Straßen sperren zu lassen, um ungehindert durch die Stadt zu rasen. Strauß war für viele die Verkörperung des machthungrigen, zynischen und korrupten Politikers. Ihn begleiteten Vorwürfe über anmaßende Machtausübung und ungehemmte Geldgier über all die Jahre seiner politischen Karriere. In den vier Jahrzehnten hat er wohl mehr Skandale und Affären überstanden als jeder andere deutsche Nachkriegspolitiker. Immer wieder gab es Gerüchte über Geschäfte, die

er Freunden und Weggefährten seit den frühen Jahren ermöglichte. Da gab es 1956 die Affäre um den Schützenpanzer HS-30. Obwohl es von dem Fahrzeug, das die Bundeswehr anschaffen wollte, nur Modelle gab, kam das Milliardenprojekt zustande. Millionenbeträge sollen an die CDU und den Referenten des damaligen Verteidigungsministers Strauß geflossen sein. Zwei Jahre später entschied derselbe Minister, die Luftwaffe mit dem Starfighter des US-Konzerns Lockheed auszurüsten. Vertreter der Firma in Deutschland war ein Freund von Strauß. Noch vor den abschließenden Tests orderte Strauß 700 Starfighter. Sie stürzten reihenweise ab, das Wort vom »Witwenmacher« ging um, der Verdacht von Korruption und Schmiergeldzahlungen wurde nie ausgeräumt. Drei Jahre später bekam die Finanzbau-Aktiengesellschaft (Fibag) eines Strauß-Freundes den Auftrag zum Bau von Kasernen der in Deutschland stationierten US-Streitkräfte. Es gab Berichte über ein Empfehlungsschreiben von Minister Strauß für seinen Bekannten – »Vorteilsnahme im Amt«. Strauß überstand auch die »Onkel Aloys«-Affäre, bei der er verdächtigt worden war, einen Nennonkel seiner Frau Marianne mit Rüstungsgeschäften begünstigt zu haben. Damals musste der ›Spiegel‹-Herausgeber Rudolf Augstein wegen ehrenrühriger Behauptungen Schmerzensgeld an Strauß bezahlen. 1962 stürzte Strauß über die ›Spiegel‹-Affäre und musste, weil er den Bundestag belogen hatte, als Verteidigungsminister zurücktreten. Strauß war in Affären verwickelt, von denen einige, beispielsweise die Airbus-Affäre, bis heute nicht restlos aufgeklärt sind, doch er sah sich als unschuldiges Opfer der Medien, die er als »Gestapo unserer Tage« bezeichnete. Als er 1980 gegen Kanzler Helmut Schmidt antrat und verlor, trugen die anderen und die Medien natürlich die Schuld. Er zog sich nach Bayern zurück, in das Amt des Ministerpräsidenten, das »schönste Amt der Welt«.

Dort führte er seine Partei als unumstrittener Herrscher, bis kurz vor seinem Tod. Er entschied, wer wo kandidierte. Auch bei den Bundestagslisten »war der Wille des Parteivorsitzenden das Maß aller Dinge«, urteilte später Alois Glück, der ehemalige Präsident des Bayerischen Landtags und Parteikollege. Heute entscheidet auch in der CSU die Basis und wehrt sich schon mal gegen allzu dreistes Auftreten vermeintlich unanfechtbarer Parteifunktionäre, wie im Fall Monika Hohlmeier, der Tochter von Franz Josef Strauß. Strauß ließ bei jeder Sitzung der CSU-Landesgruppe in Bonn einen von ihm selbst entsandten Beamten mitstenografieren, sodass er schon am nächsten Morgen von jeder Äußerung eines jeden Abgeordneten wusste. Für Strauß waren Drohungen und Einschüchterungen innerhalb der Partei und seiner politischen Gegner Alltagsgeschäft, und Lagerdenken und der erbitterte Streit um Ideologien elementar. Polternd formte er sie zu Worten. Für die Grünen hatte er Gehässigkeiten übrig wie: »trojanische Sowjetkavallerie«. Er grüßte die Grünen nie, erinnert sich Ruth Paulig. Bei Veranstaltungen seien sie ignoriert worden. Süffisant merkt sie an, »der erste offizielle Termin, zu dem wir eingeladen wurden, war seine Beerdigung«.

»Wir hatten damals die Vorstellung, wir gründen jetzt eine Partei, obwohl keiner so recht wollte, weil in die Politik wollten wir alle nicht unbedingt. Doch wir haben gesagt, na gut, wir müssen ein Machtpotenzial aufbauen, denen die Macht wegnehmen, und in zehn Jahren, wenn die dann das machen, was wir wollen, lösen wir uns wieder auf.« Falsch gedacht. Für Ruth Paulig und viele andere Grüne wurde daraus eine jahrzehntelange, mitunter lebenslange politische Arbeit. Doch einfach war der Weg in die parlamentarische Politik anfangs nicht. Parteiengründungen haben in Deutschland gerne etwas von Staatsgefährdung. Vermutlich ist das so seit den wirren und verunsichernden 20er Jahren, als Parteien und Splittergruppen nicht zueinander, aber auch nicht alleine politische Mehrheiten finden konnten. Die Grünen erhielten in ihren Anfängen Unterstützung von Intellektuellen wie Carl Amery, Joseph Beuys, Heinrich Böll, und die trug. Aber sie mussten auch beständig Anfeindungen hinnehmen. »Wir waren zwar viele nette Leute, es haben sich auch viele Freundschaften entwickelt, aber wenn wir einen Infostand auf der Straße hatten, dann haben die Leute schon weit entfernt die Straßenseite gewechselt.« Ein Gewerkschafter spottete, sie seien ein Häufchen Sektierer, das Körnerfutter unter die Leute bringen wolle. Vor der »Licht-aus«-Fraktion wurde gewarnt, den Eiferern, die auf den wirtschaftlichen und industriellen Ruin des Landes hinarbeiteten. Die Medien und die Politiker der anderen Parteien bedienten sich mitunter der Sprache der Kriegsberichterstattung, wenn sie über die Grünen berichteten, über deren parteiinterne Auseinandersetzungen, die sehr offen geführt wurden im Vergleich zu anderen Parteien. Da wurde von Stellungskrieg gesprochen, von Manövern war die Rede, Uneinigkeit, Enttarnung linksradikaler Gruppen, »zwei Grüne sehen rot«. Man konnte sich dieser Bewegung, die sich Menschlichkeit und Nachhaltigkeit, Umweltschutz und Frieden auf ihre Fahnen geschrieben hatte, anscheinend nur mit den mächtigen Worten aus der Terminologie des Kalten Krieges und Drohgebärden nähern.

Der etablierte Bonner Politikbetrieb erlebte einen Kulturschock. Marie-Luise Beck erklärte, zu den »tragenden Elementen grüner Politik« gehöre »Sanftheit«, die Abgeordnete Waltraud Schoppe klagte über den »alltäglichen Sexismus« im Parlament, in dem bis dahin überwiegend ältere Männer agiert hatten, und wenig später beschimpfte Joschka Fischer den christsozialen Bundestagsvizepräsidenten Richard Stücklen mit den Worten: »Mit Verlaub, Herr Präsident, Sie sind ein Arschloch!«

Auch in den Bayerischen Landtag gelang der Sprung, 1986 bereits mit 7,5 Prozent der Stimmen. Ruth Paulig war eine der nun künftigen Abgeordneten. Sie hatten am Wahlabend gefeiert, und als sich das Ergebnis allmählich abzeichnete, wurde sie zusammen mit ihrem Kollegen Armin Weiß in ein Taxi verfrachtet, um zum Landtag zu fahren, wo die Presse in den Wahlstudios auf sie wartete. »Ich weiß noch genau, wir sind die Treppe hinaufgegangen in den Landtag, diese kleinen Stufen, über die man so schreiten muss, darauf der rote Teppich, und links und rechts waren die Leute, und die Blicke, wenn die hätten töten können, wir wären die Treppe nie raufgekommen. Das war eine

extrem feindliche Atmosphäre. Wir waren natürlich spannend für die Presse, aber ansonsten war es extrem feindlich.« Auch die Bediensteten des Landtags hatten erstmal Annäherungsprobleme. Jeder Fraktion wird ein Saaldiener zugeteilt, und »das war wohl schwierig. Einer hat in den sauren Apfel gebissen, hat er mir später erzählt, das war ein Herr Hirsch, aber danach haben ihn wohl doch alle beneidet. Wobei ich sagen muss, von der Verwaltung aus habe ich ziemlich viel Unterstützung gespürt. Nicht unbedingt von der Spitze, aber von der Verwaltung, von den Mitarbeiterinnen und Mitarbeitern im Landtag.« Sie bekamen ihre Plätze zugewiesen, links außen, vom Parlamentspräsidenten aus gesehen, zogen mit Sonnenblumen ein und waren »sehr bald nicht mehr zu leugnen. Wir hatten gleich dieses schwierige Kampfthema Wiederaufbereitungsanlage Wackersdorf, wir hatten militärische Altlasten und Trinkwasserschutz als Thema, wir hatten eine große Trinkwasserverseuchung.« Manche Arbeitsfelder wurden nun überhaupt erst als solche wahrgenommen: die Frauenpolitik, der Schutz des Waldes oder die Abfallpolitik. »Das ging bis hin zum Jagdgesetz, was natürlich sowieso ein Privileg der ganzen CSU-Abgeordneten war. Es hieß, gejagt wird, und die hatten alle Jagdscheine. Es gab so viele Arbeitsfelder, dass wir gar nicht die Zeit hatten, uns lange mit der Atmosphäre um uns herum auseinanderzusetzen. Da mussten wir ackern. Da gab's nichts. Und der erste große Erfolg war 1989, als die WAA in Wackersdorf nicht gebaut wurde vonseiten der Industrie. Das jährt sich jetzt auch wieder. Zwanzig Jahre ist das her.«

Wie hält man das eigentlich aus, im Haifischbecken der Politik? Ruth Paulig räumt ein, »wir haben schon Leute auf der Strecke gelassen, wir haben beispielsweise Petra Kelly schlecht behandelt. Es ist hart gewesen, gerade bei den Auseinandersetzungen zwischen Realos und Fundis, die waren auch in Bayern hart. Die waren messerscharf, die gingen sehr an die persönliche Substanz. Ich selber habe auch so einen Knick, und ich kenne sehr viele, die diesen Knick erlebt haben. Das Einzige, was einen wirklich trägt, sind Unterstützer und Freunde, die da sind, die wirklich sofort das Signal senden, bleib da, wir brauchen dich, mach weiter, wir stützen dich.« Doch wer in die Politik geht, der muss etwas aushalten, das sei einfach so, sagt sie, der müsse ein starkes Individuum sein. Man lerne ja auch »zu kämpfen und sich durchzusetzen. Also, da waren die Grünen nicht zimperlich. Und das andere sind, glaube ich, die eigenen Überzeugungen und Ziele, die man hat, die so wichtig sind, dass man sagt, nee, da mache ich jetzt weiter. Bei mir war das auch so. Mir war die Umweltpolitik einfach enorm wichtig, und dann habe ich gesagt, da will ich weiter arbeiten, und das gibt einem die Kraft, durchzugehen.«

Neben ihrer Arbeit hat Ruth Paulig zusammen mit ihrer Familie über zehn Jahre lang ihre Mutter gepflegt. Das ging dank Zusammenhalt in der Familie, einem bezahlten Pflegedienst und einer guten Idee: Damit immer jemand anwesend war, richteten sie im Haus, in dem die Mutter lebte, eine Jugend-Wohngemeinschaft ein. Jeder, der einzog, ob Freunde der Söhne oder Fremder, musste sich einmal pro Woche an der Pflege beteiligen, und bekam Geld dafür. »Oma war super drauf. Wir haben um 11 Uhr Walzer getanzt«, stand eines Tages im von allen gemeinsam geführten Tagebuch.

Ruth Paulig hat Krebs gehabt und ihn überstanden. Sie hat drei Söhne großgezogen, was dank der Kooperation mit ihrem Mann gut funktionierte, sie war Fraktionsvorsitzende und hatte nicht selten ein halbes Dutzend weiterer Ämter auf einmal inne. Wenn sie spürte, sie brauchte eine Pause, nahm sie sich eine, oder sie wechselte den Bereich, wenn alles zur Routine wurde. Engagement gehört für sie zu ihrem Leben dazu. Sie komme aus einer großen aktiven Familie, der Vater war schon politisch tätig, der Bruder viel in Afrika unterwegs, und sie kenne das von klein auf. »Wir sind ziemlich privilegiert. Hier in Deutschland und ich besonders und meine Familie, der geht's auch gut. Vielleicht kann man dann ab und zu ein bisschen was anschieben. Ich glaube, mir ginge es nicht gut, wenn ich es nicht täte.«

Wenn es nicht die Arbeit als Abgeordnete gewesen wäre, hätte sie sich vermutlich in einer bis einem Dutzend Bürgerinitiativen engagiert. Der außerparlamentarische Weg oder der durch die Instanzen, das war von Anfang an einer der Streitpunkte innerhalb der Grünen-Bewegung. Dahinter steht die Frage, wie korrumpierbar man wird, wenn man sich in die parlamentarische Politik einbinden lässt. Die einen sagen, die Grünen hätten den Weg durchschritten von der Bewegungspartei zur Normalität, die anderen bedauern, dass dabei einiges an kühlem Kopf und heißen Gedanken auf der Strecke geblieben sei. Thomas Ebermann, der bekennende Linke und Mitbegründer der Grünen, hat der Partei lang schon den Rücken gekehrt und zitierte in einem Interview Adorno: »Wer die Ideale seiner Jugend verrät, wird mit vorzeitigem Altern bestraft. Wenn man sich all die humor- und fantasielosen Gestalten anschaut, bleibt einem zumindest dieser Trost. Außerdem kenne ich den Weg, den die prominenten Grünen gegangen sind, aus meinem sonstigen Leben tausendfach. Alte Freunde aus der Zeit des Kommunistischen Bundes sind jetzt mittelständische Unternehmer. Wenn ich sie treffe und das Pech habe, dass wir ins Gespräch kommen, dann erzählen sie vom Anspruchsdenken der Angestellten und von zu hohen Lohnnebenkosten. Man soll nicht denken, Anpassung fände nur im Parlament statt. In Hamburg gab es vor 25 Jahren eine stattliche Zahl kollektiv geführter Arztpraxen, wo die Arzthelferinnen so viel verdienten wie die Ärzte. Von denen ist keine einzige geblieben.«

Als wir Ruth Paulig trafen, stand wieder einmal ein Castor-Transport an, und nach längerer Zeit, die Grünen waren ja nicht mehr in der Bundesregierung, wollten wieder prominente Grüne an der Blockade des Transportes teilnehmen. Wir fragten Ruth Paulig, ob sie sich auf die Gleise setzen werde. Nein, sagte sie, das überlasse sie den Jungen. »In Wackersdorf war ich schon aktiv. Aber ich habe keine Steine geworfen. Meinem Sohn, der dabei war, der war damals neun, habe ich schon gesagt, leg die Steine wieder hin. Aber ein anderer Sohn von mir war auch schon in Gorleben. Und was er dort getrieben hat, weiß ich nicht so genau. Für mich ist die Gewalt kein Weg. Da

überzeuge ich lieber mit guten Ideen, mit Worten, mit erfolgreichen Ideen. Gerade nachhaltiges Handeln rechnet sich.« Aber sie dürften sich nicht ausruhen. Sie dürften auch nicht auf die Linke, die neue Partei, schauen mit dem Argument, die werden es nicht. In Bayern erreichte die Linke zuletzt 4,7 Prozent und das sei das Ergebnis der Grünen vom Jahr 1982 gewesen. Vier Jahre später waren sie im Landtag. Da sei Handlungsbedarf da, man müsse ein bisschen mutiger sein und ein bisschen weiter denken. Und es sei kein Verrat, im Gegenteil, man müsse den Mut der Partei stärken, damit sie anders denke, weiter denke, als eine Fraktion im Bundestag oder in einer anderen Regierungsverantwortung. »Es ist so, dass die Partei sich immer nur das zu fordern traut, was eine Fraktion im Bundestag fordern würde. Aber wir müssen weiter denken, wir müssen vorausdenken, wir müssen die Entwicklung mitgestalten mit guten Ideen. Da sind große Felder. Insofern sind die Grünen verdammt notwendig. Sie müssen nur mutig werden. Oder sein. Oder bleiben.«

Ruth Paulig hat ihre Ideen gelebt und wird das wohl auch weiterhin tun, ein entwicklungspolitisches Projekt in Kenia wartet schon und Bildungspolitik sei auch noch ein Feld, sagt sie. Als sie sich aus dem Landtag verabschiedete, machte sie ein großes Fest und bekam von einer guten Freundin einen »Korb voller Vorurteile« geschenkt – darin eine Packung recht unverdaulichen Grünkerns, Salbei-Tee und eine Tüte trockenen Müslis. Längst sind die Grünen in der Mitte der Gesellschaft angekommen, sind im Sakko und im Kostüm unterwegs. Ökologie und Ökonomie sind kein Widerspruch mehr, so sagte es Frank-Walter Steinmeier bei seiner Kür zum Kanzlerkandidaten der SPD. Umweltpolitik haben alle Parteien in ihr Programm aufgenommen und Umwelttechnologie ist zum deutschen Exportschlager geworden. Der grüne Außenminister ist weder durch Turnschuhe im ungeeigneten Moment noch durch extreme politische Forderungen unangenehm aufgefallen, und sein Satz »I am not convinced, Mr. Rumsfeld«, mit dem er im Namen der Republik den Kriegsdienst im Irak verweigerte, wird in die Geschichtsbücher eingehen als sehr zivil.

WENN DU SO EINER WERDEN WIRST, DANN LIEBER NICHT

Hexenjagd in Memmingen

Leben gegen Leben abwägen, wer will das schon, wer kann das. In der Literatur, auch im Film, muss, wenn es um die tragische Frage geht, wer überleben darf, die Mutter oder ihr ungeborenes Kind, am Ende die Mutter sterben. Das ist dramatischer, und es ist das Drama. Die Entscheidung ist grausam. In der Literatur wird nur ein Faden weiterverfolgt, alle Fantasie in den entsetzlichen Abschied von der Mutter, der geliebten Frau, investiert und in den Entwurf des neuen Lebens, das des Kindes. Die Realität, das Leben aber, ist oft so alltäglich, klein, normal. Es verlangt andere als heroische Lösungen. Es verlangt, dass die Lebenden für sich sorgen, für ihre Kinder sorgen, auch wenn das weniger dramatisch ist, sondern oft genug einfach banal. Wie heißt es, sich dem Leben zu stellen, sei wahrhaft heldenmütig?

Die Geschichte spielte sich Ende der 80er Jahre ab, in Memmingen. Die Stadt in Oberschwaben wirkt wohnlich, überschaubar. Im Oktober, beginnend »am Dienstag nach Galli«, feiern die Memminger neun Tage lang auf Straßen und Plätzen Jahrmarkt zwischen Hexenturm und Frauenkirche. Der »Hallhof« genannte Platz in der Altstadt vermittelt mit seinen Arkaden und Straßencafés angenehm italienisches Lebensgefühl, und wer schnell weg will, hat einen Flugplatz vor der Tür, den höchstgelegenen Deutschlands. Bis 2001 war hier noch ein Fliegerhorst, Heimat des Jagdbombergeschwaders 34 der Bundeswehr. Nun fliegen die Touristen von hier aus nach Palermo, Rijeka oder Tel Aviv.

Die Frau, die wir besuchten, lebt in einem bayerischen Dorf mit ihrem Mann und drei Söhnen. Der jüngste kam mit dem Downsyndrom zur Welt. Bayern – mal wieder im Bilderbuchsommer, blauer Himmel, weiße Barockwölkchen, Hügel, dahinter kleine Weiler, in der Entfernung versteckte Kirchturmspitzen. Die Landschaft strahlt, als sei Sonntag, sie ist hier im bayerischen Schwaben kleinteilig, für großflächige Landwirtschaft zu uneben, auch zu zersiedelt. An der Schweinevermarktung vorbei, die groß an einem Giebel angekündigt wird – sie teilt sich das Gebäude offenbar mit einer Autolackiererei –, geht's nach Sielenbach mit dem Kloster Maria Birnbaum. Der tröstliche Name täuscht, der barocke Kuppelbau ist innen mit Ornamenten und Girlanden in tristem Grau geschmückt. Kein strahlendes Halleluja, allenfalls ein verschüchtertes Amen kommt auf. Die naiv gemalten Votivtafeln und die Eintragungen im Pilgerbuch erzählen von grausamen Verletzungen beim Holzmachen in den umliegenden Wäldern und

großer Dankbarkeit gegenüber der Gottesmutter Maria.

In einer dieser Kleinstädte wohnt Magdalena Federlin. Ihr Name ist Programm – Magdalena. Mit dieser Frau tut sich die katholische Kirche schon immer schwer. Frau Federlin wurde das erste Mal schwanger, als sie gerade ausgezogen war von zu Hause. Sie wollte studieren und ihre Beziehung war so eben lala. Damals war es für sie keine Frage, jetzt ein Kind, nein, besser nicht. Sie war 22, bekam ohne Probleme die Indikation vom Arzt, erbrachte den damals notwendigen Beratungsnachweis und machte sich auf den Weg. »Alles war ganz kryptisch, du kanntest dich nicht aus, musstest in eine Spezialklinik nach München, kamst dir vor wie ein Verbrecher. Allein bis du den Arzt ausfindig gemacht hattest, das war schon so, dass du das Gefühl bekommen solltest, ein Verbrecher zu sein.« Und nebenbei machten sich die Hormone bemerkbar. »Ich kriegte solche Flashs – eigentlich muss man sich um Abtreibung gar nicht so viele Gedanken machen, weil die Natur tut sowieso alles, damit du das Kind bekommst. Alles wird in deinem Körper organisiert, in die Richtung, dass du das Gefühl entwickelst, du willst das werdende Kind beschützen. Dieses Ojoioi-Gefühl ... «

Sie fuhr damals zusammen mit ihrem Freund, dem Vater des Kindes, nach München zum Abtreibungs-

termin. Unterwegs legte er irgendwann seine Hand auf ihren Oberschenkel und schlug vor, das Kind gemeinsam doch zu bekommen. Das gab letztlich den Ausschlag, die Zuversicht, nicht allein mit einem Kind dazustehen, sondern zu zweit zu sein. Zu zweit würden sie es packen. Sie zogen mit Freunden in eine Wohngemeinschaft, Magdalena plante noch in der Schwangerschaft zusammen mit einer Freundin einen Bioladen. Unten im Haus sollte der Laden sein, oben wohnten sie. Sie renovierten und bereiteten alles vor, Magdalena arbeitete zusätzlich in einer Zeitungsredaktion, es musste ja Geld in die Kasse. Die Schwangerschaft verlief gut, aber die Geburt geriet aus vielerlei Ursachen zum Albtraum. Das Kind war glücklicherweise gesund und wurde irgendwie in den Ablauf von Haushalt und Arbeit integriert. Im Sommer 1984 machten sie den Laden auf. Magdalena war nun voll berufstätig, selbstständige Geschäftsfrau und Mutter. Die Kinderbetreuung teilte sie sich mit einer Freundin, die ebenfalls einen Säugling hatte und ihren hilfsbereiten Schwestern. Am Ort gab es keine Kinderkrippe. Der Kindsvater war ganztägig arbeiten. Mit dem angepeilten Studium war es vorerst vorbei. Magdalena hatte Pläne gehabt. Ihr Leben sollte ganz anders verlaufen als das ihrer Mutter. Die hatte früh Kinder bekommen und war Mutter und Hausfrau geblieben. Magdalena war in einem katholischen

Marktflecken geboren und im Schatten des Kirchturms aufgewachsen. Sie war getauft und besuchte den von Nonnen geleiteten katholischen Kindergarten. Ihr war die Denkweise, katholisch, ländlich, dörflich, von klein auf vertraut und sie gehörte dazu. Auch wenn ihre Eltern sie nie in den Gottesdienst zwangen, gehörte der Kirchgang oft zum Sonntag dazu. Doch ihre Eltern hatten ihr auch mitgegeben, dass es wichtig ist im Leben, eigene Entscheidungen zu fällen, selbst herauszufinden, was richtig oder falsch ist. Sie liebte ihre Mutter, aber so leben wie sie wollte sie nicht. Und heute, stellt sie frustriert fest, verläuft ihr Leben kaum anders als das ihrer Mutter. »Weil die gesellschaftlichen Strukturen so sind wie sie immer noch sind: Die Frau ist diejenige, die, wenn es drauf ankommt, daheim bleibt.« Auch Magdalena Federlin war für die Kinderbetreuung zuständig. Die Betreuung durch Fremde, in einer Krippe, ist auf vielen Dörfern noch immer verfemt. Kinder gehören da nach wie vor eher nach Hause, zur Mutter und wenn die nicht da sein kann, zur Oma, zu irgendeiner Tante. Welchen Wert Krippen für Kinder haben können – für die soziale, für die sprachliche Kompetenz, mal ganz abgesehen vom Spaßfaktor –, spricht sich erst ganz allmählich herum. »Das ist schwierig, wenn du so ein Konzept nirgends siehst. Ich schätze, bei uns am Land sagen 80 Prozent der Frauen, es sei

wichtig, dass das Kind mindestens bis zum dritten Lebensjahr bei der Mutter ist. Und das habe ich auch gesagt, das war auch meine Meinung! Mein Studium ist daran gescheitert, dass ich dieses Konzept im Kopf hatte. Also die Kinder in einer vernünftigen Betreuung und dann kannst du studieren, dann geht das auch. Aber so wie es war, liefen die Strukturen dagegen. Das ist so, wie wenn du im Wasser gegen die Strömung schwimmst, das machst du eine Zeitlang, aber dann kannst du halt nimmer.«

Und dann wurde Magdalena wieder schwanger. In ihrer Beziehung kriselte es, der Bioladen kostete Kraft und lief nur mäßig, ihr Kind war zu Hause und noch klein und die schwere Geburt noch frisch im Gedächtnis. Sie erfuhr den Namen und die Adresse eines Gynäkologen im nahen Memmingen. Diesmal würde es keine Odyssee geben, keine demütigenden Stationen bis zum Abbruch-Termin. Sie war in einer sozialen Notlage und hatte keinerlei schlechtes Gewissen. Sie ließ sich von dem Arzt beraten und musste die Fristen einhalten, das war alles. Um sich Gedanken zu machen, hatte sie keine Zeit gehabt, sagt sie heute, und die Frage der Moral lässt ihrer Meinung nach ohnehin immer verschiedene respektable Entscheidungsmöglichkeiten zu. »Wenn man mehr Zeit hat, über den Schmerz nachzudenken, tut es weh. Aber emotional war das klar. Das ging nicht anders, ich hatte keinen Gewissenskonflikt, weil es nicht anders ging. Das ist so, wie wenn du mit dem Auto auf eine Mauer zufährst. Du kannst nur rechts oder links, also fährst du auch nur rechts oder links.« Sie wollte kein Kind, das sie nicht ernähren konnte, für das sie nicht sorgen konnte. Später meldete sich das nicht geborene Kind ab und an zurück. Dann wurde es schwierig, wenn sie Kinder sah und sich überlegte, in dem Alter könnte das ihre nun auch sein. »Das war ganz gefährlich. Das war mir aber ganz schnell bewusst, dass das nicht geht, dass ich in diesen Zug nicht einsteigen darf. Das Leben verzweigt sich doch permanent und da macht es nie Sinn, wenn ich zurückgehe und sage, wenn ich doch, ... hätt ich doch ...« Sie ist eine pragmatische Frau, sie wusste, es ging nicht anders und sie machte »die Kiste zu«, wie sie es ausdrückt.

Drei Jahre später bekam sie in ihrem Laden einen Anruf. Sie räumte gerade im Lager hinter dem Bioladen und vorne warteten Kunden, als das Telefon klingelte. Am Apparat war die Kriminalpolizei: »Sie stehen im Verdacht, einen illegalen Schwangerschaftsabbruch begangen zu haben.« Magdalena Federlin war so verdattert, dass sie sich für den nächsten Tag mit den Polizisten verabredete, bei sich zu Hause. Drei lange Jahre war dieser Abschnitt ihres Lebens Vergangenheit gewesen. Nun kam alles wieder hoch, die damalige Lebenssituation, die Gefühle, die Entscheidung, die Gründe. Und das war nicht gut. »Denn eigentlich ist es ganz gut, wenn so eine Kiste dann mal aufgeräumt ist. Das wissen wir

ja auch, dass das vielen Frauen nicht gelingt. Wenn du das nicht schaffst, dann hast du ein Problem. Also war es gut, dass diese Kiste wunderbar aufgeräumt war.«

Das aber ließ die bayerische Justiz nicht zu. Der Frauenarzt von Frau Federlin in Memmingen war Dr. Horst Theissen. Sein Name ging damals durch alle Zeitungen. Eine ehemalige Mitarbeiterin aus seiner Praxis hatte ihn angezeigt wegen Steuerhinterziehung, vielleicht aus Missgunst, aus Neid, aus Eifersucht. Ein kleiner Brief trat eine Lawine los, die Hunderte von Frauen in erniedrigende Situationen brachte. Die Polizei hat die Praxis von Dr. Theissen auf der Suche nach Steuerakten durchsucht – und weil sie einmal da war, auch gleich die Krankenakten mitgenommen und unaufgefordert an die Staatsanwaltschaft Memmingen weitergereicht. Das war nicht notwendig und darüber hinaus rechts- und verfassungswidrig. Alle Patientinnen, bei denen nach 1980 in der Praxis von Dr. Theissen ein Abbruch vorgenommen worden war, wurden als Zeuginnen geladen und von der Staatsanwaltschaft befragt, peinlichst genau nach Lebensumständen, Partner, finanziellen und verwandtschaftlichen Verhältnissen, nach intimsten Details. Gegen 279 Frauen und 78 Männer wurden Ermittlungsverfahren wegen illegalem Schwangerschaftsabbruchs oder Beihilfe eingeleitet. Die meisten endeten mit einem Strafbefehl und die Frauen zahlten, weil sie sich nicht die Blöße geben wollten, in der Öffentlichkeit eines Gerichtsverfahrens gebrandmarkt zu werden. Viele kamen aus kleinen Gemeinden, sie wollten nicht »durchs Dorf getrieben« werden und gaben lieber klein bei. Nur die wenigsten legten Einspruch ein. Eine von ihnen war Magdalena Federlin. In der Presse hieß der Auftrieb schließlich die »Hexenjagd von Memmingen«.

Es geschah in der Zeit einer aufgeheizten politischen und gesellschaftlichen Debatte um die Rechtmäßigkeit von Schwangerschaftsabbrüchen. Anfang der 70er Jahre waren von Kiel bis Konstanz Frauengruppen und Frauenzentren entstanden. Sie alle nahmen gemeinsam den Kampf gegen den Abtreibungsparagrafen, den Paragrafen 218, auf. Ein Schwangerschaftsabbruch war verboten, er musste heimlich durchgeführt werden, war teuer, erniedrigend und oft genug lebensgefährlich. Ob eine Frau ein Kind bekommen sollte oder nicht, entschieden in der Regel Männer. Das sollte sich ändern, die Frauenbewegung sagte: Weder Richter noch Ärzte, geschweige denn Theologen haben das Recht, über den Körper und das Leben einer Frau zu bestimmen. Und sie forderten: Der Paragraf 218 muss ersatzlos gestrichen werden. 1974 trat eine Neuregelung des Paragrafen 218 nach dem Indikationsmodell in Kraft, das einen Schwangerschaftsabbruch unter bestimmten medizinischen, sozialen oder ethischen Gründen erlaubte. Das Gesetz ließ den Ländern in der Auslegung und Handhabung relativ großen Spielraum. In Bayern und Baden-Württemberg waren seit 1980 Abbrüche nur noch stationär, mit einem mehrtägigen Krankenhausaufenthalt, erlaubt. Zudem waren nur wenige Krankenhäuser bereit, Abbrüche überhaupt vorzunehmen. Bayerische Gerichte legten den Rahmen für eine Notlage relativ eng aus, was dazu führte, dass die meisten Frauen aus Bayern und Baden-Württemberg, die einen Schwangerschaftsabbruch vornehmen lassen wollten, nach Hessen fuhren, wo sie ambulant behandelt wurden. Was wiederum pro familia und Frauenverbände von »Abtreibungstourismus« sprechen ließ. Und sie warnten davor, dass, wer sich diese Reisen nicht leisten konnte, – wie vor hundert Jahren – in die gefährlichen Hände von Engelmachern geriet. Seit 1995 gibt es die Fristenlösung, die einen Abbruch in den ersten drei Schwangerschaftsmonaten zulässt, wenn vorher eine Beratung stattgefunden hat. Auch damals, 1988, war Datenschutz kein Fremdwort mehr, aber weil sich die Gelegenheit doch bot, nahm sich die Staatsanwaltschaft die Patientinnenkartei intensiv vor. So recht daran glauben, dass Akten nicht eingesehen, nach Gebrauch ganz sicher vernichtet werden, oder Wohnungen nur bei begründetem Verdacht per Video überwacht werden, virtuelle Durchsuchungen im Computer immer rechtens und Nacktscanner am Flughafen nur im begründeten Verdachtsfall eingesetzt werden, das mag glauben, wer will. Ein altes Sprichwort sagt, Gelegenheit macht Diebe und der Fall Memmingen zeigt, dass Skepsis angebracht bleibt.

Als die Frauen in Memmingen zwischen die Räder dieser alttestamentarisch verfolgenden Justiz gerieten, war die DDR gerade in Auflösung begriffen. Dort war seit Jahren die Fristenlösung praktiziert worden. Dr. Horst Theissen wurde 1989 wegen Schwangerschaftsabbruchs und Steuerhinterziehung zu einer Freiheitsstrafe von zweieinhalb Jahren verurteilt, zudem erhielt er Berufsverbot für drei Jahre. Nach

erfolgreicher Berufungsverhandlung vor einem anderen Gericht wurde der Arzt in der erneuten Hauptverhandlung zu einer zur Bewährung ausgesetzten Freiheitsstrafe von eineinhalb Jahren verurteilt, das Berufsverbot wurde aufgehoben.

Magdalena Federlin hielt nicht still. Sie erkundigte sich bei pro familia und bekam Kontakt zu einer Rechtsanwältin. Und dann kam der Strafbefehl: 40 Tagessätze à 50 Mark. Sie legte Widerspruch ein, Ablehnung und Gerichtsverhandlung waren die Folge. Die Gerichtsverfahren, die eigentlich anonym sein sollten, verliefen scheußlich für die Frauen. Gericht und Staatanwalt fragten nach Grundbesitz und Autos, nach Konten, Sparbüchern, nach nicht beantragten Krediten und Arbeitszeiten, nach Partnern und Familienkonstellationen. Da wurden Adoptionen zu geradezu hymnisch gepriesenen harmonischsten Familiensituationen, Bankdirektoren zu spendablen Rittern bei Kreditengpässen, und jede Unbill des Lebens wandelte sich in rosarote Wölkchen, wenn man nur an das entstehende Leben dachte, es schützte und gebar. Die Fragen und Ratschläge sollten väterlich klingen und waren herablassend und anmaßend. Denn sie behielten sich vor, zu entscheiden, was zumutbar, was in fremdem Leben machbar, was eine Notlage gewesen wäre. Und die Frauen versanken in Scham und Angst, in Trauer und oft in Einsamkeit und Ausweglosigkeit.

Die erste Verhandlung von Frau Federlin war im April 1988, vier Jahre nach ihrem Abbruch. Ihre Lebenssituation war eine ganz andere. Ihr erstes Kind war mittlerweile fünf, der Laden lief jetzt passabel und sie und ihr Freund wollten noch einmal ein Kind. Magdalena war wieder schwanger. Dann das Urteil: 30 Tagessätze à 30 Mark, wieder Einspruch und wieder ein neuer Prozess. Im Oktober 1988 kam ihr zweiter Sohn auf die Welt. Die Berufungsverhandlung fand im Dezember statt und diesmal hatte Magdalena mehr Glück. Sie erinnert sich an »einen richtigen Menschen« als Richter. Sie fühlte sich wahrgenommen als Person, bekam Pausen eingeräumt, um ihr Kind zu stillen, der Richter führte sie sogar selbst zu einem Zimmer, wo sie das in Ruhe tun konnte. Ein Mensch eben. Der Saal war voller Frauen. Viele Frauen trugen Nikolauskostüme, es war der 6. Dezember. Das Durchhaltevermögen von Magdalena Federlin brachte ihr eine Menge Sympathien und Solidarität ein. Und sie wurde freigesprochen. Doch Jubel und Erleichterung währten nicht lange – der Staatsanwalt beantrage Revision, das Bayerische Oberste Landesgericht hob den Freispruch wieder auf und verwies das Verfahren an das Memminger Landgericht zurück. In der ›Zeit‹ stand kurz darauf zu lesen: »In diesem Text (dem des Bayerischen Obersten Landesgerichts) lassen sich ideologisches Denken, Absolutheitsanspruch und Realitätsblindheit mit Händen greifen: Unbeeindruckt verwirft das Bayerische Oberste Landesgericht die praktischen, einleuchtenden und durchaus auch bindenden Argumente des Bundesgerichtshofs, des Bundesarbeitsgerichts, des Bundessozialgerichts und sogar des Bundesverfassungsgerichts. Tenor dieser soliden Selbsteinschätzung: Die anderen liegen alle schief, nur wir wissen das Richtige.«

In Memmingen kursiert eine alte Geschichte aus dem Land der Schildbürger: Einstmals gingen in einer klaren Vollmondnacht ein paar Memminger aus dem Goldenen Löwen heimwärts. Auf einmal sahen sie, wie sich der Mond, hier sagen sie Mau, im Wasser eines Feuerlöschzubers spiegelte. Da kam einer der Männer auf die Idee, den Mond herauszufischen und ihn mitzunehmen, so hätten sie in der Stadt immer ein Licht. Sofort wurde der Stadtfischer geholt. Der kam mit seinen Knechten und vielerlei Netzen, und sie machten sich daran, den Mond zu fangen. Die Memminger Bürger erwachten aus dem Schlaf ob des Lärms, den die findigen Burschen da unten veranstalteten, und schauten aus den umliegenden Fenstern dem Treiben zu. Hier endet die Geschichte leider, niemand hat sie zu Ende gedichtet. Eigentlich geht sie aber so weiter: Vor lauter Schauen in den Kübel bekamen die Memminger damals nicht mit, dass der Mond weiterzog, immer weiterzog. So wie die Richter und Staatsanwälte gebannt auf ihre eigene Meinung, ihre eigene Haltung starrten und ignorierten, dass Millionen Menschen ganz anders dachten als sie.

Erst nachträglich stellte sich heraus, dass der Vorsitzende Richter gleichzeitig auch Vorsitzender des Landeskomitees der Katholiken in Bayern war, das in einer Presseerklärung das harte Vorgehen der Memminger Justiz verteidigt hatte. Der Richter selbst hielt eine Befangenheit aufgrund seiner Doppelfunktion »nahezu für abwegig«, im Gegenteil, er sah in der Wahrnehmung seines Richteramts sogar eine »Christenpflicht«. Die Verteidigerinnen von Frau Federlin kannten die der Kirche nahestehende Position des Richters nicht, sonst hätten sie ihn wegen Befangenheit abgelehnt. Einem anderen Richter fehlte offensichtlich ebenfalls jedes Unrechtsbewusstsein in eigener Sache. Er war mit seiner Freundin aus naheliegenden Gründen nach Hessen zur Abtreibung gereist, sah das aber nicht als Hinderungsgrund an, in dem Memminger Verfahren tätig zu sein.

Im Jahr 1525 haben während des Bauernkrieges und in unmittelbarer Folge der Reformation in Memmingen von Adel und Klöstern drangsalierte und gepresste Bauern zusammen mit dem Schweizer reformierten Theologen Christoph Schappeler die »zwölf Artikel« verfasst, weltweit die erste Erklärung der Menschenrechte. Darin wird – unter Berufung auf »göttliches Recht« – festgestellt, dass es allgemeingültige Prinzipien des Rechtes gibt, die durch kein lokales oder sonstiges Sonderrecht außer Kraft gesetzt werden dürfen. Das hatten die Memminger Juristen 370 Jahre später wohl nicht in Erinnerung.

Die Rechtsanwältin Brigitte Hörster hat damals zusammen mit einer Kollegin Magdalena Federlin vor Gericht vertreten. Die Verfahren hat sie in sehr düsterer Erinnerung, nicht zuletzt wegen der oft schreiend weltfremden Argumentationen und Unterstellungen. »Ich war wirklich massiv irritiert davon, wie Recht angewendet wird«, erinnert sich Frau Hörster, »und wie man in diesem Verfahren vorgegangen ist, um zu einer ›Rechtserkenntnis‹ zu gelangen. Ich glaube schon, das war damals etwas, das meine Haltung zu dem, was eigentlich noch ein rechtsstaatliches Verfahren ist und was ein faires Verfahren ist, in den Grundfesten erschüttert hat. Ich habe mich nach den Verhandlungen oft gefragt, wie kann der sich nach so einer Äußerung am nächsten Morgen im Spiegel anschauen und sagen, ja, das war okay. Das ist für mich nicht nachvollziehbar. Es war durchaus teilweise gelungen, selbst uns als Anwältinnen so in eine Ecke zu stellen und so zu kompromittieren, dass ich heute sagen würde, wir hätten eigentlich parallel ständig Supervisionen gebraucht, um das wirklich so durchzuziehen. Und wenn ich mir denke, wie es erst den Betroffenen gegangen sein muss, wenn das uns schon so nahegegangen ist, die wir ja professionell noch einen ganz erheblichen Abstand gehabt haben. Obwohl das so lange zurückliegt, spüre ich richtig, wie es mir wieder hier hochkriecht, weil das war so massiv und so schlimm, damals.« Am Ende spricht sie so leise, dass wir sie kaum noch verstehen können. Frau Hörster ist eine Anwältin mit jahrzehntelanger Berufserfahrung, sie hat sich spezialisiert auf Mediationsverfahren und sie sei kämpferisch veranlagt, sagt sie. Aber »das widersprach so sehr meinem Verständnis von einem fairen Verfahren, es war geradezu eine Herausforderung zu sagen, so was darf nie mehr passieren, und ich werde immer genau an dem Punkt meinen Finger in die Wunde legen. Das weiß ich, dass das für mich mein Selbstverständnis als Juristin ist, an dem Platz, an dem ich stehe alles dafür zu tun, dass sich da Blickwinkel weiten. Also, dass sich nimmer Richter hinsetzen können wie in Memmingen und sagen können, ich finde, das ist keine Notlage.«

Noch immer findet sie es bedenklich, dass in Verfahren wie diesen, eigentlich weltanschaulichen Verfahren, Richter und Staatsanwälte ohne Mediation, quasi ohne Betreuung, ohne Rücksprache, agieren können. Solche Verfahren seien nie rein juristisch zu lösen wie etwa bei einem Bankraub, sondern weil da Aspekte hineinspielen wie Sittlichkeit, Anstand, Moral, sind sie in der Beurteilung Moden und Zeitgeist unterworfen. »Die Problematik besteht darin, wie das Recht angewandt wird und von wem. Also, Gesetze, Verfassung und Grundgesetz, das wird gestaltet durch die Generation, die das lebt in diesem Moment, die es tut. Das sind spannende Fragen, weil sich solche Prozesse daran orientieren. Und darum ist doch immer die Frage: Wie setzen sich die paar, die das dann entscheiden in einem Prozess, eigentlich zusammen? Das finde ich schwierig. Das finde ich auch in Bayern fragwürdig. Wenn man sich hier anschaut, welche Stationen muss hier jemand durchlaufen, bis er mal auf einer Richterstelle sitzt. Da kann man sich mit Fug und Recht fragen, wieso muss jemand, der in die Rechtsprechung geht, als einer in der Gewaltenteilung, wieso muss der zuerst ein paar Jahre im Ministerium sitzen? Da kommt immer die Frage auf, wo entstehen welche Klüngel, was haben denn politische Parteien für einen Einfluss, oder wie kommt jetzt ausgerechnet der Richter an diese Stelle, wozu muss der vorher dort und dort gewesen sein. Da werden, sag ich mal, Rechtserkenntnisprozesse beeinflusst.«

Das Ende vom Lied für Magdalena Federlin war, das Verfahren wurde nach Memmingen zurückverwiesen, an eine andere Kammer mit einem anderen Richter, der endlich ein Einsehen hatte und sich wegen der langen Dauer des Verfahrens mit der Verteidigung einigte. So wurde das Verfahren schließlich 1989 eingestellt. Auch in 39 anderen Fällen war zwar keine Indikationsfeststellung durch einen zweiten Arzt vorgenommen worden, das Vorliegen einer Notlage, wie sie Theissen beurteilt hatte, wurde aber letztlich durch das Gericht anerkannt. Die meisten der 259 Frauen, die im Vorfeld des Prozesses Strafbefehle des Memminger Amtsgerichts erhalten und sich nicht gerichtlich dagegen gewehrt hatten, hatten diese umsonst bezahlt.

Magdalena Federlin hat einige Zeit in einer Arztpraxis in München gearbeitet, die auch Abtreibungen durchführte. Des Öfteren standen unten vorm Haus Lebensschützer, um gegen Schwangerschaftsabbrüche zu demonstrieren. »Ich habe meine zwei Kinder gehabt und die Arbeitsstelle dort und da hängst du echt drin, mit Arbeitsweg und allem und alleinerziehend war ich damals auch noch. Und die stellen sich den ganzen Tag da unten hin. Ich bin dann irgendwann hingegangen und hab denen gesagt, ja, tut halt was! Nehmt Kinder auf, gründet Kinderkrippen, macht was für die Kinder, dass die Leute nimmer abtreiben müssen! Aber stellt euch nicht hin, verschränkt die Hände und sagt: Du bist bös, du bist eine Mörderin! Wenn ich soviel Zeit hätte, es gibt doch so viel zu tun. Wenn ich ein ernsthaftes Interesse am Lebensschutz habe, dann bleibt mir nur zu handeln.«

Heute lebt Frau Federlin mit neuem Mann und einem weiteren Kind noch in der gleichen Stadt. Ihr Kind kam mit einem Chromosom zu viel auf die Welt. Nach dem Gesetz hätte sie dieses Kind nicht bekommen müssen, sie hätte die Gesundheit des Fötus überprüfen lassen können und ihn abtreiben dürfen, ohne Probleme. Doch sie entschied sich dagegen. »Ich habe auch kein blödes Gefühl wegen Abtreibung und meinem Sohn jetzt. Darüber habe ich schon mit meiner Mutter diskutiert in den 70er Jahren und wusste damals schon, die eugenische Indikation ist eine Ohrfeige für alle Menschen, die ihr Leben mit einer Behinderung meistern müssen. Der Staat sagt nämlich: Wir wollen euch eigentlich nicht. Weil, grundsätzlich ist Abtreiben verboten, aber wenn du so einer werden wirst, dann lieber nicht.« Und wieder kämpft sie. Sie möchte für ihren jüngsten Sohn ein Leben in relativer Selbstständigkeit. Menschen mit Behinderungen leben in Deutschland im Allgemeinen mehr oder weniger wohlbehütet, aber isoliert unter sich. Frau Federlin möchte für ihren Sohn einen Platz mitten in der Gesellschaft, wie für ihre anderen Kinder auch – und nicht am Rand, ausgegrenzt und abgesondert in Behinderteneinrichtungen.

VOR DEM PARADIES DIE MILCH

Lindau am Bodensee

Ein Regionalzug quält sich von München nach Lindau. Die Fahrgäste werden durch unrhythmische Stöße daran erinnert, dass sie unterwegs sind. Kurz hinter dem Lech – bis dahin gehört das Land noch zum Einzugsgebiet Münchens – öffnen sich Wiesen. Schon stehen die ersten Kühe auf den Weiden. Flüsschen mäandern dazwischen. Wenn das Wetter besser wäre, würde man gerne aussteigen, spazieren gehen, Rad fahren. Nicht zuletzt, um endlich dem Gebrumme des Zugs zu entkommen.

Aber tiefe Wolkenschleier schweben über der Landschaft. Heute zeigt sich das Allgäu einmal nicht wie in einem Werbeprospekt der Tourismusbranche. In Lindau kommt die Sonne raus. Das alte Lindau liegt auf einer Insel im Bodensee. Schon in den 50ern und 60ern, als Deutschland sich nach dem Krieg einigermaßen wieder hochgearbeitet hatte, wurde der Ort zum beliebten Ausflugsziel für Tages- und Wochenendtouristen.

Die Wirtschaft gedieh, die Gewerkschaften hatten mehr Lohn und Gehalt erkämpft, die Wochenarbeitszeiten sanken von fast 50 Stunden auf 46,2 und die Urlaubstage waren bis 1961 auf 15 angewachsen. Die Arbeitslosenquote hatte 1960 annähernd bei traumhaften null Prozent gelegen, und nachdem der schier endlose Arbeitskräftezustrom aus der DDR nach dem Mauerbau versiegt war, mussten bereits die ersten Gastarbeiter ins Land kommen. Jeden Morgen traf im nahen München ein Sonderzug ein, der rund 500 italienische Arbeiter nach Deutschland brachte. Die Produktion lief auf Hochtouren, die Leute hatten wieder Geld in den Taschen und konnten es nun allmählich auch für so etwas wie Luxusgüter ausgeben. Zwei Millionen Fernsehgeräte wurden im Jahr gebaut, vier Millionen Rundfunkgeräte, eine Million Waschmaschi-

nen, drei Millionen Fotoapparate und fast zwei Millionen Autos. Mobilität hieß das neue Zauberwort der Zeit. Der fünfmillionste Käfer lief vom Band, Autofahren und Autopflege wurden zur wichtigen Freizeitbeschäftigung, Spazierfahrten und Ausflüge zum Sonntagsvergnügen. Eines der inländischen Ferienziele wurde das Allgäu mit Bodensee und Lindau.

Auf der Insel lebten damals etwa 4.500 Einwohner. Kriegsschäden hatte es kaum gegeben, die Häuser standen dicht an dicht, dazwischen enge Gassen. Die Tagestouristen strömten auf den Fleck im Wasser, jeder hatte Geld in der Tasche, die Enge wirkte gemütlich, die Gaststätten waren voll, ein Essen kostete nicht die Welt und ein Bier noch weniger. Im Sommer gab es am Abend ein Kurkonzert mit Musikkapellen am Hafen und in beinahe jedem Lokal sorgten ein

167

Akkordeonspieler oder eine flotte Combo für gute Stimmung und oft genug für Tanz. Anfang der 60er Jahre bedienten die ›Beine von Dolores‹ von Peter Alexander oder Caterina Valente mit ›Tschau, Tschau, Bambina‹ die Sehnsucht nach Reisen in ferne Länder, nach Liebe, Treue, Zweisamkeit. Wer so etwas nicht mochte, der suchte sich ein Weinlokal mit einem der Zitterspieler, die auch Heimatkost im Programm hatten.

Nicht alle Bevölkerungsgruppen konnten damals vom Wirtschaftswunder profitieren. Dazu gehörten kinderreiche Familien und Rentner; beiden sollten spezielle Förderprogramme, Gesetze und Sozialreformen unter die Arme greifen. In den Familien mussten oft beide Elternteile Geld verdienen, trotz Aufschwung reichte ein Einkommen für die nötigen Anschaffungen häufig noch nicht aus. Daher wurden immer mehr Frauen berufstätig, von 1950 bis 1962 wuchs ihre Zahl um 1,9 Millionen – trotz aller Warnungen vor den »negativen Folgen für das Familienleben«.

Auch Gisela Klaus und ihre Mutter suchten eine Möglichkeit, Geld zu verdienen und kauften einen Kiosk. Aber keinen gewöhnlichen, sondern einen prosaisch als »Milchverbrauchswerber« bezeichneten Milchpilz: weiß und rund, mit rotem Dach und weißen Punkten. Die Allgäuer Firma Waldner KG in Wangen, spezialisiert auf Molkereiprodukte, vertrieb Einrichtungen für ganze Milchstuben und Milchbars. Die Kundschaft konnte die gesamte Ausstattung erwerben, vom einfachen Rezept über Hygienevorschriften bis hin zum feinen Butterprüflöffel. Anfang der 50er hatte die umtriebige Milchfirma eine Marktlücke erkannt: Überall vor Bahnhöfen und an Plätzen sollten die gleichen Häuschen stehen, wiedererkennbar, Milchpilze für Milchprodukte. Im eigens produzierten Prospekt hieß es: »Die gewählte ›Pilzform‹ ist schon alleine in psychologischer Hinsicht von absolut einprägsamer Wirkung. Von Jung und Alt wird das weithin sichtbare leuchtend rote Pilzdach mit den weißen Tupfen sympathisch angenommen und bildet einen großen Anziehungspunkt.« Das fertig montierte Häuschen gab es zum Grundpreis von schlanken 4.195 DM. Diverse Extras wie der »Frigid«-Einbaukühlschrank, der Schlagsahnezapfer »Romator 52« oder die Eismaschine »Rapidchen« waren gegen entsprechenden Aufpreis erhältlich. Die Pilze wurden 50 Mal gebaut und verkauft. Sie fanden Liebhaber nicht nur innerhalb Deutschlands, sondern wurden für den Wiener Prater, aus Rovereto und Rimini und selbst aus Varna am Schwarzen Meer geordert. Jedoch, über Geschmack lässt sich streiten. Jeder sollte zwar nach dem Grundgesetz das Recht auf die freie Entfaltung seiner Persönlichkeit haben, aber die Württembergische Landesstelle für Naturschutz und Landschafts-

pflege fand die Pilze nicht hübsch und musste sich erregen. Sie schickte 1952 der Hermann Waldner KG ein illustriertes Schreiben mit den empörten Worten: »Herr und Frau Jedermann schütteln den Kopf. Die Gestaltung Ihrer Milchhäuschen in Pilzform halte ich für völlig abwegig. Die Ablehnung dieses Bauwerks, das besser nach Amerika passen würde, durch die Stadtbauämter ist in Ordnung. Ich glaube nicht, dass es eines Milchpilzes bedarf, um die Milchgetränke populär zu machen. Zuverlässige Bedienung und niedrige Preise werden mehr dazu beitragen als geschmacklose Reklame. Hochachtungsvoll«, und eine Unterschrift kehrt im Pluralis Majestatis »so was«, gemeint ist der Milchpilz, »den Rücken zu«!

Frau Klaus und ihre Mutter hatten das Gefühl, ein gutes Geschäft zu machen, und übernahmen den Lindauer Pilzkiosk 1962 mit der Lizenz zum Verkauf von Milchwaren. Milch sollte die Jugend gesünder machen, der Verkauf sollte die einheimischen Bauern stärken, Käsebrötchen und Joghurt sollten unter die Leute gebracht werden. Milchmixgetränke waren der Renner, mit Erdbeer-, Himbeer-, Bananengeschmack, und weil es auf der Linie lag, erwarben die beiden Neueigentümerinnen eine Softeismaschine und verkauften an die Schleckermäuler vom Rollschuhplatz nebenan Eis, auf Milchbasis, versteht sich. Im Sommer kamen morgens die Fischer, die gleich hinterm Rasenplatz am See ihre Boote liegen hatten, mit ihrem frischen Fang auf eine Milch oder einen Kaffee vorbei, ein Brötchen dazu. »In der Früh um sechs mussten wir die Milchzentrale anrufen, Milch bestellen, weil die im Sommer sauer wurde, obwohl sie in der Kühlung stand. Dann kamen die mit Milchkannen, zwanzig Liter Milch, die wurden mit einer Handpumpe rausgepumpt. Dann wurde Joghurt bestellt und die Früchte für die Mixsachen, Käse und Brötchen. Um acht kamen die ersten Kunden, wenn die Fischer kamen, und so ging es bis abends um zwölf«, erzählt Frau Klaus. »Das waren lange Tage, sechzehn Stunden durchschnittlich.« Irgendwann hatten immer mehr Gäste nicht mehr nur Milch trinken wollen. »Früher gab's Milchbecher, die waren außen weiß, undurchsichtig, wie Steingut. Die fassten etwa einen halben Liter. Irgendwann fragten die Stammkunden, ob wir nicht auch Bier ausschenken könnten, immer nur Milch, das könnte es doch nicht sein. Nachdem wir ja keine Lizenz hatten zum Bierausschank, haben wir natürlich in die Milchbecher das Bier eingeschenkt. Und da saßen die Männer beim Milchtrinken, und oft kamen die Frauen und sagten, sie wussten gar nicht, dass ihre Männer so viel Milch trinken, und die sind immer lustiger geworden mit der Milch. Und das Leergut, meine Bierkisten stapelten sich, ich hatte keinen Abstellraum, da haben wir das immer zudecken müssen,

169

bis wir halt die Lizenz bekamen zum Bierausschank, für einen Biergarten.« Der Kiosk mit dem bald dazugehörigen Biergarten war ein Saisongeschäft, im Sommer lief er, im Winter war er zu. Doch sobald die ersten warmen Tage kamen, richteten die Frauen ihr Häuschen her und machten wieder auf. Der Umsatz stimmte einigermaßen, viel ging über Kleinkram, irgendwann waren Süßigkeiten dazugekommen, und man musste erfinderisch bleiben, sagt Frau Klaus. Aber wie das so ist, wenn man alleine arbeitet, könne einem ja niemand in die Kasse schauen. Das Finanzamt hätte schon mal nachgefragt, ob sie nicht endlich eine Registrierkasse anschaffen wolle. Aber, so war ihre Überzeugung, auch dann sei es ja ihre Sache gewesen, was sie da eingebe. »Wenn ich da nix reintippe, ist auch nix drin.«

Die beiden Frauen betrieben den Kiosk gemeinsam etwa fünf Jahre lang. »1967, am 1. April, habe ich geheiratet, und meine Mutter hat am 17. Oktober 1967 geheiratet. Sie hat sich entschieden, dass sie einen Berggasthof heiratet, und ich hab mich entschieden zum Autoverleih.« Frau Klaus hatte bereits eine kleine Tochter und wollte überhaupt nicht heiraten. Bereits den Vater ihrer Tochter hatte sie nicht geheiratet, doch dem zweiten Anwärter hatte sie irgendwann nicht widerstehen können. Aber wenn sie von Ehe spricht, scheinen ihr nur Fesseln, Enge und das Gegenteil von Freiheit einzufallen. Ihre Ehe hielt dann auch nur zehn Jahre. Mit ein Grund könnte sein, dass sie nie nur Hausfrau sein wollte. »Nee, das finde ich furchtbar. In der Früh stehst du auf, machst Frühstück, dann machst du die Betten, eine gute Hausfrau moppt dann noch hinterm Staub her, dann gehst du einkaufen, damit was auf den Tisch kommt, dann hast du endlich das Geschirr in der Maschine, es ist gespült, dann musst du es einräumen, indessen musst du einen Kaffee machen, und zwischendrin darfst du noch mal freie Zeit haben, und schon kommt das Abendessen. Das ist der schöne Tag einer Hausfrau. Das finde ich grausam.«

Gisela Klaus ist ein Kriegskind, 1941 geboren. Sie wollte auf die Oberschule, dafür war aber kein Geld da. Später wollte sie Modezeichnerin werden, doch die Eltern, vor allem ihr Vater, 16 Jahre älter als ihre Mutter, waren nicht einverstanden, als die Tochter vorhatte, deswegen nach Paris zu gehen. Vermutlich alte Vorurteile ihres Vaters aus dem Krieg, vermutet Frau Klaus. Stattdessen sollte sie eine Hauswirtschaftsschule besuchen, damit sie das lerne, was sie später am meisten benötigen würde und anderen weitergeben sollte, nämlich ihren eigenen Töchtern. Sie absolvierte drei Jahre Lehre, wie es sich gehörte, inklusive Schule, Erzieherin, Säuglings- und Krankenpflege und Staatsexamen. »Das habe ich damals schon so was von grausig gefunden,« lacht sie. »Und da habe ich mir gedacht, nee, also Heiraten, und das dann jeden Tag, nee, also wirklich nicht. Das war für mich klar.«

Mit dieser Einstellung stand sie damals nicht alleine, aber die meisten Frauen heirateten eben doch. Das, was die Republik draußen im fernen München oder in Berlin in den 60ern so umtrieb, die Studentenproteste, die Kommune 1 oder der Vietnamkrieg, das sahen sie im Fernsehen, in der Tagesschau, das war weit weg von Lindau. Hier heiratete man, wenn man zusammen sein wollte, der Kuppeleiparagraf, der sogar Eltern und Vermieter vor Gericht und ins Gefängnis bringen konnte, wenn sie unverheirateten jungen Leuten erlaubten, allein zusammen zu sein, wurde erst 1969 abgeschafft. Aufmüpfige »Emanzen« waren hier gestandene Frauen, die sich nichts rausgeben ließen, wenn es drauf ankam. Aber sich heimlich treffen oder miteinander schmusen konnten junge Leute allenfalls in einem der gerade aufkommenden Autokinos. Noch redete niemand offen über Sexualität und aufgeklärt war kaum jemand. Drogen, außer den gesellschaftlich akzeptierten, wie Wein und Bier, waren zwar bald auch in den entlegensten Winkeln nicht mehr unbekannt, aber geschwoft wurde noch meist unter den Augen der älteren Generation, vielleicht zu Elvis Presley oder Peter Kraus. Hier am Rand der Alpen war die Welt noch in Ordnung, die Ehe ein heiliges Gut und Seitensprünge ein öffentliches Geheimnis.

Gisela Klaus hat auch während ihrer Ehe, trotz zweier Kinder, weitergearbeitet. Sie wirkt ohnehin wie eine Frau, die es gewohnt ist, sich immer wieder neu zu erfinden. Damals arbeitete sie mit in der Autovermietung inklusive Abschleppdienst, Versicherungsagentur und Kreditbeschaffung. Nach ihrer Ehe stand sie erst mal ziemlich blank da. »Das Geschäft geht ja immer auf den Mann, das gehört sich ja so, das ist so, und das bleibt so.« Aber Geld verdienen lässt sich mit so manchem und ihr fiel immer etwas Neues ein. Sie arbeitete eine Zeitlang in einer Zeltfabrik, in der Parfümerieabteilung eines Kaufhauses, hatte drei Jahre ein Café, arbeitete in einem Dentallabor, vertrieb für eine Luxusfirma handbestickte Handtaschen

und Schlangenlederschuhe, fuhr Taxi, und nach der Wende wollte sie das große Geld machen mit einem Reiniger von Luft aus Klimaanlagen. Dieses Projekt scheiterte jedoch. »Aber ich konnte alles vielleicht fünf oder sieben Jahre machen, dann musste ich wieder was ganz anderes machen. Dann hat es mich nicht mehr interessiert. Oder ein Geschäft, das nicht gelaufen ist, das hat mich so lange interessiert, bis es richtig lief. Und wenn es gegangen ist, hat es mich nicht mehr interessiert.« Und immer, wenn sie Zeit hatte und vermutlich auch mal weniger Geld, übernahm sie wieder den Pilz für eine Weile. Ansonsten führte ihn eine zeitlang eine Cousine oder er war verpachtet, wie jetzt auch. Der Milchpilz war nie ihr Lebenstraum gewesen, aber immer »so ein Kind nebenbei«, vielleicht auch ein Rettungsanker.

Seit Kurzem steht der alte Pilzkiosk unter Denkmalschutz. Jedes Ding in Deutschland hat eine Nummer, einen Namen oder zumindest eine Adresse. Ohne ist schier undenkbar. Der Milchpilz in Lindau hat keine Adresse. Früher stand er am Rollschuhplatz, dann hieß das Straßenstück Zwanziger Straße, daraus wurde zuletzt der Thomas-Kinkelin-Platz. Alles Kinkerlitzchen. Der Pilz stand schon immer – abgesehen von einem Umzug, bevor die Damen Klaus ihn erworben haben –, unten am See, in der Nähe des Wassers. Eine viel befahrene Straße trennt ihn von dem belebten Teil Lindaus. Bevor die Gäste zurück in die Stadt kehren, wo sich noch immer die Touristen – »hauptsächlich Rentner und weit weniger als früher«, beklagt Gisela Klaus – tummeln, müssen sie einen kleinen Platz überqueren: das Paradies.

DER HERBST BRACHTE DEN TOD
Stuttgart-Stammheim

Der Stuttgarter Moloch, Hügel rauf, Berg runter, Straße rauf, Straße runter. Wie auf Gokart-Bahnen werden wir von einem Stuttgarter Stadtteil zum nächsten gelenkt, der Verkehr ist dicht, die Stimmung schwankt. Anfang der 70er Jahre hatte die Ölkrise vier Sonntage lang die Autos von den Straßen verbannt. In dem ständig brummenden Kreisel hier rund um Stuttgart ist das eine verlockende Vorstellung. Die sozialliberale Bundesregierung reagierte damals auf die Drosselung der Erdölexporte aus den arabischen Ländern – ein Reflex auf die israelfreundliche Haltung der westlichen Industrieländer während des Jom-Kippur-Krieges – mit einem Sparprogramm. Es gab Fahrverbote an vier Sonntagen im November und Dezember 1973, Höchstgeschwindigkeiten auf den Autobahnen,

eine Begrenzung der Abgabemengen für Treibstoff, und es begann die Suche nach alternativen Energiequellen. Vor allem die Atomenergie sollte der Stoff der Zukunft sein – unbegrenzt vorhanden und sicher. So dachte man damals. Nach der Entspannung der politischen Lage erhöhten die Erdöl exportierenden Länder drastisch die Preise. Die Bundesrepublik musste 1974 für ihre Importe rund 17 Milliarden D-Mark mehr bezahlen als im Jahr zuvor. Speziell die Autoindustrie und deren Zulieferbetriebe litten unter der Preiserhöhung, der Absatz von Autos sank im Vergleich zum Vorjahr fast um ein Viertel. Dagegen konnte die deutsche Fahrradindustrie ihren Absatz in den ersten sechs Monaten nach Beginn der Ölkrise um den gleichen Wert steigern.

Fahrrad gefahren ist Ludwig Makowski in seinem Leben nur, wenn es sich gar nicht vermeiden ließ. Beinahe alles, an das er sich erinnert, steht in irgendeinem Zusammenhang mit seiner Frau Erika und den Kindern – oder mit Autos. Nach dem Krieg wollte er durchstarten, aber richtig. Alles, was Räder und einen Motor hatte, faszinierte ihn. Er besaß als Erster seiner Freunde ein Moped, bald darauf tauschte er es dank viel Arbeit an dessen Häuschen bei einem älteren Verwandten gegen ein gebrauchtes Motorrad ein, und als er Erika mit ihren langen Beinen und

den selbst genähten Sommerkleidern kennenlernte und schick fand, fuhr er schon einen Kabinenroller, Zweisitzer.
Erika und Ludwig Makowski lebten 50 Jahre lang im selben Haus. 1957 war es fertig geworden und sie zogen ein. Ein kleines Siedlungshaus war es gewesen, eines von vielen in einer Reihe. Damals hatte es weiß leuchtend mit rotem Dach auf der grünen Wiese am Rand von Zuffenhausen gestanden. Heute liegt es mittendrin in Stuttgart und ist mit der Familie gewachsen, um- und angebaut und irgendwann dann um das

Nachbarhaus erweitert worden. Ohne die Hilfe der Brüder und Schwäger an jedem freien Wochenende und die finanzielle Unterstützung der Eltern hätte das junge Ehepaar sein Häuschen damals nicht bauen können. Ludwigs Eltern bewirtschafteten zwar einen kleinen Bauernhof und hatten ein bisschen was zur Seite gelegt, aber Erika brachte nichts mit in die Ehe, »außer fünfzehn Händen«, die Ludwig schon damals bewunderte. Erika war zusammen mit Mutter, Großmutter und zwei kleinen Geschwistern aus Ostpreußen geflohen, arm und »ohne Selbstbewusstsein«, so erinnert sich Erika an sich selbst, versuchten sie als Flüchtlinge in dem schwäbischen Dorf zu überleben. Über Bekannte hatten sie sich 1948 kennengelernt, Erika konnte so gut tanzen, doch es hat lange gedauert, bis auch die Schwiegereltern die »Neue« akzeptierten. Sie war katholisch, die Schwiegerleute evangelisch. Damit fing er schon an, der Religionskrieg am Mittagstisch. Wollte Erika vor dem Essen beten, ließ die Schwiegermutter die Hände sinken, war die Schwiegermutter mal die Erste und ergriff die Initiative, machte Erika nicht mit. Damals wäre Ludwig fast verzweifelt, sagt er. Dabei ist er keiner, der leicht aufgibt. Auch damals hatte er eine Idee, lud den Pfarrer zum Essen ein, beschwor ihn zuvor, er müsse das jetzt richten, das Problem müsse aus der Welt. Der Pfarrer kam und redete ihnen kräftig

ins Gewissen, sie gelobten Nachsichtigkeit »unter Schwestern«, und dann gab es Rinderbraten. Es dauerte eine Weile, aber allmählich tatsteten die beiden Frauen sich aneinander heran und waren schließlich »richtig gut befreundet«, sagt Ludwig, und Erika lächelt ein »Doch, doch«.

Ludwig war bereit, beruflich so ziemlich alles zu machen, wenn es nur mit Autos zu tun hatte. Einen richtigen Beruf hatte er zunächst nicht, wie so viele, deren Biografie durch Krieg und Nachkriegschaos durcheinandergeraten war. Ludwig machte Geschäfte, zuerst auf dem schwarzen Markt mit Speck, Fleisch und Wurst vom elterlichen Hof. Später, als die Franzosen abgezogen waren und Stuttgart und Umgebung zur amerikanischen Zone kamen, machte er sich bei einer Gruppe GIs unentbehrlich. Er kannte sich aus und konnte alles besorgen, was über die amerikanische Verwaltung nicht zu bekommen war: würzige schwäbische Wurst, geschmuggelten Wein von badischen Verwandten – aus der französischen Zone – und Mädchen. Aber die Jeeps der Amerikaner durfte er immer nur ansehen, nie fahren. Im November 48 ergatterte er dann die heiß umworbene Stelle an einer Tankstelle drüben an der Kreuzung, an der Straße nach Stuttgart. Sein Chef war nett, ließ ihn Autos betanken und waschen und drückte beide Augen zu, wenn Ludwig einen gewaschenen Wagen nicht nur rückwärts aus der Garage setzte, sondern damit eine kleine Runde über die Kreuzung drehte.

Der Tankstelle und ihrem Besitzer blieb Ludwig treu. Diesem »Mann ohne Vornamen«, wie ihn Erika und Ludwig nennen, der bei allen immer nur »der Ellenberger« war. Sogar seine eigene Frau hatte ihn so gerufen, den Erwin Ellenberger. Er baute die Tankstelle allmählich aus, erst eine Werkstatt an und später eine zweite, und irgendwann verkaufte er Autos, erst gebrauchte und schließlich auch neue. Ludwig lernte Autos zu reparieren und bald, sie zu verkaufen. Als Erika und Ludwig heirateten, spendierte der »Ellenberger« für den Festtag ein BMW-Cabrio »in so einem steilen Grün«, schwärmt Erika, und weil er in der Blaskapelle Posaune spielte, erwartete die Hochzeitsgesellschaft vor der Kirche ein leicht schräger Hochzeitsmarsch.

Ludwigs Vater war vor längerer Zeit gestorben, Erwin Ellenberger hatte seine Frau verloren und die beiden verwitweten Hinterbliebenen fanden zueinander. Beide waren nicht mehr jung, hatten das Rentenalter längst erreicht. »Und dann haben sie eines Abends zu mir gesagt, ich müsse mich mal hinsetzen, sie wollten mir was erzählen.« Sie eröffneten Ludwig, dass sie sich zusammentun wollten, alleine sei es einfach nicht schön. Ludwig erinnert sich, dass er zuerst dachte, das gehe doch nicht, die beiden, in ihrem Alter. »Dass

die sich verliebt haben, das wollte ich erst gar nicht wissen.« Die beiden Alten blieben wohnen wie zuvor, aber unternahmen mehr und mehr gemeinsam und Ludwig wurde zum schon nicht mehr ganz jungen Juniorchef im Betrieb. Ein paar Jahre später heirateten die »Alten«, zogen zusammen in Inges Bauernhaus, das längst schon ohne Landwirtschaft war und »der Ellenberger« überschrieb Ludwig seine Tankstelle mit allem, was dazugekommen war. Dafür sollte Ludwig für seine Rente sorgen.

Ludwig baute den Betrieb weiter aus, die Wirtschaft boomte, die Leute kauften Autos und das Geschäft florierte. Aus der Tankstelle von einst war ein modernes Autohaus geworden. Und als die Ölkrise den Markt für Autos einbrechen ließ, war Ludwig relativ sicher, das durchhalten zu können. Eines Morgens, es war im Herbst 1976, fuhr er hinüber Richtung Stammheim zu seinem Betrieb. Eine Ampel zeigte Rot, Ludwig musste im Berufsverkehr hinter einer Kolonne von einigen Autos anhalten. Plötzlich sprangen aus dem Wagen vor ihm zwei, drei Männer, und bevor Ludwig richtig zu sich kam, blickte er in das offene Rohr einer Maschinenpistole. Es war die RAF-Zeit, der Prozess in der gepanzerten und mehrfach bewehrten »Mehrzweckhalle« im Stammheimer Gefängnis war noch nicht beendet, und zwei Autos vor ihm hatte der Wagen mit Generalbundesanwalt Siegfried

Buback ebenfalls wegen der Ampel anhalten müssen. Das forschte Ludwig in den Tagen danach aus. Die Männer vor ihm sicherten die Umgebung ab. Als das Signal Grün zeigte, sprangen die Leibwächter mit den gezückten Waffen wieder zurück in ihren Wagen und wie die wilde Jagd schossen drei dunkle Limousinen auf der Gegenfahrbahn an etlichen Autos vorbei davon. Der Schreck saß ihm eine Weile noch in den Gliedern.

»Und dann kam eins zum andern«, erinnert sich Erika. Ludwig erlitt einen Herzinfarkt, von dem er sich aber schnell erholte. Ein paar Wochen später nur starb ganz überraschend »der Ellenberger.« Und wenig später stürzte die Mutter Inge, wurde bettlägerig und kurz darauf zum Pflegefall. Ludwig und Erika holten sie zu sich, wechselten sich ab und pflegten sie zu Hause. »Und das, obwohl wir uns doch am Anfang überhaupt nicht leiden konnten. Aber das ging gut, wir hatten uns ganz schön zusammengerauft.« Erika war bei Inges Hochzeit sogar Trauzeugin gewesen, ein großes Kompliment »der alten Dame an die Schwiegertochter«, schmunzelt Ludwig. Aber es war eine schwierige Zeit. Jeder Luftzug brachte Inge eine Erkältung, sie bekam Lungenentzündung, von der sie sich zwar wieder erholte, aber sie blieb sehr anfällig.

Im April 1977 wurde Siegfried Buback an einer roten Ampel in Karlsruhe von einem Motorrad aus ermordet. Er und einer seiner Leibwächter starben sofort, ein weiterer kurze Zeit später. Es war die »bleierne Zeit« in Deutschland. Prominente und Unbekannte, Polizisten und unbeteiligte Zivilisten starben im All-machtsrausch von Baader, Meinhof, Ensslin und ihren Epigonen. Das gesellschaftliche Klima war angespannt, die Situation schien unberechenbar für jeden und überall. Jeden konnte es auf der Straße ereilen. Mitten unter harmlosen Ausflugs- oder Urlaubsfahrten gerieten Unbeteiligte plötzlich in Straßensperren oder Fahrzeugkontrollen der Polizei. Jeder stand unter Generalverdacht. Bei manchen galt es bald als Volkssport, entweder seriös im unauffälligen Pkw wieder mal unbehelligt durchgekommen zu sein oder im bunt bemalten VW-Bus und mit der üblichen Haarmatte auf dem Kopf oder im auch von den Terroristen gern benutzten BMW hundertprozentig aufzufallen, zum wiederholten Mal angehalten, kontrolliert zu werden. Und die Polizisten mit sanftem Spott zu bedenken. Allzu mutig war damals niemand, zu leicht reizbar waren die Ordnungshüter, die Maschinenpistolen schienen beständig ungesichert, die Finger am Abzug zu nervös.

Im September 1977 wurde der Arbeitgeberpräsident Hanns-Martin Schleyer von der RAF im Kölner Stadtteil Braunsfeld entführt. Sein Fahrer und drei Begleitpolizisten starben im Kugelhagel, bevor es den Terroristen gelang, den Arbeitgeberpräsidenten in einen weißen VW-Bus zu zerren. Am Abend verfolgten Ludwig und Erika Makowski die Nachrichten im Fernsehen. Die Entführer forderten die Freilassung von elf RAF-Häftlingen. »Ich weiß das noch wie heute, weil plötzlich rumste es oben im Zimmer von Mutter, wir sind sofort aufgesprungen und hochgerannt, da lag sie auf dem Läufer vor dem Bett. Sie wimmerte vor sich hin. Wir haben sie erst ins Bett

zurücklegen wollen, aber das ging gar nicht.« Inge hatte sich das Bein gebrochen. Erika holte den Arzt, während Ludwig bei ihr blieb. Sie kam ins Krankenhaus und dann »begann die Zeit des Zitterns«. Erika sagt, so wolle sie nicht sterben. Nach Wochen oder Monaten, »wo du nur noch alles schwarzsiehst. Inge hat gar nichts mehr gepasst, sie war nur noch misstrauisch, immer wieder hat sie gesagt, die Schwestern hätten ihr alles gestohlen, jeden Tag hat etwas anderes gefehlt. Obwohl sie im Krankenhaus doch gar nichts dabeihatte. Sie hat das alles nur gedacht.« Die nächsten Monate seien sehr düster gewesen, ständig rechneten sie damit, dass Inge starb. »Auf der anderen Seite hast du ihr das manchmal richtig gewünscht«, sagt Ludwig und fügt hinzu: »Das war schlimm. Und in den Nachrichten ging immer die Frage, ob Schleyer noch lebt, ob er freikommt. Ich dachte viel früher, dass er schon tot ist, dass sie ihn ganz schnell erschossen hätten. Das haben sie wohl nicht. Dann entschieden Schmidt und die anderen, die Bundesrepublik könne sich nicht erpressen lassen. Und wir sind jeden Tag rüber ins Krankenhaus gefahren und immer sehr niedergeschlagen wieder zurückgekommen.«

Und dann war mal wieder die Straße komplett abgesperrt. Meistens bekamen sie vom Gefängnis in Stammheim drüben gar nicht so viel mit. Nicht mehr als alle, die Zeitung lasen und Nachrichten im Fernsehen sahen. Aber ab und zu rückte das näher. So war es auch, als dieser kleine Mann bei Ludwig den gebrauchten blauen Opel kaufen wollte. Im Gespräch stellte sich heraus, er war Wärter, Justizvollzugsbeamter im Trakt von den Terroristen. Es wäre doch komisch, der eine sei mal wieder im Hungerstreik – und er würde sich jetzt hier ein Auto kaufen. »Völlige Unbeweglichkeit da und die totale Mobilität hier«, habe der Mann verwundert konstatiert.

Am 39. Tag der Schleyer-Entführung wurde das Lufthansa-Passagierflugzeug »Landshut« auf dem Weg von Mallorca nach Frankfurt entführt. Die Entführer forderten ebenfalls die Freilassung der RAF-Häftlinge, zweier palästinensischer Häftlinge in Istanbul und 35 Millionen Dollar Lösegeld. Das Geld sollte der Sohn Hanns-Martin Schleyers überbringen. Welch perfide Idee. Die Entführung wurde schließlich nach vier Tagen und einer Odyssee durch mehrere Länder in Mogadischu durch den ersten Einsatz von GSG-9-Beamten beendet. Die Geiseln wurden alle befreit, bis auf den zuvor von den Entführern erschossenen Flugkapitän, drei der vier Entführer wurden erschossen. Hans-Jürgen Wischnewski, Staatsminister im Bundeskanzleramt und wegen seiner guten Kontakte in die arabischen Länder Ben-Wisch genannt, hatte die Aktion koordiniert. Helmut Schmidt, der Bundeskanzler sagte, die Tage und die Nacht der Entscheidung waren der »wohl dramatischste Augenblick meines Lebens seit dem Krieg«. Seine Rücktrittserklärung für den Fall, dass es eine unverhältnismäßig hohe Zahl an Toten geben würde, hatte er schon so gut wie geschrieben. Jan-Carl Raspe hörte über ein eingeschleustes Radio in den Nachrichten von der erfolgreichen Erstürmung des Flugzeugs. In derselben Nacht noch begingen er, Gudrun Ensslin und Andreas Baader Selbstmord in ihren Gefängniszellen in

Stammheim. Hanns-Martin Schleyer wurde zwei Tage später erschossen im Kofferraum eines in Mülhausen im Elsass abgestellten Autos gefunden.

Der Herbst brachte den Tod. Ludwig und Inge hatten wie alle Deutschen die Ereignisse ständig in der Zeitung und in den Nachrichten verfolgt und jeden Tag Inge im Krankenhaus besucht. »Der deutsche Herbst«, sagt Ludwig, »das war auch unserer. Erst der Ellenberger, der war für mich so was wie mein zweiter Vater gewesen, und dann meine Mutter.« Inge war im November 1977 schließlich gestorben.

Mittlerweile ist die Tochter von Ludwig und Erika in das Haus eingezogen, die beiden haben sich eine kleinere Wohnung, »ohne Garten, nur ein Balkon, herrlich!«, in der Nähe gesucht und genießen nun ihre alten Tage. Neulich wollte sie ein Bekannter überreden, mit ihnen eine Fahrradtour entlang des Mains zu machen, tagsüber radeln, abends guten Wein trinken. Ludwig lacht, da habe er dankend abgelehnt, sein altes Mercedes-Cabrio klargemacht und Erika stattdessen im offenen Wagen an den Main zur Weinprobe gefahren.

HERR OBERST, WIR GEFÄHRDEN DIE DEMOKRATIE NICHT, WIR MACHEN GEBRAUCH VON IHR!

Keine Raketen in Mutlangen

Wer Ende der 70er und in den 80er Jahren gegen geplante Großprojekte wie die Startbahn West, gegen Atomkraftwerke und Wiederaufbereitungsanlagen in Wyhl, Grohnde oder Kalkar, in Gorleben und Wackersdorf und gegen das Wettrüsten in Ost und West auf die Straße ging, galt so manches Mal eher als Staatsfeind, denn als um die Umwelt oder den Weltfrieden besorgter Bürger, der ein Grundrecht wahrnahm. Es waren Hunderttausende, doch der etablierten Politik gelang es in diesen Jahren, so zu tun, als seien es nur ein paar verirrte Störer mit Hang zur Gewalttätigkeit. Heinrich Böll fühlte sich wohl auch deshalb zu seiner Erklärung vom Gebrauch der Demokratie gezwungen, als er mit anderen Prominenten zusammen gegen die Stationierung von Mittelstreckenraketen in Mutlangen protestierte.

»Buchen Sie eine Reise nach Europa, solange es Europa noch gibt!«, lautete damals einer der Demosprüche. In den 80er Jahren drohte der Kalte Krieg überzukochen. Die Sowjets stationierten SS-20-Raketen und die NATO Pershing II und Cruise Missiles, atomare Mittelstreckenraketen zur gegenseitigen Abschreckung. Alexander Haig, der amerikanische Außenminister sagte vor einem Senatsausschuss, »es gibt wichtigere Dinge als im Frieden zu leben.« Sein Präsident, Ronald Reagan, träumte vom Krieg der Sterne mit dem SDI-Programm und Millionen Menschen in Europa und Amerika gingen aus Angst vor den Konsequenzen des Wettrüstens auf die Straße. In der UdSSR und den Warschauer-Pakt-Staaten waren von Bürgern organisierte Demonstrationen noch nicht vorgesehen.

Helmut Schmidt sagte 1979 Ja zum NATO-Doppelbeschluss, der in letzter Konsequenz eine Stationierung amerikanischer Mittelstreckenraketen in Westeuropa vorsah, und stieß damit nicht zuletzt in seiner eigenen Partei auf Kritik. Die SPD verstand sich noch als Partei des Friedens, die Proteste gegen die Wiederbewaffnung in den 50ern und Willy Brandts Ostpolitik hatten im Zeichen von Frieden und Entspannung gestanden. Schmidts Raketenpolitik war die Kehrtwende schlechthin. Die Basis, darunter der junge Gerhard Schröder und sein damaliger Noch-Genosse Oskar Lafontaine sympathisierten mit der Friedensbewegung. Doch das Wort Schmidts galt, der Widerstand formierte sich und geriet nun erst richtig in Bewegung. »Unser Mut wird langen – nicht nur in Mutlangen«, so stand es bald auf einem Protestplakat im Schwäbischen. Seit Mitte der 60er Jahre standen in Mutlangen Atomraketen. Doch die

Pershing IA erregte nur unwesentlichen Protest und wenig öffentliche Aufmerksamkeit. Dies änderte sich mit dem NATO-Doppelbeschluss, der eine bisher nicht da gewesene Mobilisierung der Friedensbewegung in der Bundesrepublik und in Westeuropa auslöste. Als bekannt wurde, dass Mutlangen voraussichtlicher Stationierungsort für 36 Pershing II werden sollte, bildeten sich schnell lokale und regionale Friedensgruppen, die gegen die geplante Stationierung protestierten.

Der Weltöffentlichkeit wurde Mutlangen vor allem dadurch bekannt, dass vom 1. bis zum 3. September 1983 Tausende Menschen die Tore der US-Basis blockierten, darunter etwa 150 Prominente. Schriftsteller, Künstler, Frauen und Männer der Kirche, Politiker, Ärzte, Richter und Staatsanwälte, Hochschullehrer. Heinrich und Annemarie Böll waren darunter, Erhard Eppler, Oskar Lafontaine, Helmut Gollwitzer, Robert Jungk, Heinrich Albertz, Walter Jens. Petra Kelly und Gert Bastian waren dabei. Am 1. September 1939 hatte Hitler-Deutschland Polen überfallen und den Zweiten Weltkrieg ausgelöst. Am 1. September 1983 begann symbolträchtig die Prominentenblockade vor dem Pershing-Depot, der Auftakt einer dreitägigen Aktion. Da das Lager bereits vorher von allen Pershing-IA-Raketen geräumt worden war, griff die Polizei nicht ein. Von Roman Herzog, dem damaligen Innenminister von Baden-Württemberg, ist der Ausspruch überliefert: »Ich werde der Weltpresse doch nicht das Schauspiel bieten, den Nobelpreisträger Böll von deutschen Polizisten von der Straße tragen zu lassen.«

Die Protestform der »direkten gewaltfreien Aktion« und des zivilen Ungehorsams gegen Umweltzerstörung und Massenvernichtungsmittel hatte in der Bundesrepublik noch eine recht junge Geschichte. Die Mutlanger »Prominentenblockade« machte nun deutlich, auf welch breite Akzeptanz diese gewaltfreie Aktionsform inzwischen stieß. Dabei blieb es nicht. Mal waren es fünf, mal 10.000, die über mehrere Jahre das Tor zum US-Airfield in Mutlangen blockierten oder an »symbolischen Belagerungen« teilnahmen. Junge Leute vor Ort gründeten ein Friedensbüro und hielten eine Art ständige Mahnwache. Sie sammelten Geld und bauten eine alte Scheune am Ortsrand zum Zentrum um, versahen sie mit Telefonleitungen für die Journalisten. Von der »Pressehütte« aus hatten sie die Verbindungsstraße zum Tor im Blick, die Telefonketten funktionierten und sobald sich etwas tat, waren sie da.

1981 hatte der Parteivorsitzende Willy Brandt öffentlich seine Zweifel an Schmidts Rüstungspolitik geäußert. Im Jahr darauf zerbrach die sozialliberale Koalition. 16 Jahre hatte die SPD in der Regierungs-

verantwortung gestanden. Am 22. Oktober 1983 versammelten sich Hunderttausende für Frieden und Abrüstung und gegen den NATO-Doppelbeschluss im Bonner Hofgarten, in Bonn, Hamburg, Berlin und Süddeutschland waren weit über eine Million Menschen auf der Straße. Zwischen Stuttgart und Neu-Ulm bildeten etwa 400.000 Männer, Frauen und Kinder eine 108 Kilometer lange Menschenkette. Die ARD bewunderte damals die organisatorische Meisterleistung dieser solidarischen Bürgeraktion und titelte: ein »historisches Ereignis«.

Die folgenden 16 Jahre sollte die SPD in der Opposition verbringen. Sie hat im Herbst 1983 auf einem Sonderparteitag über den NATO-Doppelbeschluss abgestimmt. Von 400 Delegierten waren gerade einmal 13 dafür. Am 22. November 1983 billigte der deutsche Bundestag den NATO-Doppelbeschluss und genehmigte die Stationierung von Pershing-II-Raketen und Cruise Missiles. Nur drei Tage später, in der Nacht vom 25. auf den 26. November 1983, trafen die ersten Atomraketen in Mutlangen ein. Von Schwäbisch Gmünd windet sich eine enge Straße den Berg hinauf. Schier unvorstellbar, dass über dieses Sträßchen, das vielleicht zu einem Ausflugslokal führen könnte oder einem lokalen Rodelgebiet, dass über diese Steigung, zwischen all den eng beieinanderstehenden Häusern, vorbei an blühenden Gärten

und brachliegenden, überwucherten Grundstücken, einst die Pershing-Raketen transportiert worden waren.

Der Protest speiste sich aus allen Teilen der Bevölkerung. Nach Mutlangen kamen Kommunisten, brave Bürger, Anarchisten, junge Friedensbewegte, ehemalige Kriegsteilnehmer und eine Gruppe Christen aus Schwäbisch Gmünd. Zu ihnen gehörte Lotte Rodi, früher Gymnasiallehrerin für Mathematik und Physik. Mittlerweile ist sie 72, manchmal merkt man ihr das an, aber wenn sie auf ihre Haltung damals zu sprechen kommt, verjüngt sie sich, dann wird ganz klar, was sie antrieb. »Der Frust war groß, dass nun doch stationiert wurde«, sagt sie. Nachdem der erste Frust verdaut war, gingen die Proteste verstärkt wieder weiter. Musiker trafen sich zum Blockadekonzert, Richter froren beim gemeinsamen Sitzen im Winter, Eltern kamen trotz Warnungen der Veranstalter wegen der zu erwartenden fehlenden Gewaltfreiheit der Polizei mit ihren Kindern. Später wurden betreute Kindergruppen organisiert, damit die Erwachsenen protestieren und blockieren konnten, ohne sich um ihre Sprösslinge zu sorgen. Ehemalige KZ-Häftlinge fühlten sich von den Wachtürmen und Zäunen rund um das Raketenlager an Konzentrationslager erinnert und mahnten zu Frieden und Abrüstung. Die Zufahrt zum Mutlanger Pershing-Depot wurde regelmäßig blockiert – und von der Polizei ebenso regelmäßig geräumt. Viele Tausend Menschen beteiligten sich an den Aktionen, ab 1984 im Rahmen der »Kampagne Ziviler Ungehorsam bis zur Abrüstung«. Es war auch ein Einüben in Toleranz, gegenseitigem Zuhören und Kritikfähigkeit.

»Es kamen ja unterschiedliche Gruppen her aus ganz Deutschland, und wir haben halt gesagt, von der Pressehütte darf keine Gewalt ausgehen, sonst haben wir verloren in der Bevölkerung.« Lotte Rodi war eine der Ältesten in der Pressehütte. »Wir haben damals gesagt, wir haben nur eine Chance, wenn wir wirklich gewaltfrei bleiben. Ich weiß noch gut, einmal haben wir wirklich lang diskutiert, und dann waren wir uns alle einig, und ich bin heimgefahren am Abend, und nachts um ein Uhr klingelte das Telefon: ›Warum können Sie nicht für Ruhe sorgen. Da ist ein fürchterlicher Krach ums Depot herum.‹ Ich wohne auf dem gegenüberliegenden Hügel, da habe ich das Fenster aufgemacht und den Krach gehört, nicht. Da bin ich raufgedüst. Was war? Sie hatten lange überlegt, was können wir wirklich Gewaltfreies machen: Eine Krachdemo. Da sind sie nachts mit Topfdeckeln ums Depot herumgegangen. Und da wohnen halt Leute, die um sechs Uhr früh rausmüssen. Da haben sie dann gesagt: ›Jetzt haben wir uns so lange bemüht, jetzt bist du wieder nicht zufrieden.‹ Und über solche Sachen haben wir tagelang diskutiert und dann einen Verhaltenskatalog zusammengestellt, und dann haben beide Seiten unterschrieben, und am nächsten Tag kam eine neue Gruppe und die sagte, was geht uns das an?«

Sie sagt, sie habe damals sehr viel gelernt von den Jüngeren, unter anderem Kritik anzunehmen, was ihre Generation so ja nicht beherrscht habe. Für Lotte Rodi war es bald selbstverständlich, dass sie sich engagieren musste, aber sie war nicht die geborene Widerstandskämpferin. Über Politik oder so etwas habe sie, als sie jung war, nicht viel nachgedacht. Auch als Studentin sei sie nicht politisch gewesen. Sie habe sich engagiert in der Kirchengemeinde, im Personalrat, habe sich mit älteren Lehrern herumgestritten. Aber das Interesse für die Politik, das kam erst dann. »Wenn was Unrechtes ist, dann muss ich mich schon wehren. Das geht nicht anders, das fällt mir nicht ganz leicht. Eigentlich sind wir schon noch ganz obrigkeitsgehorsam erzogen worden. Deswegen fällt mir das dann nicht leicht. Ich bin dann auch immer fürchterlich aufgeregt, aber ich kann mich beherrschen in der Situation.« Sie hatte als überzeugte Christin an Diskussionsrunden der Arbeitsgemeinschaft Frieden in der Nachbargemeinde Schwäbisch Gmünd teilgenommen, die sich mit der Gefahr der Atomraketen auseinandersetzte. Irgendwann waren sie 70, 80 Menschen gewesen und als die Stationierung der Pershings vor ihrer Haustür drohte, hielten sie es für ihre Pflicht, etwas dagegen zu unternehmen. »Denn an uns alle ist die Frage gestellt, ob wir den Untergang aller Kultur und den Selbstmord oder ob wir die Rettung des Friedens, die Rettung unserer Frauen, die Rettung unserer Kinder wollen.«

Was klingt wie ein flammender Appell gegen die Stationierung von Atomwaffen in den 80er Jahren, ist bereits 25 Jahre älter. Mit diesen dramatischen Worten wandte sich der Hamburger Bürgermeister Max Brauer am 17. April 1958 vom Balkon des Rathauses der Hansestadt an eine unüberschaubare Menschenmenge. Ende der 50er Jahre richtete sich der Protest gegen eine mögliche Ausrüstung der Bundeswehr mit Atomwaffen. Der Widerstand war geprägt von der frischen Erinnerung an den vergangenen Krieg und ging quer durch die Bevölkerung. Politiker, Schriftsteller, Wissenschaftler und Menschen aus allen Schichten und Altersgruppen engagierten sich, demonstrierten und verfassten Denkschriften und Appelle. Und schon damals, wie später immer wieder, stritten sich die staatstreuen und die kritischeren Blätter um die exakte Zahl der Demonstranten: Zwischen 120.000 (›Bild‹), und 200.000 Demonstranten (›Hamburger Echo‹) hatten damals gebannt der flammenden Rede des prominenten Sozialdemokraten in Hamburg gelauscht.

Bis in die 80er Jahre hatte sich der Wille zum Protest gewandelt. Der Bundesrepublik war es nicht schlecht ergangen in den Jahrzehnten zuvor, die meisten Deutschen lebten ganz leidlich. Gingen ein paar auf die Straße – und wenn es Tausende waren –, so wollten andere schlicht ihre Ruhe haben. Auch in Schwäbisch Gmünd und Mutlangen waren nicht alle mit den Protesten vor der US-Basis einverstanden. 1983 sammelten Mutlanger Geschäftsleute etwa 500 Unterschriften gegen »die störende Dauerpräsenz der Blockierer« und der TSV Mutlangen fürchtete gar um sein 100-jähriges Jubiläum. »Man findet es nicht richtig, dass die Gemeinde von einer Handvoll cha-

otischer Demonstranten in Unruhe und Aufregung gebracht wird.« So schrieben sie an Bundeskanzler Helmut Kohl und den baden-württembergischen Ministerpräsidenten Lothar Späth. Während zu manchen Aktionen aus dem ganzen Bundesgebiet Blockierer anreisten, zogen es viele Einheimische vor, Rasen zu mähen oder Wäsche zu waschen. Als wir durch Mutlangen fuhren und Mühe hatten, das ehemalige Depotgelände zu finden, fragten wir zwei Polizisten in einem Streifenwagen nach dem Weg. Der Fahrer, der Ältere der beiden, legte gleich mächtig los, da gebe es keines, wovon wir überhaupt sprächen, da wisse er gar nix von. Seinem etwas jüngeren Kollegen war das merklich peinlich. Doch, da war eines, er erinnere sich auch an die Blockaden und Demonstrationen, ja sicher, sein Kollege, etwa nicht? Der verstummte, wurde rot und sank, während uns sein zugänglicherer Partner den Weg beschrieb, leicht in seinem Sitz zusammen.

In der Pressehütte war Lotte Rodi bald allgegenwärtig. Für ihr Umfeld war das nicht immer einfach. »Damals haben welche gesagt, das ist eine Kommunistin, mit der kann man nicht mehr reden. Aber wenn man einmal abgestempelt ist, dann kann man sich alles erlauben«, lacht sie. Sie hatte Zeit, ihre Töchter waren aus dem Haus und aus dem Schuldienst war sie kurz zuvor ausgeschieden. Sie organisierte und diskutierte mit und setzte sich mit den viel Jüngeren in der Friedensbewegung auseinander. »Das waren alles meine Kinder, sozusagen – um mich rum. Das spielte aber keine Rolle, die Besucher waren ja auch älter. Sie haben aber im Spaß schon manchmal

gesagt, ich sei die Mutter der Gmünder Friedensbewegung. Na ja, in ihren Augen war ich dann schon manchmal zu konservativ, wenn ich zu sehr drauf gedrängt habe, dass ein bissele Sauberkeit in der Küche ist.« Ihr Mann hatte anfangs gemurrt, wenn er alleine zu Mittag essen sollte, weil sie wieder mal nicht da war. Die Töchter waren ohnehin in Mutlangen engagiert, durch sie war Frau Rodi mit dem Thema vertraut geworden.

Die Blockaden wurden von der Polizei geräumt, manchmal sachte, manchmal mit Härte. Oft ließ man die Blockierer einfach sitzen und stellte den Militärverkehr ein, wie bei der Prominenten-Blockade 1983. Oft wurden die Blockierer ohne Festnahme zur Seite gezerrt, etwa bei Manöverausfahrten, oder wenn ihr hohes Alter eine polizeiliche Festnahme besonders peinlich erscheinen ließ. Nachdem ältere Bürger, die zum Demonstrieren gekommen waren, mitbekommen hatten, wie rigoros die Polizei die jungen Blockierer teilweise wegzerrte, wegtrug und aus dem Weg riss, entschlossen sich viele, selbst zu blockieren. »Die waren der Meinung, so geht es ja wohl nicht.« So entstand die Idee zur Seniorenblockade. Auch bei Lotte Rodi zu Hause haben sie diskutiert, ob sie selber mit blockieren sollte oder nicht. Sie wollte sich nicht auf die Straße setzen. Wäre sie weggetragen worden, hätte ihr Mann das fällige Bußgeld bezahlen müssen, und das wollte sie nicht. »Das hat mich immer wieder geplagt. Eigentlich wollte ich, und dann habe ich auch gedacht, ich habe ja überhaupt keine Zeit mehr, eine richtige Verteidigungsrede vorzubereiten, weil ich eben auch ständig gebraucht war in der Pressehütte. Und dann eben mit dem Finanziellen, dass ich nicht wollte, dass das Geld meines Mannes da verwendet wird, und womöglich zum Teil für Rüstung verwendet wird, das ist ja auch so eine Sache, nicht. Und das war immer wieder ein Konflikt.«

Letztlich wurden 3000 friedliche Blockierer festgenommen und bekamen eine Anzeige wegen Nötigung. Eine von ihnen war Lotte Rodis Tochter. Sie hatte sich am Pfingstsonntag 1984 mit anderen vor das Tor der Kaserne in Schwäbisch Gmünd gesetzt. Als ein Militärfahrzeug herausfahren wollte, wurden sie weggetragen, ihre Personalien wurden aufgenommen und sie wurden zur »Sicherheitsverwahrung« in eine leere Fabrikhalle in einem kleinen Dorf auf der Schwäbischen Alb gekarrt. Nachts um elf wurden sie wieder freigelassen, draußen in der Pampa. Kathrin bekam eine Anzeige wegen Nötigung und ging schließlich 1985 für drei Wochen ins Gefängnis. Sie hat damals in einem Brief an Bekannte, Verwandte und Freunde geschrieben: »Wir haben alle erfahren müssen, wie wenig Worte bewirken, wie doch letztlich immer weiter gerüstet wird, obwohl z.B. laut Umfragen 70 Prozent der Bevölkerung gegen die Nachrüstung waren. Angesichts dieser Tatsache ist in mir langsam die Bereitschaft gereift, mich diesem Rüstungswahnsinn nicht nur mit Worten, sondern mit allem, was ich bin, entgegenzustellen.« Als Frau Rodi davon erzählt, spüren wir ein großes Fragezeichen. Wie erträgt es eine staatstreue Lehrerin, dass ihre Tochter ins Gefängnis geht? Für Lotte Rodi war das »schon sehr seltsam«, wie sie sagt. Sie haben sie dann

besucht in der Nähe von Freiburg im Gefängnis dort. »Wenn man da so durch diese ganzen Schleusen durch muss und so ... das ist schon sehr seltsam. Aber ich fand es gut, dass sie das gemacht hat. Es kommt immer drauf an, mit welcher Motivation. Wofür und warum. Ja. Doch, das war schon konsequent. Die Jungen haben da viel riskiert auch.« Damals war die Zeit der Berufsverbote – schnell waren Karrieren beendet, bevor sie angefangen hatten. »Aber es gibt ja doch auch immer andere Möglichkeiten, um weiterzukommen. Und meistens sind es auch die Menschen, denen die Karriere nicht das A und O ist. Sondern, die mit sich selber im Reinen sein wollen, und die auch sozial engagiert sind.« Lotte Rodi sagt, sie habe damals sehr viel gelernt, unter anderem diese offene Art der Auseinandersetzung habe sie schätzen gelernt. »Ich denke, wenn man grundlegende Sachen für sich erkannt hat, dass etwas unrecht ist, oder gefährlich ist, dann muss man etwas dagegen tun, auch wenn es zu keinem Erfolg führt. Sonst wird man vor sich selber unglaubwürdig. Das ist etwas, das ich bei ganz vielen hier gespürt habe, die haben nicht nach dem Erfolg gefragt. Zum Beispiel waren ja viele ältere Menschen hier, die gesagt haben, wir haben geschwiegen zum Dritten Reich. Das wollen wir nicht noch mal tun. Wenn uns unsere Enkel einmal fragen, was habt ihr getan, dann wollen wir vor ihnen bestehen können. Nicht wieder sagen, ja, das war so schwierig, und man musste sich doch anpassen.«

Das Amtsgericht Schwäbisch Gmünd verurteilte fast alle angezeigten Blockierer zu Geldstrafen wegen gewaltsamer und verwerflicher Nötigung. 200 Menschen gingen für den Frieden ins Gefängnis, die meisten ein bis drei Wochen, einige für Monate. Die Richter argumentierten, demonstrieren ja, aber nicht blockieren. »Und das musste halt erstritten werden oder ersessen werden. Im wahrsten Sinne des Wortes ersessen.« Lotte Rodi empfindet es noch heute als die pure Ungeheuerlichkeit, dass zur gleichen Zeit ein Franz Josef Strauß Lkw-Fahrer am Brenner besuchte und ihnen demonstrativ Suppe brachte, als die die Brennerstraße blockierten. »Und die haben für ihren eigenen wirtschaftlichen Vorteil demonstriert! Das war auch sehr interessant, bei den Prozessen war die Begründung der Richter meistens, Ihre Motive sind moralisch hochanständig, anerkennenswert und positiv, aber es ist trotzdem verwerflich, sich so auf die Straße zu setzen. Und deswegen müssen Sie verurteilt werden. Und weil das so widersprüchlich war, sind dann oft Menschen, die eigentlich nur Zuschauer waren, hier rauf und haben gesagt, jetzt setzen wir uns auch hin. So geht's nicht.« Ab Februar 1984 war eine regelrechte Prozesswelle vor dem Amtsgericht Schwäbisch Gmünd und anderen Gerichten erfolgt und die Gerichtsprozesse liefen noch bis in die 90er Jahre hinein, bis das Bundesverfassungsgericht die Verurteilung der Blockierer wegen Nötigung für verfassungswidrig erklärte.

Letztlich hat Frau Rodi dann doch ein Mal selbst blockiert. Da hatte sich ein Teil der christlichen Arbeitsgemeinschaft für Frieden entschlossen, »jetzt geht's nicht mehr anders, jetzt machen wir eine Blockade.« Das war zu Fronleichnam 1987. Sie haben sich hingesetzt, kurz darauf wollte ein Militärfahrzug mit einer

Pershing herausfahren und sie sind weggeräumt worden. »Und kurz darauf ist der INF-Vertrag abgeschlossen worden. Und damit war es ja erledigt. Damit war's vorbei. Ich bin dann doch noch mal verhaftet worden, die haben ja zunächst weitergemacht. Und haben auch weiter ihre Übungen gemacht in den Wäldern. Einmal bin ich ihnen mit einem Kollegen aus der Pressehütte nachgefahren. Der hatte mich angerufen, grad fahren sie raus, kommst du mit? Da bin ich halt mit. Und da sind wir natürlich verhaftet worden. Zunächst kam eine Anzeige, dann der Strafbefehl und dann, nach einiger Zeit ist es niedergeschlagen worden. Da haben sie nix mehr gemacht, nicht.« Der INF-Vertrag von 1987 regelte die Abrüstung, die Verschrottung der umstrittenen Raketen. 1990 wurden sie endgültig aus Mutlangen abgezogen.

Heute kann man sich nicht mehr vorstellen, dass mal Pershings und Polizisten hier tonangebend waren. Wo früher das Raketen-Depot lag, stehen heute Einfamilienhäuser, der bausparfinanzierte Eigenheimtraum für etwa 1500 Menschen. Die Idylle scheint perfekt. Jeder baute, was er mochte, hier gibt es alles: viel zu große Häuser auf zu kleinen Grundstücken, das nachgemachte Barockbalkongeländer in Sandsteinbeton, das Vieleck im falschen Bauhausstil, Häuser in allen Farben, von Rosa bis Hellblau, dazwischen kleine Gärten, die teilweise wirken wie Abstandsgrün, dem mit viel Rindenmulch auch das letzte Hälmchen Unkraut vom Beet gehalten werden soll. Ein paar Büsche und Bäumlein stehen noch wie frisch hineingesteckt in die Landschaft. Die Häuslebauer arbeiten in ihren neu angelegten Gärten, putzen ihre Autos. Ihre Kinder kurven mit dem Fahrrad in die Mutlanger Heide hinein. Auf den grasbewachsenen Bunkern können sie herumklettern, die betonierten Zufahrtsstraßen und die alte Landebahn sind ideal zum Fahrradfahren und Skaten. Ein großer Abenteuerspielplatz, wo einst amerikanische Soldaten Atomsprengköpfe hinter NATO-Draht bewachten, ein herrlicher Kinderspielplatz mit unheimlicher Vergangenheit.

KEINE GRENZE FÜR NIEMANDEN
Von Breslau nach Erfurt nach Westen

1948 – da hüpften bereits wieder die ersten Jecken durch Köln – schrieb Karl Berbuer den berühmt gewordenen Karnevalsschlager über Trizonesien: »Mein lieber Freund, mein lieber Freund, / die alten Zeiten sind vorbei, / ob man da lacht, ob man da weint, / die Welt geht weiter, eins, zwei, drei. / Ein kleines Häuflein Diplomaten macht heut die große Politik, / sie schaffen Zonen, ändern Staaten. / Und was ist hier mit uns im Augenblick? / Wir sind die Eingeborenen von Trizonesien.« Bevor Westdeutschland zum Staat wurde, bestand es aus drei Zonen, der französischen im Westen, der britischen im Norden und der amerikanischen Besatzungszone im Süden. Die »Trizone« wurde zum Sehnsuchtsort Tausender Bewohner der vierten, der Sowjetischen Besatzungszone, der SBZ. Damals übte sich die DDR noch in Vorbereitung, 1949 war wie das der Bundesrepublik, auch ihr Gründungsjahr. Für die einen wurde sie Heimat, für andere das Feindbild schlechthin.

Die Chancen standen schlecht »drüben«, wie die DDR im Westen bald hieß. Die Sowjetunion, die Befreier und Freunde, kassierten Reparationszahlungen. Nach neueren Berechnungen erbrachte das, inklusive Besatzungskosten, mindestens 14 Milliarden Dollar, in Preisen von 1938. Zusätzlich demontierten sie Industriestätten und transportierten die erbeuteten Güter Richtung Osten, in manchen Industriezweigen bis zu 50 Prozent verglichen mit der Kapazität von 1936. Die Sowjetischen Aktiengesellschaften, die SAGs, die im eigentlichen Sinne keine Aktiengesellschaften waren, sondern Betriebe in sowjetischer Hand, raubten das Land zusätzlich aus. Mit ihnen kontrollierte die Sowjetunion wichtige Schlüsselbereiche der SBZ- und später der DDR-Wirtschaft. Sie waren fest in die sowjetische Volkswirtschaft integriert und der DDR-Kontrolle entzogen. Führungspositionen wurden ausschließlich durch Parteikader besetzt, verpflichtend waren Mitgliedschaften in den sozialistischen Massenorganisationen. Damit das möglichst von jedermann befolgt wurde und auch wirklich klappte, wurde 1950 das Ministerium für Staatssicherheit als »Schild und Schwert« der Partei und des sozialistischen Systems gegründet. Doch nicht jeder wollte unter der Diktatur des Proletariats leben, bei der absehbar war, dass manche gleicher waren als andere. Das führte zu einer massiven Wanderbewegung Richtung Westen. Vor allem Akademiker und Facharbeitskräfte »machten« zu Tausenden »rüber.« Als dann Walter Ulbricht 1961 sein Land mit der Mauer abriegeln ließ, versiegte im Westen plötzlich dieser scheinbar unbegrenzte Strom von

Fachpersonal. Die Gastarbeiter mussten als Ersatz angeworben werden.

Einer, der »drüben« nicht mitspielen wollte, war Manfred Bresler. Er stammte aus Breslau und war in den Nachkriegswirren zusammen mit seiner Mutter über die Tschechoslowakei bis nach Thüringen in ein Dorf bei Erfurt gespült worden. Dort warteten sie auf den Vater, der noch in russischer Gefangenschaft war. Manfred musste noch mal die Schulbank drücken und wurde 1946 mit 14 Jahren schließlich ins Leben entlassen. Von seinen sechs ebenfalls herangereiften Mitschülern wollten alle, er eingeschlossen, entweder Metzger oder Bäcker werden. Der Lehrer warnte umsonst, das sollten sie sich doch noch mal überlegen, das gehe doch wahrscheinlich nicht gut. Aber sie hatten Hunger, und nur die Lehrstelle galt als vielversprechend, wo es etwas zwischen die Zähne gab. Manfred Bresler kam zu einem Bäcker. Dort bekam er zwar zu essen, aber darüber hinaus jede Menge Ärger. Der eine Lehrherr stellte sich nach kurzer Zeit als grober Schläger heraus, ein anderer als Nazi, der kriegte plötzlich keine Kohlen mehr und musste den Betrieb einstellen. Der Dritte stellte seinen weiblichen Angestellten nach und Bresler und seine männlichen Kollegen fühlten sich als Retter der Witwen und Waisen. So ließ sich auch dieses Lehrverhältnis nicht halten.

Manfreds Vater war Schlosser. also begann der Sohn nach den Backwaren eine Lehre in einer Schmiede. Wieder kein Zuckerschlecken, auch der Lehrherr dort war ein ehemaliger Nazi, aber einer mit Verbindungen, also durfte er sein Geschäft weiterführen. Aber auch er prügelte seine Lehrlinge. Bei der Abschlussprüfung wurde Bresler »Landesbester« und für würdig befunden für die Ingenieurschule in Ilmenau. Aber er war politisch nicht einwandfrei. Er war kein FDJ-Mitglied, nicht in der Gesellschaft für DSF, der Deutsch-Sowjetischen Freundschaft, und nicht einmal – und das als ehemaliger Breslauer –, in der Deutsch-Polnischen Freundschaft. In seinem Zimmer in Ilmenau konnte man besser als in Erfurt den RIAS hören und bald war der kleine Betrieb, in dem er arbeitete, geschluckt von der SAG Energie- und Kraftmaschinenbau, Erfurt-Nord.

Die Familie war wieder komplett, sein Vater aus der Gefangenschaft zurückgekehrt. Aber so einiges anderes stimmte nicht. Ihn reizte nichts, kein sozialistischer Wettbewerb, keine Prämie, nur der Sport. Ein Arbeitskollege, im Alter seines Vaters, erzählte ihm von seiner Gefangenschaft bei den Engländern. Manfred fragte ihm Löcher in den Bauch, er wich nicht aus, anders als sein Vater. Eines Tages erzählte dieser Kollege, er habe ein Rennrad im Keller, und er schenkte es dem jungen Manfred. Die Räder fehlten, die besorgte er aus dem Westen, in Aluminium. Sein Großvater aus dem Weserbergland schickte Reifen und Beleuchtung. Manfred wurde Mitglied bei Motor Erfurt, und fuhr bald selbst Radrennen. Er schwitzte über den Thüringer Wald, kam nach Leipzig und Berlin, entdeckte, dass man dort auf der Straße einfach so in den »Westen« kam, wer wird schon einen Radfahrer kontrollieren. »Es war eine schöne Zeit, alle Verwandten habe ich per Fahrrad besucht, immer gab's was zu futtern und zu fuggern!« Doch dann kam wieder eine Eintrübung. Es fing ganz harmlos an im Betrieb: Proteste gegen Normenerhöhungen, eine Einladung zur Ausbildung als Refa-Mann. Nach der Ablehnung wurde man deutlicher: Da wäre ein FDJ-Kollektiv in Aue zu beschicken, freiwillig natürlich, er wäre ja Facharbeiter, brauchte bestimmt nicht unter die Erde, allerdings, falls er sich weigere, gäbe es nur die Delegierung zum Schiffsbau nach Warnemünde. Manfred Bresler unterschrieb nach Aue in den Erzbergbau, ging heim, packte seinen Rucksack, sagte den Eltern Ade und fuhr aus Sicherheitsgründen mit dem Rennrad nach Berlin.

Er fuhr zu einer Tante bei Potsdam, die zeigte ihm einen Weg zur Glienicker Brücke, zur Grenze. »Ich bin einfach an die Schranke ran, habe mein Fahrrad rübergehoben – und war natürlich ruhig. Ich habe nichts gesagt. Da war ein NVA-Beamter, aber der hat irgendwie keine Lust gehabt, hat sich vielleicht gedacht, der kommt vom Markt. Weg war ich. Im Rucksack hatte ich alles drin, was man braucht. Noch eine Unterhose, Socken, ein Hemd, und vor allem die Papiere vom Erzbergbau, wo ich hinsollte. Wenn sie mich erwischt hätten, das wäre nicht so gut gewesen. Das Wort Widerstand wäre mir eine Nummer zu groß. Eher Unbehagen. Wenn du immer gesagt kriegst, neue Menschen, und das ist alles so ideal... und da hörst du: der ist fort, und der ist nicht mehr da, ja, warum denn? Vielleicht, und dann geht's nur im Flüsterton. Der Alte, der Lehrmeister, hat irgendwo ein Radio hergehabt. Und ich weiß nicht, wie ich drangekommen bin, jedenfalls, ich habe das Radio ans Fenster gestellt und aufgedreht, und da war die Mainzer Fastnachtparty! Ich dachte, ich hör nicht recht. Als der zurückkam, ist der bald ausgeflippt. Das ganze Dorf hat es gehört, dass der Westsender im Radio hört. Und ich war schuld. Das war so, also Widerstand ist etwas anderes. Es war auch nicht so, dass ich gedacht habe, das bessere Leben oder du kannst da anders leben im Westen. Im Gegenteil, mein Großvater hat gesagt, du musst auch hier aufpassen, dass du nicht an die Wand gespielt wirst. Der hat mir immer reinen Wein eingeschenkt.«

Im Westen hat Manfred Bresler erst einmal gelernt, dass er noch immer Jugendlicher war. Die Polizei in

Wannsee hatte ihn ziehen lassen, nachdem er angeboten hatte, er führe jetzt über die AVUS zu einer Tante nach Spandau und dann würde er sich wohl am besten in einem Aufnahmelager melden. Dort stellte er sich brav in eine Schlange vor einen Schalter. Als er drankam, genügte ein Blick des Schalterbeamten in seine Papiere, dass er ihn anschnauzte, was er denn hier wolle, er sei ja wohl noch ein Kind und solle sich dort drüben anstellen. Volljährig war man erst mit 21 und erwachsen demnach auch und da half auch keine abgelegte Gesellenprüfung oder das Wahlrecht in der »Zone«.

Manfred Bresler hatte kein Geld, keinen Job, aber Langeweile und ein Fahrrad. Binnen kurzer Zeit wurde er zum Fahrradkurier zwischen den verschiedenen Lagern und Behörden in Westberlin. Die Papiere der Flüchtlinge waren zum Teil hochsensibel und sollten auf keinen Fall »dem Osten« in die Hände fallen. Irgendwann war seine Zeit in Berlin doch um und Bresler wurde mit dem Flugzeug aus Berlin ausgeflogen. Sein Fahrrad wäre fast zurückgeblieben. Jeder Reisende durfte nur ein Gepäckstück mitnehmen und Bresler hatte noch seinen Rucksack. Ein Mitreisender erbot sich, das Fahrrad als sein Gepäck auszugeben, auseinandergebaut und auf klein verpackt. Über Hamburg ging Manfred zu seinem Opa ins Weserbergland, doch der meinte, er solle den normalen Weg machen, also weiter ins Jugendlager nach Hannover und schließlich landete er in Kaiserslautern. Dort galt sein Gesellenbrief nicht, Manfred Bresler musste ihn noch einmal auf »West« machen. Ihn, den ausgelernten Schmied, fragte dann der Prüfer bei Pfaff in der Nähmaschinenfabrik, wie ein Meisel geschmiedet würde. Darüber kann er sich noch heute amüsieren.

Kaiserslautern war zu 80 Prozent zerbombt, Zimmer, Unterkünfte gab es keine. So war er froh, dass er beim CVJM, dem Christlichen Verein Junger Männer unterkam. Wenn er und seine Freunde allerdings abends mal ausgehen wollten, mussten sie heimlich über ein Gerüst das Haus verlassen. Der Heimleiter drohte den 19-, 20-Jährigen mit Hausarrest und Strafen. Was ordentlich und anständig war, bestimmte er. An einem dieser Abende verliebte sich Herr Bresler in seine spätere Frau Waltraud, sie trug so einen tollen selbstgestrickten Pullover. Aber schon das Tanzen mit den einheimischen Mädchen war nicht bei allen gern gesehen. »Was willstn du. Wir kappen unsere Hühner selber, mach dich weg«, hieß es dann. Waltraud fand den Flüchtling jedoch nicht so uneben. Doch als er sie das erste Mal so richtig in die Milchbar ausführen wollte, griff er hinten in seine Tasche und hatte sein Portemonnaie vergessen, peinlich!

Beim CVJM flog er bald raus, sein Fahrrad wurde konfisziert und in einen Keller weggeschlossen, das musste er später auslösen. Die Wohnungssituation war eine Katastrophe, doch bei Pfaff lernte er zwei ältere Arbeitskolleginnen kennen und die hatten ein Zimmer zu vermieten. Das ging so lange gut, bis er sich wegen hohem Fieber mal kaum rühren konnte und Waltraud ihn mit Essen versorgte. Das gab einen Aufschrei, hysterisches Zimmer ausräumen und die sofortige Kündigung. Mittlerweile hatte Bresler seinen Flüchtlingsausweis bekommen und war somit wohnungsberechtigt in Kaiserslautern. Waltraud und er heirateten und bezogen ihre erste gemeinsame Wohnung.

Ruhe, Frieden und die Tür war zu, aber nicht für lange. Der Opa im Norden war gestorben, die Eltern durften zur Beerdigung aus der DDR anreisen – sie blieben und kamen zum Sohn nach Kaiserslautern. Der Vater fand schnell Arbeit als Karosseriespengler und die Mutter bezog die Wohnung der jungen Eheleute. Und das ging nicht gut. Das Ende vom Lied war, dass die Jungen immer öfter abends flohen. Eines Abends war Manfred Bresler mal wieder in der Volkshochschule, ein billiges Abendvergnügen, dank Dauerausweis. Ein älterer Mann hielt einen Vortrag und erzählte von Israel. Er war Jude und hatte den größten Teil seiner Familie in den Konzentrationslagern verloren. »Und plötzlich steht da ein Drecksack auf und sagt, ihr Drecksjuden, wir sollen für euch arbeiten, und so weiter. Und da ist der Bresler explodiert! Ich weiß nicht, was mit mir passiert war, ich habe geschrien: Dieser Mann hat Blut an den Fingern und wenn ich mit Arbeit etwas wegmachen kann, bin ich als Erster drüben und arbeite. Und die da gehören vor Gericht!« Es gab einen Tumult und mit einem Mal sah sich Bresler umringt von etlichen jungen Männern. Die Situation war brenzlig, er hielt sie für die SA-Schläger dieses Mannes, bis sich herausstellte, es waren amerikanische Juden aus der US-Kaserne. Aufklärung unter Gelächter, und man freundete sich an. »Eines schönen Tages sagt der eine zu mir, sag mal, warum gehst du nicht nach Israel? Ach, sag ich, prima Idee, guck mal, ich habe grade meine Monatsabrech-

nung hier, ich verdiene 1 Mark 30 in der Stunde, das kostet ungefähr soviel, wie zwei Kilometer Bahnfahrt. Bis Jerusalem sind es 4000 Kilometer, überleg doch mal, wie viele Jahre ich arbeiten müsste, um nur in die Nähe zu kommen.«

Die Idee aber ließ ihn nicht mehr los. Und viel hielt ihn nicht in Kaiserslautern. Die Mutter beherrschte die Wohnung und die alten Seilschaften zeigten unnötige Grenzen auf nach dem Motto, das haben wir schon immer so gemacht. Als Manfred sich mit Gleichgesinnten in Kaiserslautern politisch betätigen wollte, wurde ihnen von alten SPDlern gesagt, sie sollten doch zu den Falken gehen. Dafür waren sie aber schon ein wenig zu alt. Als sie daraufhin ankündigten, die Jungsozialisten zu gründen, hat das den Partei-Oberen gar nicht gefallen. Und als dann noch bekannt wurde, die Breslers wollten nach Israel gehen, sagte Eugen Härtl, die Partei-Größe Kaiserslauterns, sie sollten lieber Kinder machen, dann hätten sie »ned so Färz im Kopp«. Über etliche Umwege, viel Hilfe und eine Portion Zufall gelang es schließlich: Breslers bekamen eine Einladung in einen Kibbuz nach Israel.

»Im ›Vorwärts‹ war eine Anzeige drin von einem Menschen in Israel, der – im Originaltext – geschrieben hat, er sucht Kontakt mit ›reichsdeutschen‹ Genossen. Das muss man sich auf der Zunge zergehen lassen. Ich habe ihm geschrieben, das wurde ein halbes Kilo schwerer Brief. Das Doppelte kam zurück. Der Mensch war aus Leitmeritz in Nordböhmen. Aber er war natürlich vor dem Krieg schon rausgekommen und war im Kibbuz. Und er hat vorgeschlagen, wir

machen Folgendes: Zu uns kannst du nicht kommen, wir sind ein linkssozialistischer Kibbuz. Da darf man nicht deutsch sprechen. Aber ich habe eine Schwester in einem anderen Kibbuz, das sind halbe Sozialdemokraten, die sind so links angetörnt, da kommst du unter, ich garantier dir, wir machen das. Und er hat es geschafft. Ungefähr zwei Jahre später waren wir in Israel. Ohne Visum. Ohne alles.« Der Ärger mit der Mutter hatte drei Jahre Nerven gekostet, das Paradies in Israel sollte für die beiden 30 Monate und fünf Tage andauern.

Waltraud arbeitete in der Kantine und Manfred bald als Schlosser und Mann für die Technik in der Lebensmittelfabrik. »Das war die schönste Zeit in meinem Leben. Es war so eine Art Hochzeitsreise oder so was, es hatte was von ganz etwas anderem. Wir waren weg. Wir waren weg von ihrer Schwiegermutter. Wir wollten den Leuten zeigen, dass es auch Deutsche gab ohne diese Stiefel und den braunen Anzug, dass es auch andere gab. Wir sind am 5. Januar in Israel gelandet. Also Winter. Winter! Und in diesem Winter bin ich mit kurzen Hosen herumgelaufen.« Langsam und behutsam bekamen sie Kontakte in Israel, wurden eingeladen und fühlten sich immer heimischer. Mancher Kontakt ergab sich zufällig, wie der zu einer Frau, die Manfred Bresler an der Tankstelle kennenlernte. Die Holzhäuser wurden mit »Nevt« geheizt, mit Petroleum, und Bresler ging welches besorgen. An der Tankstelle fragte ihn eine Frau, sag mal, wie alt warst denn du, als der Krieg aus war. Sag ich, dreizehn. Ja, sagt sie, und das ist unser Problem. Denn wir sehen immer nur erwachsene Nazis, immer nur erwachsene Deutsche, immer nur Soldaten, immer nur usw. Aber dass da auch Kinder sind, und dass da auch Leute sind, die eventuell auch schlechte Erfahrungen mit denen gemacht haben, so weit sind wir noch nicht.« Sie lud ihn ein, mal zum Kaffee zu kommen.

Zu Anfang waren sie noch vorsichtig als Schweizer Ehepaar eingeführt worden, allmählich sprach sich herum, dass sie Deutsche waren und die Israelis verloren ihre Skepsis und Zurückhaltung. Wenn sie später wieder zu Besuch hinfuhren, war es immer, wie heimzukommen. »Inzwischen hatten wir so ein paar Brocken Hebräisch drauf, da haste auf einmal gehört, die angenehmen Deutschen sind wieder da. Oh, das war doch was! Da könnten wir eigentlich heimfahren, aber jetzt wollten wir nicht mehr, da war so schönes Wetter. Auf einmal sagte meine Frau, du, ich glaub, ich bin schwanger. Also, das habe ich überhaupt nicht kapiert. Wir waren ja immerhin schon sieben Jahre verheiratet.« »Nein, fünf«, verbessert ihn Waltraud lachend. Sie hätten das Kind natürlich auch in Israel bekommen können, aber das hätte bei einem Mädchen eineinhalb Jahre Militärdienst geheißen und bei einem Jungen noch länger, eventuell Offizierslaufbahn und die Kriegsgefahr obenauf. Also haben sie nach Hause gekabelt, ein Telegramm geschickt, und wie es sich oft so trifft, wurde die Wohnung eines Schwagers frei und die konnten sie haben.

Sie machten sich langsam auf den Heimweg. Waltraud war schwanger und sie wollten die Zeit nützen und noch etwas von der Welt sehen. Sie fuhren über

Saloniki und Belgrad und wollten in Wien am West-
bahnhof in den Zug nach München einsteigen. Der
Zug war voll und sie hatten lediglich eine Platzkarte
bekommen für Waltraud. Manfred hievte die großen
Überseekoffer einen nach dem anderen ins Abteil.
Woraufhin sich eine Frau zischelnd beschwerte, dass
er mit seinem Gepäck alles blockiere und mit einer
Platzkarte keinen Anspruch auf so viel Platz habe und
man müsse die Polizei holen und »in Deutschland
wäre das nicht passiert…« Er antwortete, »Was heißt
hier Deutschland, wir sind auch Deutsche.« Da sagte
sie, »ja, das sieht man ja deutlich an Ihrem Kofferan-
hänger!« Auf dem stand nämlich: Haifa-Piräus. Mit
einem Mal wussten sie, sie waren wieder zu Hause.
Die Zeit in Kaiserslautern war hart. Es war Winter
und kalt, die Tochter kam zur Welt und das Geld war
knapp. Und es fehlten jetzt schon drei Jahre in der
Altersversorgung. Da stolperte Manfred wieder über
eine Anzeige: in Frankfurt würden für den Jugend-
strafvollzug Nachwuchskräfte gesucht. Er bewarb
sich und bekam die Stelle. »Angefangen habe ich als
Aufseher. Das habe ich drei Jahre gemacht. Und dann
habe ich irgendwo eine Leiter gesehen, die nach
oben ging. Als Amtmann habe ich aufgehört nach 32
Jahren im Knast. Ja, was macht man da. Erst mal aufpassen, dass keiner wegrennt. Zweitens aufpassen,
dass die immer etwas zu essen haben. Und dass sie
gut angezogen sind, und dass sie ein Bett zum Schlafen haben und Bettzeug und so weiter. Und das war
dann meine Aufgabe. Es war Untersuchungshaft, es
war Jugend, wir … ich meine … man sagt zwar immer,
sie sollen ausgebildet werden, aber …«

Manfred Bresler verstummt. Da kommen alte Geschichten hoch, alte Wunden und begrabene Hoffnungen. Er hat es mehrmals bereut, die Uniform angezogen zu haben, sagt er. Man kann sich einen weit
unsympathischeren Schließer vorstellen und seinen
Kampf, den er nur andeutet, zwischen dem Anspruch,
den jugendlichen Gefangenen als »Staatsbürger hinter Gittern« zu sehen, wie es Gustav Heinemann, der
frühere Bundespräsident, einst formuliert hatte, und
der traurigen Realität, wo die Jugendlichen eher ver-
wahrt als betreut werden. Und mit einem Mal sind
wir in einem Gespräch über Hoffnungen und Utopien,
die er sich gemacht hat, damals, als er und der Staat
noch ganz jung waren. »Ich war immer der Idealist,
der das gesucht hat, was geschrieben worden ist, was
sie sich ausgedacht haben. Und, ich muss ehrlich sagen, ich hab's bis heute nicht gefunden. Denn wenn
Sie überlegen, dass im Grundgesetz so schöne Sachen drinstehen, dass Eigentum verpflichtet? Merken
Sie was davon?«
Als Kind sollte Manfred Bresler immer schön ruhig
sein, darüber sollte er nicht sprechen, dieses war verboten, jenes untersagt. »Wenn ich etwas wollte, hieß
es immer: Ach sei du mal ganz ruhig, ja, was ist denn
jetzt schon wieder, ja, was soll das denn.« Für seine
Tochter sollte das anders werden, und für seinen Enkel erst recht. Der hat vielleicht die Chance. Wenn
man akzeptiert werde als vollwertiger Mensch, dann
brauche man eigentlich kein Grundgesetz. »Ein bisschen humanistische Einstellung, ein bisschen Mensch
sein, einfach Mensch sein, dann müsste es klappen.«
Er hatte die Chance damals nicht. Er sollte immer still

sein, und hat doch so viel mitbekommen. Einen alten Mann zum Beispiel auf der Flucht, er war auch Flüchtling mit einem Wagen und hat sich geweigert, eine Frau mit ihrem Kind mitzunehmen, weil sie neben einem Goldfasan stand. Obwohl er noch Platz hatte, gab er seinem Pferd die Peitsche und fuhr vorbei. Die russischen Soldaten sah er, die in deutscher Gefangenschaft gewesen waren und dann von ihren eigenen Befreiern, ihren eigenen Landsleuten schlecht behandelt wurden. Die aber dafür sorgten, dass Manfred und seine Familie zu essen hatten, ihm einen ganzen Eimer Graupen mit Rindfleisch überließen, »hier, nimm mit nach Hause zu deiner Familie, du.« Oder in dem Dorf, in dem sie in der Tschechoslowakei untergebracht waren auf der Flucht – »da hats geheißen, wir kriegen Einquartierung. Das konnte nur Militär sein, und das hieß Ärger, Tieflieger, Bombenangriff, das wollten wir nicht. Und auf einmal kamen sie an. In Achter-, Zwölferreihen, ich weiß nicht, alle gestreift, alles Frauen. 8000 Frauen. Dann die Weiber dabei, wie in Kostümuniform, an der Hand eine Reitpeitsche. Und das als Dreizehnjähriger, da siehste das das erste Mal. In die Scheune haben sie welche rein, und dann ging der Zores schon los. Da hat der Wachhabende gesagt, der mit dem Gewehr: Einer von den Männern am Hof soll den Kartoffeldämpfer vollmachen mit Kartoffeln. Das war für die Schweine, der Kartoffeldämpfer. Und da hat der Mann es gewagt, richtige Speisekartoffeln hineinzutun. Da gab's schon den ersten Knatsch. Nein, nur Viehkartoffeln, und kleiner. Dann mussten die Frauen auf die Toilette, da hat er gesagt, da ist doch ein Häuschen... nein,

die Frauen gehen auf den Mist. Ich hatte dort auf dem Hof auch eine Arbeit, ich musste fürs Vieh die Rüben häckseln. Die Rüben waren in einem Anbau an der Scheune. Was der Wächter aber nicht wusste, dass aus der Scheune in diesen Schuppen hinein Löcher waren, wo die Deichseln von den Wagen rein passten. Jedenfalls saß ich da tsch, tsch, tsch, tsch, meine Arbeit machen. Auf einmal hör ich Stimmen. Klar, waren Menschen drinnen, das wusste ich ja. Auf einmal spricht die deutsch: Hallo, Junge, hörst du mich? Ja ja, was ist denn? Sagt sie, guck mal, wo ist denn die Wache, die Wache. Och, der erzählt da vorne mit der Chefin, der guckt nicht her. Sagt sie, was machst denn du? Sag ich, ich muss für die Schweine die Rüben häckseln. Gibst du uns ein paar? Boh, hab ich gesagt, pfui, das frisst man doch nicht. Aber weißt du, wir kriegen nichts zu trinken, wir trinken die nur aus. Und drinnen konnte ich hören, wie das dann weiterging. Und auf einmal kommt die Chefin und motzte natürlich, es war ja nichts geschafft, ich hatte ja alles weitergegeben. Ist das alles? Ich mach noch, ich mach noch. Und gleich wieder die Stimmen: Wer war das? Sag ich, das war die Chefin hier vom Haus, die junge Chefin. Mal kriegte ich ein Stück Brot mit Sirup drauf, über Kanten geschnitten, so ganz dünn. Weißt du, wie viele Monate wir schon kein Brot gekriegt haben? Ja, sag ich, und? Gibst du uns das Brot, du kriegst ja morgen wieder eins? Ich habe es ihnen gegeben. Und sie haben sich geprügelt. Das war das Schlimmste, was ich je erlebt habe. Furchtbar. Und dann sehen Sie so einen Drecksack in Kaiserslautern, der auf die Juden... «

IN DEUTSCHLAND?
Deutschland allüberall

Die deutsche Bundeswehr ist inzwischen in vielen Krisengebieten im Einsatz. »Meine Güte, ist das langweilig, wie ihr Altachtundsechziger hier eure Gequältheit zelebriert. Natürlich sind wir für den Krieg. Was getan werden muss, muss getan werden. Deutschland ist doch erwachsen.« So hat Thomas Ebermann aus der Gründungsgeneration der Grünen Anfang 1999 auf dem Bielefelder Parteitag seine Nachfolger erlebt, als es um die Frage ging, ob man Auslandseinsätze der Bundeswehr zulassen darf. Haben die Jungen, die nachgeborenen Erwachsenen keine Skrupel mehr, oder verzichten sie nur auf das ritualisierte Zelebrieren dieser Skrupel, oder denken sie tatsächlich anders, weil sie eine, zwei Generationen weiter entfernt von den deutschen Traumata aufgewachsen sind? Volker Rühe, der ehemalige Verteidigungsminister von der CDU, hat einmal gesagt: »Wo die nationalsozialistische Wehrmacht gewütet hat, darf nie wieder ein deutscher Soldat seine Stiefel hinsetzen.« Dieser Gedanke, der heute geradezu radikalpazifistisch erscheint, sei von Sozialdemokraten und Grünen zu Grabe getragen worden, heißt es. Ob die CDU/CSU im Verbund mit der FDP anders entschieden hätte, ist schwer anzuzweifeln.

Kaum ein Thema wirkt so polarisierend wie der Einsatz der Bundeswehr im Ausland, speziell in Afghanistan. Für die einen ist es ganz klar, die Menschen vor Ort müssten beschützt werden, die Taliban dürften nicht wieder die Macht an sich reißen und das Land und seine Bewohner zurück ins Mittelalter befördern. Die Burkas, diese Zelte über den Frauen, wurden dafür zum Symbol. Und der Terror müsse vor Ort bekämpft werden, damit er nicht zu uns nach Deutschland komme. Die anderen sind gegenteiliger Ansicht: Die militärischen Mittel reichten nicht aus, um die Taliban und den Terrorismus in Afghanistan zu besiegen. Die Bemühungen der US-Army, die am schärfsten den Terror bekämpft, forderten zu viele unschuldige zivile Opfer und seien nicht erfolgreich. Die Ausbildung und der Aufbau einer einheimischen Polizei oder Armee und ziviler Strukturen dauerten viel zu lange, seien nicht umsetzbar und längst nicht so erfolgreich, wie das bei Vertragsabschluss geplant war. Die Deutschen hätten am Hindukusch nichts verloren.

Die Realität sieht so aus, dass die Bundesrepublik sich in der Vergangenheit durch Verträge gebunden hat, in der Welt eine neue Rolle für das neue Deutschland sucht, Global Player sein möchte – und die Bundeswehr in Krisengebiete schickt mit der Aufforderung, um Theodor Heuss zu zitieren, »Nun siegt mal schön«. Fast scheint es, sie sollten vor allem über die

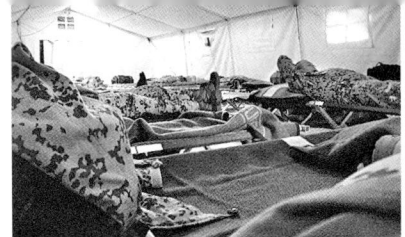

Skepsis zu Hause siegen. Und immer schön friedlich bleiben beim humanitären Einsatz. Doch jeder einzelne Soldat, der zur Patrouille sein Camp in Afghanistan verlässt, hat den Krieg im Kopf.

In Deutschland wird von humanitärem Einsatz in Afghanistan gesprochen, während die Soldaten gemäß der UN-Resolutionen Patrouilleneinsätze, Absicherungsoperationen von öffentlichen Veranstaltungen, den Schutz von Konvois, Evakuierungsoperationen, den Einsatz gegen gewaltbereite Menschenmengen, Einsatz als taktische Reserve des Regionalkommandeurs Nord leisten. Die Bundeswehr beschreibt es klar: »ISAF kann zu ihrer eigenen Verteidigung wie auch zum Schutz der afghanischen Regierung und der Bevölkerung im Rahmen des Unterstützungsauftrags Waffengewalt anwenden. ISAF ist autorisiert, alle erforderlichen Maßnahmen einschließlich der Anwendung militärischer Gewalt zu ergreifen, um den Auftrag gemäß Resolution des Sicherheitsrates durchzusetzen. Den Soldaten der ISAF wird auch die Befugnis zur Wahrnehmung des Rechts auf bewaffnete Nothilfe zugunsten von jedermann erteilt.« Das alles ist nur ein Ausschnitt aus ihrer Tätigkeit und klingt nicht nach Einsätzen des Technischen Hilfswerks. Es ging immer wieder um die Verortung: Ist die Bundeswehr im Krieg oder nicht? Sie wurde bekämpft und beschossen, aber sollte arbeiten wie

der Katastrophenschutz. In Deutschland besteht eine besondere Sensibilität gegenüber Einsätzen von deutschem Militär. Die Bundesrepublik trägt da eine besondere Verantwortung. Die wird ihr von ihren Partnern weltweit auch bescheinigt. Was fehlte von vornherein, war ein klarer Auftrag, ein klares Ziel, was sich dann vermutlich zu Hause auch deutlicher vermitteln ließe. Derzeit, und das nun schon seit dem Jahr 2001, agiert die Bundesregierung eher wie Marmeladendiebe, die pausenlos rufen, waren wir nicht, haben wir nicht! Wo doch jeder weiß, im Gegenteil, sie haben gerade nicht nur ein Glas genascht, sondern Tonnen verschoben.

Ein Gutteil der Medien in Deutschland und so mancher Politiker betätigen sich bedenkenlos als Scharfmacher und die Politik hinkt hinter den vermeintlich unausweichlichen Anforderungen her. Ein NATO-General forderte, wir sollten lernen, für die europäische Fahne zu sterben, der amtierende Inspekteur des deutschen Heeres, Generalleutnant Hans-Otto Budde, verkündete: »Wir brauchen den archaischen Kämpfer!« Wie muss man sich den vorstellen? Ist er noch der Bürger in Uniform, den die Bundesrepublik dereinst erfand? Oder letztlich ein Söldner, der fern der Heimat nach eigenen Gesetzen lebt und handelt? Über die Abschaffung der Wehrpflicht wird nachgedacht, es heißt, sie würde kommen, so oder so. Dann

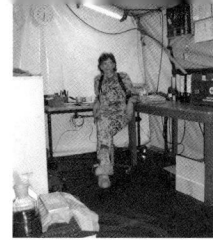

spätestens hätten wir eine Berufsarmee. Ließe sich die in der Bundesrepublik verankern, wie es die Bundeswehr war und ist? Besteht dann nicht die Gefahr, dass solch eine Armee abgehoben von demokratischen und ethischen Prinzipien wie eine Söldnerhorde von Konflikt zu Konflikt zieht?

Es zielt alles auf die große Frage: Was ist das Ziel? Wo will die Bundesrepublik hin, will sie wirklich in jede Konfliktregion, in der die USA oder andere Bündnispartner der NATO Handlungsbedarf sehen, bereitwillig Soldaten entsenden? Und nach welchen Kriterien? Für die Freiheit? Für wirtschaftliche Sicherheit? Oder ist nicht beides so dicht miteinander verquickt, dass dieses Ziel eben nicht ausreichen würde, die Menschen in Deutschland langfristig von dessen Dringlichkeit zu überzeugen. Will die NATO nun überallhin, wo ein Land – beispielsweise Venezuela oder eines der afrikanischen Länder – die ungebremste Verfügbarkeit von Rohstoffen für den Westen infrage stellt oder eindämmt, und damit unsere wirtschaftliche Existenz gefährdet, will oder muss die NATO überall dort eingreifen, weil unsere gesellschaftliche Existenz bedroht ist?

Deutschland kann sich jedoch auch nicht einfach aus Afghanistan zurückziehen, nach dem Motto, das dauert uns hier zu lange, es fordert von uns Opfer, die wir nicht mehr bereit sind, zu geben, also seht zu, wie ihr in Zukunft klarkommt. Wäre es nicht die Aufgabe der Politik, sinnvolle Maßnahmen zu ergreifen, damit es erst gar nicht so weit kommt, zum Beispiel in anderen Regionen in Afrika, in Asien? Weltweit sind die Ausgaben für Rüstung seit 1998 um satte 45 Prozent gestiegen. Im Jahr 2007 gaben die USA mehr Geld für Rüstung aus als in jedem Jahr zuvor seit dem Zweiten Weltkrieg. Allein in den USA wuchsen die Ausgaben seit den Terroranschlägen im Jahr 2001 um sage und schreibe 59 Prozent. Deutschland steht mit seinen Rüstungsausgaben weltweit auf Platz sechs. 2007 waren es 23,7 Milliarden Euro. Russland folgt erst auf Platz sieben. Auf dem unrühmlichen dritten Platz der weltweiten Rüstungsexporte hat sich Deutschland eingerichtet. Rund ein Zehntel aller weltweit gehandelten Waffen ist made in Germany. Die Millionen und Milliarden, die militärische Aktionen wie in Afghanistan kosten, sollten nicht erst dann zum Einsatz kommen, wenn das Dach brennt, sondern vorher, solange man darüber nachdenken kann, wie der Dachstuhl gebaut werden sollte. Kann man sich vorstellen, wie die Lobbyisten der Rüstungsindustrie sich in Berlin die Klinken in die Hand geben? Neben dem Scheckbuch der Entwicklungspolitik ist das Militär wieder zum Mittel deutscher Außenpolitik geworden.

Christiane Ernst-Zettl ist Sanitätsfeldwebel bei der

Bundeswehr und war bereits fünfmal im Auslandseinsatz, in Bosnien, im Kosovo und in Afghanistan. Wenn sie hier über die Bundeswehr und ihren Dienst erzählt, äußert sie ihre persönliche Meinung. Sie beklagt die Argumentationsunsicherheit und die daraus resultierenden Folgen aus ihrer Perspektive, der des Sanitätsdienstes unter Einsatzbedingungen.

Der Sanitätsdienst im Auslandseinsatz arbeitet unter Kriegsbedingungen, unter besonderen Umständen, quasi freihändig, oft vielleicht auch im Ungenügen. Bei einem ihrer letzten Einsätze war sie Vorgesetzte einer OP-Gruppe und musste zusehen, dass der Laden lief, jederzeit bereit war. Manchmal jedoch reichten ihr die Kapazitäten oder das Personal nicht aus, sie hatte mit Lieferschwierigkeiten von Material zu kämpfen. Es sei schwierig durchzusetzen, dass solche Meldungen nach oben gehen, dahin, wo sie etwas bewirken könnten, etwas auslösen könnten. Frau Ernst-Zettl beklagt die mangelnde Bereitschaft der Bundeswehr und der Gesellschaft, sich mit diesem Ungenügen abzufinden. Wir seien zu sehr am Erfolg orientiert, und der sei nicht immer zu garantieren. »Ob das Sport ist, ob es um die Auftragserfüllung geht, wir Deutschen sind gewohnt oder erwarten Erfolgsmeldungen.« Es sei unheimlich schwierig, ihren nächsten Vorgesetzen klarzumachen, »hier sind wir an eine Grenze gekommen, hier können wir den Auftrag nicht mehr so ausführen, dass wir ihn nach deutschem Standard als erfolgreich einordnen können. Wir sind immer gewohnt, Erfolge zu melden. Und davon müssen wir uns, gerade bei der Einsatzqualität in Afghanistan, irgendwann mal verabschie-

den. Ja, das wird nicht mehr aufgehen. Weil gefallene Soldaten lassen sich nicht als Erfolg verkaufen. Das funktioniert nicht.«

Ein anderes Beispiel brachte ihr einen langen Rechtsstreit ein: Die Bundeswehr wird in ihren Camps in Afghanistan bewacht von sogenannten Sicherungszügen, die unter anderem dafür verantwortlich sind, das Camp zu sichern, die Munition und die Soldaten zu sichern, und beim Erkennen einer Gefahr, den Angreifer und Feind zu bekämpfen. Ein solcher Sicherungszug hat im Camp Warehouse in Kabul gefehlt. Gründe dafür gibt es reichlich, und die Lösung des Problems schien dadurch in Sicht, dass Sanitätspersonal für die Sicherungsaufgaben eingeteilt wurde. Das allerdings widerspricht den Aufgaben des Sanitätsdienstes, der explizit keinen Kampfauftrag hat. Dann könnten sie sich ihre Patienten ja gleich selber schießen, hieß es danach auch empört. Nach der Genfer Konvention ist Seelsorge- und Sanitätspersonal von der Feindbekämpfung ausgenommen. Frau Ernst-Zettl wurde zum Dienst am Tor des Camp Warehouse eingeteilt, sie sollte ihre Sanitätsbinde ablegen, wäre so als Sanitäterin nicht mehr erkennbar gewesen und sollte Frauen, die das Tor passieren wollten, nach Waffen durchsuchen. Wäre sie fündig geworden, hätte sie selbst zur Waffe greifen müssen. Sie verweigerte den Dienst als unberechtigt erteilten Befehl, und das Weitere war ein langer, unerfreulicher und für die Bundeswehr kaum zierender Weg durch mehrere Rechtsinstanzen.

Dieser Weg sei zwar formaljuristisch einwandfrei, aber nicht das Recht habe hier gesiegt, sondern diejenigen, die das Völkerrecht verbiegen wollten, befand ernüchtert ein Kamerad von Frau Ernst-Zettl. Die Frau, die so verteidigt wird, wirkt tough, doch in ihrer Argumentation bestechend warmherzig. Sie ist Panzerkommandantin, kann einen Fuchs fahren – umgebaut zum Sanitätspanzer, ohne Geschütz, wie sie betont. Sie ist verheiratet mit einem Bundeswehrarzt, der ebenfalls Auslandseinsätze absolviert. Im Dienst in Afghanistan trägt sie eine der buntgescheckten Uniformen, am Koppel das Funkgerät, wegen seines penetranten Tones »die Quetsche« genannt, derbe Stiefel und die übliche Kopfbedeckung. Im Privatleben scheint ihr ein weiblicheres Outfit mehr Spaß zu machen. Als wir uns treffen, trägt sie Hosen, dazu Perlenkette, Perlenohrring und weiße Rüschenbluse. Ihr Dienst als Sanitätssoldatin heißt, die eigenen verwundeten Soldaten zu behandeln, aber auch – und das wird immer wichtiger –, die Bevölkerung vor Ort medizinisch zu versorgen: Minenopfer, Schusswunden oder Frauen, die mit Verbrennungen in die Sanitätsstation kommen, weil ihre Männer sie geschändet haben, und das werden immer mehr.

Frau Ernst-Zettls Familie stammt aus Löbau in Sachsen. Ihre Eltern standen mit der DDR überquer, und als sie für ihre Kinder dort keine Zukunft mehr sahen, stellten sie den Ausreiseantrag. »Zwar stand in dieser Verfassung der DDR drin, dass man ein Recht auf Arbeit hat und ein Recht auf Ausbildung, aber man konnte nicht werden, was man wollte. Das war an Auflagen gebunden. Da mussten Sie, wenn Sie studieren wollten, mindestens in der Partei sein, da sollten Sie sich dann schon mal engagiert zeigen, das war alles immer an die Politik geknüpft.« Frau Ernst-Zettl wurde dann in der Schule als Vaterlandsverräterin beschimpft und in den letzten Monaten, bis es endlich so weit war, der Schule verwiesen. »Wir wurden entlassen, wir haben auch die Zeugnisse abgeben müssen, weil die ja Staatseigentum waren. Wir konnten später bei keiner Schule belegen, was für Leistungen wir hatten. Es hätte ja auch keine Auskunft gegeben. Das war damals schon eine Schwierigkeit.«

1991 hat sie sich zur Bundeswehr beworben, weil die Bezahlung und die Aus- und Weiterbildungschancen besser waren. Da war sie 21, hatte alle Qualifizierungsmöglichkeiten im zivilen Sektor ausgeschöpft und wollte nicht die nächsten 30, 40 Jahre immer dasselbe tun. Davor hatte sie als Arzthelferin gearbeitet, in einem Beruf ohne wirkliche Aufstiegschancen und ewig abhängig vom guten Willen des Arbeitgebers, wie sie sagt. Ihr Bruder brachte sie auf die Idee mit dem Sanitätsdienst bei der Bundeswehr, er selbst war Soldat bei der NATO.

Und die Bundeswehr sei, zumindest was die Gleichstellung von Frauen beträfe, ein Vorreiter, gleiches Geld für gleiche Arbeit. Doch die hohen Dienstgrade sind für Ärztinnen im Sanitätsdienst anscheinend ähnlich schwer zu erreichen wie die Chefarztposten in den zivilen Krankenhäusern. Und sie muss einräumen: »Ich habe selber mal einen Zug geführt, also einen Hauptverbandzug heißt das bei uns, ich hatte 70 untergebene Soldaten, und bekam immer die Frauen zugeteilt. Das heißt, in meinem Zug waren immer die Frauen, so nach dem Motto, Sie sind Frau als Zugführer, also nehmen Sie auch die Frauen.«

In den Zeiten des Kalten Krieges hatte »Bundeswehr absitzen« noch einen gewissen Sauf- und Spaßfaktor. Seit sich Deutschland in sogenannten asymmetrischen Konflikten befindet, ist Schluss mit lustig. Und dennoch hält sich das Gerücht, dass zahlreiche Soldaten sich gerade mit dem Gedanken an den Abenteuerspielplatz Welt im Hinterkopf zur Armee melden. Die Bundeswehr rekrutiert sich derzeit zu einem großen Teil aus neuen Soldaten, die aus wirtschaftlichen Problemregionen Deutschlands stammen. Und der eine oder andere wird schon im Hinterkopf die Idee vom virilen Einzelkämpfer mit omnipotenten Waffen haben. Zum einen gibt es Spinner überall, zum anderen werden auch ihnen spätestens in Afghanistan im und außerhalb des Camps unter der Dauerbedrohung und der Dienstdisziplin diese Sylvester-Stallone-Bilder vergehen. »Ich kenne keinen Auslandseinsatz, und ich war in fünf Einsätzen, wo ich das verbunden hätte mit Abenteuer oder Reiselust. Um Gottes willen. Das würde ich absolut nicht als attraktiv bezeichnen, weil es kein Abenteuer ist. Das ist eine absolute Fehleinschätzung, wenn jemand aus diesen Gründen zur Bundeswehr geht«, widerspricht Frau Ernst-Zettl. Obwohl sie einräumt, dass dieser Eindruck durchaus entstehen kann, weil »wir sehen ja auch keine Gefechtsbilder, Verwundete oder Tote«. Der Dienst dort verlange viel Idealismus, weil die Bedingungen äußerst unangenehm seien. »Wir haben es immer genannt, in einem geschlossenen Vollzug leben zu müssen. Ich habe in meiner Zeit das Camp nicht ein einziges Mal verlassen dürfen. Die Begründung war die bedrohliche Sicherheitslage. Sie können da nicht einfach mal raus und sich auf einen Kaffee in irgendein Café setzen.« Das Camp hat etwa die Größe eines kleineren Wohnviertels in einer Stadt, die Soldaten leben in Gemeinschaftsunterkünften und die Privatsphäre reduziert sich während der Monate dort auf nahe null. Man geht sich auf die Nerven, »in Etappen«, sagt Frau Ernst-Zettl. Fesselt anfangs noch alles Neue die Aufmerksamkeit, die Umgebung, der Auftrag, stellt sich nach zwei, drei Wochen die Routine ein und damit wird es anstrengender, man suche sich dann zwangsläufig eine Beschäftigung. Im Camp gibt es die Möglichkeit, Sport zu machen, diverse Gelegenheiten, Kontakte zu anderen zu finden. Christiane Ernst-Zettl nimmt sich immer viele Bücher mit, damit sie lesen kann, im Lager gibt es Zeitungen und Fernsehen. »Man muss die Möglichkeiten nutzen, die man hat. Aber, es ist in der Tat so, ich kenne das auch aus anderen Einsätzen, wenn man über Monate immer mit den gleichen Leuten zusammen ist, und immer die gleichen Themen beackert, und auch sich persönlich gut kennen gelernt hat, dann geht man sich irgendwann auf die Nerven.« Da helfe letztlich nur die Fähigkeit, kameradschaftlich zu sein »im positivsten Sinne. Man muss das Verständnis aufbringen, in der Gemeinschaft zu leben. Unter extremen Bedingungen, meine ich. Es ist ein Unterschied, ob ich in einer Kaserne lebe, oder ob ich in einem Camp lebe. Auch Sorgen, die zu Hause ihren Grund haben, mit denen man plötzlich konfrontiert wird, weil man als Vorgesetzter für seine Untergebenen zu sorgen hat. Das hatte ich mal in einem Einsatz, da ging es um Erziehung und Betreuung bis hin zum richterlichen Beschluss. Das klärt man dann im Einsatz in irgendeiner Form. Es gab immer wieder Soldaten, die das nicht ausgehalten haben, die sich aus letztlich nicht mehr nachvollziehbaren Gründen auch das Leben genommen haben.«

Ich hatte zuvor bereits mit verschiedenen Soldaten gesprochen, deren Auslandseinsatz bevorstand, auch mit deren Frauen. Bevor die Soldaten Deutschland verlassen, können sie einige Tage mit ihren Familien verbringen und sind angehalten, ihre letzten Dinge zu regeln, Papiere zurechtzulegen, ein Testament zu verfassen. Der Tod, eine mögliche Verwundung, ist spätestens ab da immer präsent. Die Männer, mit denen ich sprach, taten eine mögliche Angst vor einer Verwundung, vor dem Tod ab, das sei normal, das gehöre zu ihrem Beruf dazu, nein, das würde sie nicht besonders beeindrucken. Ich wollte das immer nicht recht glauben. Und als ich mit ihren Frauen sprach, bestätigten sie mir, dass jeder ihrer Männer spezielle Methoden entwickelt habe, mit der Befürchtung vor dem Schlimmsten zurechtzukommen. Der eine verbrachte mit einem Mal Stunden allein im Garten, betrachtete die Blumen, die Bäume, stand sinnierend mitten auf dem Rasen, die Welt um sich vergessend. Ein anderer spielte und sprach in den letzten Tagen möglichst viel und möglichst intensiv mit seinen Kindern, auch wenn die das, weil schon älter, mitunter lästig fanden. Wieder ein anderer tobte mit seinen Kindern herum, als sei er selbst noch Kind, was er sonst so nie tat.

Auch Christiane Ernst-Zettl fragte ich nach ihrer Angst. Und auch sie relativierte. Am Anfang hätte der Idealismus überwogen, fast so etwas wie ein Helfersyndrom vielleicht, dass man etwas tun könne für die Leute dort, für die Kinder, die Verletzten. »Das baut sich dann aber ab im Laufe der Zeit. Ich würde nicht sagen, man stumpft ab, aber dieser Idealismus schrumpft, weil man merkt, dass das immer so ein Tropfen auf den heißen Stein ist.« Sie hätte eher Angst um den Auftrag gehabt, dass sie den richtig erfülle, »nicht ums Leben oder um die eigene Gesundheit«. Sie habe sich deshalb auch wieder für Afghanistan entschieden, weil da noch eine ganze Menge zu tun sei. Gerade was die friedliche Arbeit betrifft. Sie werde, wenn es denn klappen sollte, nach Masar Al Sharif gehen.

In der Regel soll sich jeder Berufs- beziehungsweise Zeitsoldat für Einsätze zur Verfügung stellen und zwar alle zwei Jahre für vier Monate. Christiane Ernst-Zettl meldete sich innerhalb kürzerer Zeit für mehr Einsätze, aber das könne jeder selbst entscheiden. Und wenn sie jetzt dorthin zurückkäme, gäbe es eine neue Regelung, die alle Soldaten wieder stärker aufs Völkerrecht verpflichten würde. Also hätte sie jetzt auch keine Bedenken, dass sie wieder zu einem Dienst herangezogen werden könnte, den sie nicht ausführen darf und den sie deshalb verweigern müsste.

Jeder kennt die Bilder aus den Nachrichten, die Fahrzeugkolonnen mit Bundeswehrsoldaten, die durch die staubigen Straßen einer afghanischen Stadt fahren. Ab und an wird solch eine Kolonne Ziel eines

Anschlags der Taliban, dann sterben Soldaten, oft unschuldige Zivilisten gleich mit, und die Stimmen in Deutschland mehren sich, die Soldaten nach Hause zu holen. Frau Ernst-Zettl kennt das Gefühl, in einem solchen Wagen zu sitzen und im Camp zu leben. »Ich bin vom Flughafen abgeholt worden in einem Panzer, ich konnte nur durch einen Sehschlitz ein bisschen was von der Straße wahrnehmen. Im Camp selber habe ich mich die ersten zwei Wochen schon ein bisschen schwergetan, weil man immer diese Schießereien gehört hat. Und wenn man in ein Haus gegangen ist, das über mehrere Stockwerke verfügt hat, hat man auch in der Ferne Einschläge gesehen. Das ist erst mal gewöhnungsbedürftig. Nach zwei, drei Wochen bekommt man eine Routine, da gehört das dann dazu. Das ist mir in Bosnien auch so gegangen, da hatten wir das Problem mit den Minen. Da war es eher schwierig, sich in Deutschland wieder zu integrieren. Hier hatte ich am Anfang das Problem, dass ich nicht mehr über eine Wiese laufen konnte, weil wir keine Wiesen betreten durften, weil die vermint waren oder weil eine besondere Vorsichtsmaßnahme zu ergreifen war. Stellen Sie sich vor, ich würde jetzt über eine Wiese gehen und bleibe stehen, weil ich nicht laufen kann, weil das so angedrillt ist.«

Obwohl das ein bisschen so klingt, als könne man leicht damit umgehen, täuscht das. Denn sie sagt auch, »dass solche Erfahrungen Spuren hinterlassen. Ich muss jetzt nicht schwerst posttraumatisiert zurückkommen, aber man geht nicht aus dem Einsatz raus und macht das Kapitel zu und sagt, das war's. So einen Einsatz muss man danach erst mal verarbeiten.

Wenn man in sensiblen Bereichen zu tun hat, wo man mit dem Leid konfrontiert wird, wenn man es nicht schafft, einen Patienten durchzubringen, wenn es dann auch noch ein Kamerad aus den eigenen Reihen ist, das ist eine gewisse Dramatik.« Sicher, Gespräche helfen, sie hätten auch viele Psychologen dabei, aber was es in Deutschland noch immer nicht gibt, obwohl da bestimmt Bedarf bestehe, sei ein Trauma-Zentrum. Nicht nur für die Bundeswehr, sondern auch für durch Katastrophen wie beim Zugunglück von Enschede traumatisierte Patienten.

Ihr ehemaliger Inspekteur im Sanitätsdienst habe mal gesagt, es werde im Frieden nichts ausgebildet, was im Krieg verboten sei. Das habe sie als Leitsatz angenommen. Und sie sei schon immer der Meinung gewesen, »wenn wir das hier alles immer so knallhart regeln und klären, dann gebrauchen wir das bitte auch. Darauf kann man sich auch berufen. Das ist etwas, was ich sehr schätze an Deutschland. Da kann man schimpfen, wie man will, dass wir uns zu Tode verwalten und mit Gesetzen totschlagen, aber man kann sich dann auch auf etwas berufen, wenn man es braucht. Wie das letztendlich umgesetzt wird, ob man das einklagen muss, ob man recht bekommt, und wie die Wege sind, das ist etwas anderes. Aber es steht ja erst mal da.« So stehe eben auch da, ein Soldat sei verpflichtet, Vorgesetzte auf unrechtmäßige Befehle hinzuweisen. Und das betreffe wieder ihren Fall. Ihre Auffassung sei nun einmal, »dass wir uns in Einsätzen an die Genfer Konventionen, an das humanitäre Völkerrecht halten müssen, dass wir dazu auch verpflichtet wurden vor dem Einsatz, dass jeder

Soldat persönlich für die Einhaltung des humanitären Völkerrechts verantwortlich ist. Und für mich sind die Spielregeln immer ganz klar gewesen.« Müsste man diese Regeln nicht achten, dann bräuchte es diese »ganzen Gesetze nicht, da bräuchte ich kein Grundgesetz, kein Völkerrecht, gar nichts«.

Frau Ernst-Zettl gehört zum Vorstand des Darmstädter Signals, der Vereinigung kritischer Bundeswehrsoldaten. Und als solcher gibt sie zu bedenken, »dass kritische Soldaten, die genau drauf schauen, und die Mühe und Sorge in sich tragen, dass man Recht und Gesetz hält, dass diese Soldaten, das ist zumindest meine Feststellung, dass die nicht gewünscht werden. Man muss auch wissen, das ist ein offenes Geheimnis, wer sich kritisch zeigt oder outet, dessen Karriere ist beendet bei der Bundeswehr.« Sie kenne kritische Soldaten, die bei einer noch so sanften Kritik an der Bundeswehr, immer abschätzen müssten, da ist meine Grenze, »weiter kann ich nicht gehen, weil ich es mir nicht leisten kann, weil meine Karriere dann zu Ende ist. Oder auch, weil ich aus dem Kameradenkreis an den Rand gebracht werde, ich bin dann nicht mehr in der Gruppe drin.«

Sie selbst erfuhr, zurück in Deutschland, an ihrer neuen Dienststelle, im Sanitätsamt der Bundeswehr Rückhalt, Zuspruch und eine offene Auseinandersetzung mit der Problematik. Das sei aber nicht überall so. »Es gab auch Bekundungen mir gegenüber, wenn mir das nicht passt, dann muss ich halt die Armee verlassen. Und das, meine ich, das geht zu weit. Ich kann die Leute nicht entfernen, nur weil sie sich kritisch äußern, und weil sie sich an Recht und Gesetz halten. Das finde ich ganz, ganz gefährlich.« Schließlich habe sie sich »nicht irgend einem Staat verpflichtet, sondern ich habe mich dem Recht, dem Grundgesetz verpflichtet. Und ich habe nicht auf meine Vorgesetzten geschworen, auf keinen Einzigen«, lacht sie. »Es ist wirklich an jedem selber gelegen, das Recht dann auch umzusetzen. Der eine kann das, und der andere kann das nicht. Der eine kann es mit dem Gewissen vereinbaren, und der andere kann das nicht. Und ich persönlich wünsche mir, dass man sich wirklich ganz eng an den Spielraum, den wir haben, hält. An das Grundgesetz und an das Völkerrecht. Das geht. Das kann auch unangenehm werden, aber dazu haben wir uns verpflichtet.«

BILDER UND IHRE ORTE

Bilder, die nicht anders bezeichnet sind, stammen
ausschließlich von Renate Niebler aus dem Jahr 2008

VOR REISEBEGINN

Autobahnraststätte bei Würzburg. Gute Fahrt – Wünsche bei stürmischem
Wetter. Die Autobahnraststätten sind ja auch ein Thema für sich.

VON DACHLATTEN UND ANDEREN PRÄGENDEN EREIGNISSEN

Startbahngegner in Wiesbaden

Autobahnbrücke im
Rheintal.

Demonstration an der Startbahn. Der Graben
trennt Polizei und Demonstranten, und noch
Friede von Gewalt. © dpa

Ausgestopfter Adler im Lichthof des Tiermuseums Koenig, wo sich der
Parlamentarische Rat am 1.9.1948 zur Eröffnungssitzung versammelte.

Polizisten gedenken ihrer Kollegen, die am Abend des 2. November 1987
während einer Demonstration am Gelände der Startbahn West erschossen
worden waren. © AP

Räumung des Hüttendorfs an der Startbahn
West am 2. November 1981. © dpa

Wasserwerfer im Einsatz: 11. Oktober 1981
am Frankfurter Flughafen. © AP

MORJEN, LEUTE!

Die ersten Rekruten der Bundeswehr in Nörvenich

Tornado-Piloten-Hüllen in der Kleiderkammer im Fliegerhorst Nörvenich.

Überwachsener Shelter, eine der Tornado-Garagen. Jagdbombergeschwader 31 »Boelcke«, Fliegerhorst Nörvenich.

Das Präzisionsanflugradar, »Position Approach Radar«, genannt PAR, scheint auf dem Nörvenicher Flugfeld gelandet wie ein unbekanntes Flugobjekt.

Zeichnung am Casino-Eingang des Luftwaffenstützpunkts in Nörvenich.

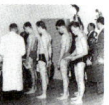

Musterung von Wehrpflichtigen 1956. Ordentlich ernst sahen sie damals aus, die jungen Soldaten, selbst noch in Unterhosen. © bpk.

Angetreten 1956. Vieles in der Ausbildung ist noch improvisiert, die Bundeswehr steht erst am Anfang. Foto: Horst Jungkurth

Bundeskanzler Konrad Adenauer bei der Besichtigung der Lehrkompanien in Andernach, 20. Januar 1956. Foto: Horst Jungkurth

Winterausbildung in Nörvenich, 1956. Foto: Horst Jungkurth

Arbeitszimmer von Museums-Direktor Adolf von Jordans, das er anlässlich der Tagung des Parlamentarischen Rats in Bonn vorübergehend Konrad Adenauer überließ.

Alexander Koenig in seinem Arbeitszimmer. Der begeisterte Zoologe und Sammler gründete das Museum 1912.
© Museum Alexander Koenig, Bonn

Rheintal, Blick vom Petersberg.

Amerikanischer GI blickt auf die zerstörte Brücke über den Rhein in Bonn, März 1945. Foto: von Jordans

Rheinlandschaft bei Bad Honnef.

Wegweiser zum Parlamentarischen Rat in Bonn, 1948. © bpk

Diorama mit Krokodilen, Museum Koenig, Bonn.

Die Gäste der Eröffnungssitzung fahren vor dem Museum Koenig vor: 1. September 1948.
© ullstein bild

Panoramabild im Zoologischen Forschungsmuseum Koenig, Bonn. Die denkmalgeschützten Dioramen stammen noch aus der Gründungszeit des Museums.

EIN GESCHÄFT, DAS NICHTS ALS GELD VERDIENT, IST KEIN GUTES GESCHÄFT

Eine Bank in Bochum

Das rote Haus der GLS Bank in Bochum.

Drei Handstudien, Thomas Jorberg im Gespräch.

Thomas Jorberg, der Vorstandssprecher der GLS Bank, Bochum.

Das Wohnprojekt Blücherstraße in Wiesbaden lernte ich kennen bei Recherchen zu diesem Buch. Singles, Familien, Kinder und Alte leben nach diesem Genossenschaftsmodell in einem Haus und zwei Hinterhäusern zusammen. Im Gespräch mit zwei der Bewohnerinnen stellte sich heraus, dass die Finanzierung der gemeinschaftlichen Renovierung des heruntergekommenen Altbaus mit Hilfe der GLS Bank gelang. Foto: Wohnprojekt Blücherstraße, Wiesbaden.

Marlis und Herbert Wenzel in ihrem Zaubergarten
in Wilhelmsburg.

Marlis Wenzel. Der Garten sei ihr Reich,
sagt ihr Mann.

An einem der Elbearme in Wilhelmsburg,
Wasser beherrscht die Insel.

Von der Flut übereinander getürmte Autos in Wilhelmsburg.
Aus: Die große Flut 1962, Freie und Hansestadt Hamburg,
Schulbehörde.

Ein Schlauchboot der Bundeswehr in einer Wilhelmsburger
Kleingartenkolonie. Aus: Die große Flut 1962, Freie und
Hansestadt Hamburg, Schulbehörde.

Einsatz eines Bundeswehrhubschraubers bei der Flut am 20. Februar 1962.
Aus: Die große Flut 1962, Freie und Hansestadt Hamburg, Schulbehörde.

Bundespräsident Heinrich Lübke dankt im Beisein von Polizeisenator
Helmut Schmidt (li.) und dem Hamburger Bürgermeister Dr. Nevermann
(3. v. l.) Helfern bei der Flutkatastrophe, wie dem Wilhelmsburger
Ortsamtsleiter Hermann Westphal (re.).
Aus: Der 17. Februar 1962, Verlag Wilhelmsburger Zeitung.

DIE DEMOKRATIE IN IHREM LAUF HÄLT WEDER OCHS NOCH ESEL AUF

Dechow im Sperrgebiet

Manche Kühe sehen aus, als ob sie Gerda hießen. Weide bei Dechow im westlichen Mecklenburg-Vorpommern.

Die Zeit scheint stehen geblieben zu sein um Dechow herum.

Weg aus dem Dorf und Tümpel bei Dechow

Die aufgelassene LPG in Dechow. Die Luft war voller Wasser, und als Renate mit ihrer Kamera dem elektrischen Weidezaun zu nahe kam, saß sie mit einem Mal einen Meter entfernt auf dem Hintern in der Wiese.

General Major Lyaschenko, Vertreter des Oberkommandos der Roten Armee und General Major Barber der Britischen Rheinarmee trinken auf die Unterzeichnung des Abkommens über die neue Gebietsaufteilung, 13.11.1945.
© Historischer Abriss Dechow.

Umzug am 1. Mai in Dechow, 1.5.1954.
© Historischer Abriss Dechow.

Mutter mit Kinderwagen vor Ulbricht-Plakat,1964.
© bpk

Grenzöffnung Thurow Horst Richtung Mustin am 12.11.1989.
© Historischer Abriss Dechow.

Rostock-Lichtenhagen

Ostseeküste bei
Rostock

Phuong Kollath, da, wo sie sich
am wohlsten fühlt, am Meer.
Hafen in Rostock

Das Pogrom in Rostock-Lichtenhagen dauerte vom 22.–26. August 1992. Die Transparente der darauf folgenden Tage richteten sich gegen die geistige Brandstiftung so mancher Politiker. Nur Monate nach dem Versuch, das Asylbewerberheim »aufzuräumen«, wie es eine »Bürgerwehr« angekündigt hatte, wurde nach jahrelangen Diskussionen das Asylrecht geändert. © Umbruch-Bildarchiv

Die Polizei war zeitweise hilflos, zahlenmäßig unterlegen und schlecht koordiniert. Der Einsatzleiter vor Ort, Jürgen Deckert, äußerte gegenüber einem der zu Hilfe gerufenen Hamburger Hundertschaftsführer: »Ich glaube, ich werde politisch alleine gelassen.« © Umbruch Bildarchiv

Unter dem Applaus von Hunderten von Anwohnern und Herumstehenden warfen Neonazis und Sympathisanten Brandbomben. Scheiben zerbarsten, Balkone und Wohnungen gingen in Flammen auf. Zeitweise hielten sich etwa 3000 Menschen vor dem Asylbewerberheim auf, guckten, klatschten, johlten Beifall. © AP

Garten in Heiligendamm.

Vater und Sohn am Strand,
daneben Polizisten in
Tauchanzügen. © AP

Der Himmel ist weit in Heiligendamm, das
Land durchschneiden Zäune.

Angela Merkel sinnierend am
roten Teppich, Heiligendamm 2007.
© Nicole Maskus

Hoteleingang in
Heiligendamm.

Badegäste fotografieren
Anti-G8-Demo. © laif

Der Handymast wurde pünktlich zum G8-Gipfel
aufgerichtet. Heute wirkt er überdimensioniert
und vergessen und strahlt dennoch.

Der Zaun lief während des
G8-Gipfels bis ins Wasser.
© AP

IM WELTRAUM SIEGT DIE SU
In Rheinsberg wird das KKW abgebaut

Laubfärbung südlich
von Rheinsberg.

Das Maschinenhaus wird wie die Kontrollwarte, der
Kontrollraum, im KKW Rheinsberg entkernt, abgebaut. Alles muss strahlensicher entsorgt werden.

Ein Flur im KKW.

Maschinenhaus und Reaktorblock von außen.

Standortsuche am See,
Ende der 50er Jahre.
© KKW Rheinsberg

Baustelle des KKW Rheinsberg.
© KKW Rheinsberg

Besichtigung der Wohnsiedlung für
die KKW-Mitarbeiter, 50er Jahre.
© KKW Rheinsberg

Reaktormontage
© KKW Rheinsberg

WIR MIT DEN WILDEN GÄRTEN
Kreisende Fotos in Leipzig

Leipzig, Baustelle der neuen Universitätskirche am wieder so genannten
Augustusplatz.

Die Photographin Karin Wieckhorst
in ihrer Wohnung in Leipzig.

Fünf Mal konnte Karin Wieckhorst auf den Auslöser drücken, dann lag die Uni-Kirche im Staub.
Fotos: Karin Wieckhorst, Leipzig

FREIHEIT FÜR ERMERSHAUSEN

Die Gebietsreform und eine polizeiliche Belagerung

Ermershausen in Franken. Der Ort
des Polizeiüberfalls am 19. Mai 1978.

Gartenidylle in
Ermershausen.

Garten um die Osterzeit
in Ermershausen.

Der Polizeiüberfall durch etwa 1.800 Polizisten
begann mitten in der Nacht.
Foto: Gerhard Schmidt

Noch brennt es nicht, das umgestürzte Fahrzeug auf dem Baumstamm. Wenig später geht
es in Flammen auf. Foto: Gerhard Schmidt

Die »Freiheitsglocke« wurde nach dem »Schwarzen Freitag«
auf ein Gerüst vor dem Rathaus gestellt. Im Krieg waren die
Kirchenglocken eingezogen worden. Eine konnte man retten,
die anderen sind nie mehr aufgetaucht. Gerhard Schmidts
Schwiegervater war Pfarrer in Ermershausen, er hat 1949 ein Stahlgeläute
für die Kirche gekauft – eine davon ist die Freiheitsglocke. Erst Mitte der
70er bekam die Dorfkirche neue Glocken. Foto: Gerhard Schmidt

Die Polizei riegelt das Dorf ab.
Quelle nicht zu ermitteln

Eines der Appartements im Olympiazentrum, München, in denen 1972 die israelischen Geiseln festgehalten wurden – heute bewohnt von wechselnden Wissenschaftlern des Max-Planck-Instituts, die um die Geschichte der Wohnungen wissen.

Die Studentenbungalows bilden Gassen und Plätze. Im Hintergrund die Appartementhäuser des Olympiadorfes.
© ullstein bild

Trainingszentrum auf dem Olympiagelände, München.

Ein Polizist im Trainingsanzug und mit MG in der Nähe der Appartements, in denen sich die palästinensischen Terroristen verschanzt haben, 5. September 1972.
© dpa

Werner Wirsing, der Architekt der Studentenbungalows im Olympiadorf, zu Hause in seinem Garten in München.

Ankie Spitzer, die Witwe des israelischen Fechttrainers Andre Spitzer, in dem verwüsteten Appartement, in dem die israelischen Geiseln festgehalten worden waren. © AP

Eines der Appartements mit Blick auf den Olympiaturm.

Der Fackelläufer Günther Zahn bei der Eröffnungsfeier im Olympiastadion, 26. August 1972.
Foto: Günther Zahn privat.

Ufer des
Ammersees.

Der Schriftsteller Carl Amery beim Bundeskongress
der Grünen in Karlsruhe am 13. Januar 1980.
© AP

Petra Kelly, Marie-Luise Beck, Joschka Fischer und
der Kanzler Helmut Kohl im Bundestag 1983.
© Photothek

Joseph Beuys gehörte zu den
Gründern der Partei. Januar 1980.
© AP

Franz Josef Strauß im Bierzelt
in Rosenheim 1965.
© dpa

233

Kreuz, wie es häufig zu finden ist
im süddeutschen Raum, hier bei
Laimbach in Franken.

Magdalena Federlin mit
ihrem Sohn in ihrem Garten.

Konfrontation mit Ordensschwestern: Demonstration gegen
§218 beim Ökumenischen Pfingsttreffen in Augsburg, Juni 1971.
© AP

»Schafft Abtreibungskliniken hier«, 1975.
© bpk

Demonstration gegen den § 218 im
März 1974 in Frankfurt am Main.
© bpk

VOR DEM PARADIES DIE MILCH
Lindau am Bodensee

Pilzkiosk in
Lindau.

Park neben dem Kiosk am Ufer
des Bodensees, Lindau.

Pilzkiosk in Bregenz, 50er Jahre.
© Waldner Holding GmbH & Co. KG, Anton-Waldner-Str. 10 – 16, 88239
Wangen, www.waldner.de

Bauer & Co Tankstelle Regensburg, um 1954. Die Form, die Architektur
sollte leicht sein, klare Linien, leichte Materialien als Antwort auf die
Prunkstücke der Vorkriegszeit. Aus: Architektur der Wunderkinder

Eiscafé Venezia, München 1951.
Aus: Architektur der Wunderkinder

Michaeli Freibad München 1955.
Aus: Architektur der Wunderkinder

Attentatsort der Schleyer-Entführung
am 5. September 1977.

Fahndungsplakate mit RAF-Terroristen auf dem
Hamburger Wochenmarkt, Oktober 1977.
© dpa

Vincenz-Statz-Straße in Köln, wo Hanns-Martin
Schleyer entführt, sein Fahrer und drei Leibwächter
erschossen wurden, und angrenzender Stadtwald
in Köln.

Foto des Tatorts am 5. September 1977.
© dpa

Fahrzeugkontrolle während
der RAF-Fahndung.
© AP

HERR OBERST, WIR GEFÄHRDEN DIE DEMOKRATIE NICHT, WIR MACHEN GEBRAUCH VON IHR!

Keine Raketen in Mutlangen

Aufgelassenes Rangierfeld auf der
ehemaligen US-Airbase Mutlangen.

Die ehemalige Mathematik- und Physiklehrerin
Lotte Rodi, in der Pressehütte der Pershing-Gegner.
Noch ist hier ein Friedensbüro aktiv.

Der Garten hinter der Pressehütte mit
herrlich blühenden Obstbäumen.

Wo einst Pershings gelagert waren, spielen
heute Kinder aus dem Neubaugebiet.

Pershing II wurden immer wieder durch Mutlangen transportiert.
In manchen Kurven schienen sie fast hinten und vorne anzustoßen.
Aus: Mutlangen 1983 – 1987.

Eine alte Frau bedankt sich bei jungem
Blockierer, Mutlangen 1986.
Aus: Mutlangen 1983 – 1987.

Blockade 1986.
Aus: Mutlangen 1983 – 1987.

Nicht alle Blockierer wurden so vorsichtig
weggetragen wie die älteren Herrschaften
bei der Senioren-Blockade 1987.
Aus: Mutlangen 1983 – 1987.

Manfred Breslers Fahrrad, das er einst bei seiner Flucht aus der DDR über die Schranke an der Glienicker Brücke gehoben hatte. Es steht noch heute im Keller seines Wohnhauses in Frankfurt.

Manfred Bresler in seiner Wohnung in Frankfurt am Main.

Landschaft im »Vorgebirge«. Manfred Bresler fuhr mit seinem Fahrrad noch über Jahre leidenschaftlich gern Touren durch Deutschland.

Arbeiteraufstand in der DDR. Menschenmenge am Checkpoint Charly (Sektorengrenze Friedrichstraße), im Hintergrund ein brennendes Kontrollhaus der Volkspolizei, 17. Juni 1953. © ullstein bild

Grenze bei Hirschberg an der Saale, (1964).
© bpk

Patrouille der Grenztruppen der NVA an der innerdeutschen Grenze, 1971.
© bpk

Warteschlange vor einer Passierscheinstelle in West-Berlin nach Abschluss des 2. Passierscheinabkommens, West-Berlin, 1. Oktober 1964.
© Deutsches Historisches Museum

IN DEUTSCHLAND?
Deutschland allüberall

Details an Tornado-Flugzeug, stationiert in Nörvenich. Andere sind eingesetzt in Afghanistan.

Tornado-Details. Ein Tornado fasst etwa 6300 Liter Kerosin. Mit bis zu vier abwerfbaren Kerosinbehältern und einem Fassungsvermögen von je 1500 Litern kann die Reichweite zusätzlich erhöht werden. Pro Flugstunde verbrennen die beiden Motoren mit automatischer Schubumkehr mehr als 2000 Liter Kerosin.

Shelter-Tor, hinter dem ein Tornado untergebracht ist.

Gemeinschaftsunterkunft in Camp Warehouse, Kabul – Nähe bis man sich auf die Nerven geht.
Foto: Christiane Ernst-Zettl

Sanitätsbereich Camp Warehouse, Kabul.
Foto: Christiane Ernst-Zettl

Verabschiedung von Christiane Ernst-Zettl im Camp.
Foto: Christiane Ernst-Zettl

Christiane Ernst-Zettl im Dienst.
Foto: Christiane Ernst-Zettl

ANHANG

Landschaft bei Altenstein an der Burgenstraße in Franken

239

DANKSAGUNG

Wir danken dem Zoologischen Forschungsmuseum Koenig in Bonn, dem Jagdbombergeschwader 31 »Boelcke« in Nörvenich, Dr. Elisabeth Träder und Silke Zollinger vom Max-Planck-Institut München, Dr. Andreev und seiner Frau, Dr. Schönherr, Petra Eschler und unserem Führer vom KKW Rheinsberg für ihre Unterstützung. Dem blow up Team München für die sorgfältige Behandlung der Filme, Flash Foto für prima Vorabzüge. Roman Huber vom Verein Direkte Demokratie für ein anregendes Gespräch über das, was uns alle angeht, nämlich Demokratie, und Peter Falke in Wilhelmsburg für seine unersetzliche Hilfe. Sabina Lorenz für ihre Ausdauer beim Tippen der vielen Interviews, ihr Interesse und ihre gute Laune. Erwin Heller, der uns auf so inspirierende Weise die rechtlichen Aspekte des Zusammenlebens in unserem Staate erläuterte, Anton Mang für seine bestärkenden Gespräche. Beatrice Apel möchten wir besonders danken für ihr kritisches Auge und ihre nie nachlassende Unterstützung, Christian und Moritz für ihre Geduld und Nachsicht.

Ganz besonders bedanken möchten wir uns bei allen unseren Gesprächspartnern. Nicht alle Geschichten konnten den Weg ins Buch finden, wir danken aber allen herzlich für ihr Vertrauen und ihre Offenheit.